感官
文化史

帝国时代

〔加〕康斯坦斯·克拉森 主编
Constance Classen
贺疆 译

上海三联书店

丛书序言

康斯坦斯·克拉森总编

　　《感官文化史》（六卷本）是一部非常专业权威的系列丛书，主要探究了贯穿东西方世界的感官经验和价值体系，从而呈现了一种重新理解历史的新方法。每一卷都遵循了相同的研究结构，开始于对这时期感官文化生活做一个概述。学者们将感官文化的重要方面分为九大类别：社会生活、城市感官、市场、宗教、哲学与科学、医学、文学、艺术和媒体。阅读单卷便可以获得特定时段中关于感官生活的全面知识，或通过阅读这九个主题中的其中一个来梳理其他卷中相关的章节内容，从而对感官世界的变化及发展的历史有一个系统性的了解。

编者致谢

作为《感官文化史》系列丛书的总编，在编辑这本书时就认为这是一项艰巨而有挑战性的任务。我非常感谢这一卷的供稿人，该系列其他卷的参编者，以及所有同我在布鲁姆斯伯里工作且给我热情支持的人。我也非常感谢我的家人提出的宝贵的建议和鼓励。本书的研究的资金来自加拿大社会科学与人文研究理事会，以及加拿大建筑中心的访问学者项目。

目　录

插图目录

第八章 艺术和感官：从浪漫主义到未来主义

第九章 感官媒体：外在世界和内在世界

导论：感知的转变

康斯坦斯·克拉森

温莎城堡中维多利亚女王的卧室散发出奢华的气息：

> 房间内摆放着优雅的沙发，以缎纹织锦遮盖。一股轻微且香甜的气味弥漫在整个房间，同时我似乎陷落在这柔软名贵的地毯中。到处都充满了神秘、沉静和魔法般的魅力……我走向床边，发现床单上有一股夹杂着古龙香水、玫瑰精油以及麝香的香气，而床单也是以紫丝绒和金蕾丝镶边的。

> 柯万（Kirwan）1870：563—564

在床边有"一个象牙的小桌子，用黄金和天青石镶嵌"，以方便女王在床上用早餐——咖啡和牛排（Kirwan 1870：564）。遍地都是垃圾和污水的伦敦贫民窟则展现出截然不同的感官环境。有男性、女性和儿童共 50 人也许要睡在同一个房间中，正如某人描述的那样：

> 在公寓里所有空出来的地板上都铺满了床，并且床垫下面都是腐烂脏脏的稻草，超出了床垫的两边，或者是小地毯，使得房间内拥挤且恶臭。上面覆盖的是帆布做的被子，而这种被子最常见的是用旅行袋或者马铃薯袋做成的……寄宿者只能睡在赤裸冰冷的地板上，以此来节省一便士的床位费用。

> 柯万 1870：621；参见第 7 章

与女王卧室那魔幻般的宁静相比而言，穷人们的房间则充斥着"洪流般的淫秽"。前者飘散着古龙香水、玫瑰精油以及麝香的香气，取而代之的是肮脏的身体里散发出"地狱般的味道"。对于那些吃得起早饭的人而言，也许是从街头小贩那里买一些面包、黄油和一杯咖啡或者茶。

贫富差距暗示出 19 世纪感官世界的异构本质，也表明用任何一组形容词来描述这一现象都是非常困难的（Parkins, 2019）。比如，将身体优雅地裹起来并且严格限制肢体接触，那么就构成了一种普遍的观念，认为这个时代是一个讲究礼节的时代。但是，这个时代同样还存在另外一种景象，许多工人阶级将结婚证视作一种不必要的奢侈品，女工和男工可能会半裸地困在工厂里，正如上面的描述，夜晚他们的床在房间里杂乱地摆在一起。甚至在这个时代"体面的"中产阶层中，与其一本正经的声誉相比，他们在物质上和娱乐方面更胜一筹。（Classen 2012：187—188）

感觉和情感的多样性成为巨大贫富差距的时代特征，同时也体现了日益频繁的跨文化交流和社会技术的迅速变革。因此，我并非要呈现 19 世纪和 20 世纪感官文化史的概览，我将通过利用简明的社会调查结果来引出本卷的主题。这将有助于本章能够遵循该时段感官世界所经历的脉络，也能追寻其构建过程中的转变。

社会与感官的阶层化

19 世纪，欧洲的社会秩序在感官上始终被打着刻板的烙印，而这也是从中世纪以来就用于形容社会阶层的。因此，工人阶层被认为**生活**在嘈杂、恶臭的环境中，而且他们也被认为是粗野的，发臭的。事实上，他们粗糙的皮肤以及迟钝的嗅觉都成为一种证据，证明工人们不仅感觉不到处境的艰难，也更加不介意生活在污秽肮脏之地。一位 19 世纪的香料商从《圣经·诗篇》（*Psalms*）中引用一句话"在社会下层中，没有人会注意到臭味；事实上，'他们有鼻却不能闻'"（Classen et al. 1994：82）。资产阶级通过远离这些讨厌且"肮脏"和"笨拙"之人，来从感官上表达他们对下层群体的恐惧和对社会混乱的担忧，同时他们还宣称自己优越文雅的品质。（见本书第 1、2、6 和 7 章；Stallybrass and White 1986：139）

对于性别的"弱势"而言，所有阶层的女性在触觉、味觉和嗅觉方面都是"不敏感的"。"女性的工作"包括了与这些感官紧密相连的家庭任务：做饭、打扫、缝纫以及照顾孩子。相反，从观念上男性是视觉和听觉掌控者：当女性待在家，他们往往要外出了解世界并且要参与到公共演讲

图 I.1　强壮的男性，柔弱的女性？一位妇女选举权运动中的领导人被捕。藏于帝国战 4
争博物馆（Imperial War Museum）

中。与坚毅强壮的男性相比，女性则更进一步地被塑造成温柔虚弱的形象。因此反对女性获得选举权的两场讨论中认为，女性是属于家庭的，她们从性格上过分软弱而无法捍卫自己国家的法律，她们不能够获得选举权。（Howes and Classen，2014）

感官的模式化印象同样会应用到不同种族的特征上。据说法国人是优雅的，健谈的，轻佻的。这些品质在交谈、跳舞、烹饪和着装方面的喜好中体现出来。相反，西班牙人，穿着黑色的衣服，行为刻板，尽管他们有着热情的爆发力，却被打上了庄严肃穆和清心寡欲的标签。英国人往往被认为是直率的，奉行实用主义和物质主义："英国人在感知事物的时候仅仅是依靠物体的坚固性、惯性和不可渗透性……他们不太关注颜色、味道、气味以及奢华或者享受的感觉，他们仅仅要求的是厚重，坚固有型……"（Hazlitt 1826：299）

然而，无论赋予欧洲特殊人群什么样的感官特征，通常情况下，西方意识形态中认为与那些被认为有着粗俗爱好的"原始"人群相比，他们的感官更加敏锐。相同的是，白色人种据说拥有着光滑的皮肤和轻微的气味，黑色人种则是粗糙的皮肤和刺鼻的味道（等级差异的忽视为的是宣称一种更广泛的种族象征论）。因此，一位 19 世纪中叶的学者在论文中就种族差异认为："纯净的白色人种的皮肤呼出的是洁净和令人愉悦的气味，相反非洲人则是强壮且具有攻击性的；并且他们的肌肤也会散发出属于这个等级的味道，当然，是通过粗俗的体系和未经净化粗纹理的肉体散发而出的。"（Stewart 1866：120—121）这个刻板的印象会在臭名昭著的奴隶贩卖船上得到印证，由于过度拥挤和恶劣的卫生条件，甚至在船舶到港之前闻起来会更加恶臭。（Kachur 2006：59）

这种感官类型在社会群体的交流构建中起着关键的作用，并且决定他们各自的角色和应该具有的知识上以及物质上的能力。在许多例子中，等级、性别和种族的感官特征受到统治阶层维护自身权力欲望的影响。比如，传统的西方意识形态认为粗糙的皮肤是奴性的象征。所以，设定粗糙的皮肤是非洲人的特征，这有助于西方人证明他们的奴役行为是正当的。19 世纪黑人皮肤的颜色也代表着精神上的缺陷（Smith，2007）。这归因于一种长期的观念关联，白种人纯洁和黑种人不洁；这种关联传统上被应用在每一件事情中，从天使和恶魔到白色和棕色面包。这种复合的感官特征将权力和表面上的真实性应用到社会等级差异和物质差异之中。

城市生活的味道和声音

尽管生活方式有着巨大的变化，但是仍然有一些跨越感官和社会等级的共同点。对于气味而言，女王的卧室和富人们类似的住所可能都充满了令人愉快的芳香，但一般来说，至少在城市，到处都是充满恶臭的。的确如此，这不仅是贫民工作和居住的地方，而且是城市设施的聚集地，比如，办公室里可以闻到发霉的壁纸和羊皮纸的味道，法庭里有下层囚犯和法官假发的臭味。（马克·吐温注意到圣弗朗西斯科的警察法庭是"地球上充满地狱恶臭的地方"。1963：172）街道和下水道横跨整个城市，也同样散发着垃圾和废物的恶臭。（参见第 1，2，6 章；Classen，2005c；Corbin，1986）

对于遭受痛苦的鼻子也有一些缓解措施。在充满恶臭的里斯本，一位游客注意到"居民通过熏蒸薰衣草和糖……来熏自己的住所。并且你通过的每一条街道都会有一股令人愉悦的香味"。（《那些年的里斯本》，1825：381）。在马德里，大量的巧克力店铺里飘出肉桂和巧克力的香味。（Inglis 1831：74）。然而，通常情况下，这种令人愉悦的味道仅仅是城市瘴气环境中的口袋香味。直到 19 世纪下半叶的"大恶臭"时期，当炎热、干燥的夏季加剧了城市的恶臭，公众才开始关注其对公共健康的潜在威胁，公共卫生运动才开始生效。这项工程包括修建下水道和市政垃圾的回收。（Barnes，2006）

19 世纪同样也是一个嘈杂的时代。车厢的震动声，商贩的叫卖声，孩子们的呐喊声，街头管风琴的低嚎声，野狗的咆哮声，传入人们的家中。（Picker，2006）一些公共的噪音从本质上讲是音乐，不仅是街头手风琴师所奏出，而且歌声和口哨声也是司空见惯的事。许多做游戏的孩子们也在街上唱歌。当音乐大厅开始流行，人们也许能听到歌声遍及整个城市，通过送报员、女佣、办公室职员，又或者是通过等待演出开始的观众：人类使城市充满音乐。

对于普通噪音的消声也有一种特殊的重要性。将干草铺在街道上是为了降低过往车辆的声音，这也意味着附近有人生病了或者去世了。

今天我通过的地方街道上铺满了干草

车轮和脚步的声音降低了

这是因为他们过着难过的生活

街道上的干草

利维（Levy）1889：25

将钟铃裹住是哀悼的一种标志，或者是公众表示不满情绪的一种方式。在新英格兰，对1812年战争（War of 1812）的抵抗最终导致"蒙住钟铃，降半旗和公众禁食"行为。（Kennedy and Cohen 2012：221）在玛利亚·埃奇沃思（Maria Edgeworth）的小说《赞助人》（Patronage）中，村民用蒙住钟铃的方法来表达对地主改革的不满。（1893：155）

相反，钟鸣声和炮火声用来庆祝公共节日。这些声音也可以用来消散与瘴气恶臭紧密相伴的疾病——是一种古老信仰的变化，认为教堂的钟声能够驱赶魔鬼。

这种"感官外衣"（sensescapes）划定了社会和空间的范围，并且赋予这个时代特殊的感觉。相反，在感官外衣变化的同时，公开标志着传统生活方式的改变和新生活方式的开始。

扩展视野

同样19世纪城市的味道和声音越来越成为城市的一种风景。工人们在全封闭工厂中工作，并且生活在密集拥挤的住房里（由于窗户贴着各种带有误导性的税单，所以几乎看不到里面），其视野范围是受到严格控制的。他们的感官世界无论是视觉、听觉、嗅觉、味觉还是触觉，都是取决于最亲近的感觉。尽管如此，18世纪的理念是视觉不应该有界限，也就是说"眼睛【应该拥有】的视野范围扩大"是为了"详尽地阐述无限的观点"（Addison 1828：113），这对于19世纪城市经历和建设的模式有着巨大的影响。

俯瞰伦敦这座城市，通常意味着从圣保罗大教堂开始，这是整个19世纪非常受游客和当地人欢迎的旅游胜地。这个观察城市的视角就会扩大视野的能力，同时也会忽略其恶臭和噪音的影响。但是，不是每个人都愿意去欣赏该地为大家提供的视觉享受。托马斯·卡特（Thomas Carter），一个裁缝，断然声明从圣保罗的角度来说并不能带给他快乐。对于他而言，这片景色仅仅展现出巨大泰晤士河附近的"混乱无形之人群"，除此之外便没有什么价值——而从地面经过时确实激动人心。然而，大多数游客留下的记录似乎都是一种俯瞰世界的经历。随着本世纪建筑物日益增高，这种鸟瞰的经历越来越多。（Ferguson 2008：ch.4）

绘画全景图是观测世界的另外一种模式。（Griffiths 2008：ch.2）其中最为常见的便是伦敦全景图，与圣保罗大教堂本身相比，从圣保罗的角度来观察伦敦城被认为是一种更好的视角，此外，也不需要攀爬无数的楼梯。全景图和更加戏剧性的实景模型，风景如画的背景或者激动人心的场面，可以更好地了解外国的城市。这绘画出的实景图为 19 世纪视觉艺术品的新的补充，其中包括立体镜下的三维视图和西洋镜中移动的图像。在 18 世纪中期，照相机开始为私人浏览图像提供无与伦比的财富——它曾经与蒸汽机竞争一个"时代最绝妙的发明"的头衔。诗人沃尔特·惠特曼（Walt Whitman）在 1846 年摄影肖像作品日益增多时写道"无论你凝视的目光转向哪个方向，你除了人脸什么都看不到！"成百上千的作品从地板到天花板上到处都是。（Pavlik 2008：2）

新建博物馆和世界博览会提供的视觉展示为展现世界提供了许多新的形式（参见第 9 章）。1851 年大英博览会展现在历史画卷的封面上，展示了来自英帝国和全世界奢华的工业发明、工业艺术品和制造品，使得参观者为之震撼。然而，展览会的建筑同样让人震惊，以前所未有的规模利用铁为骨架，玻璃为主体，这也宣告了人类在全方位视角观察世界的巨大进步。如果有人想要更近地去看说明，就可以看到人们去触摸、交谈、闻花香，但是很明显这种势不可挡的感觉往往是一种视觉上的辉煌。

对于开放大量类似远景的关注同样在城市设计中扩大了。为了与黑暗、狭窄、曲折街道的中世纪城市作对比，现代理想城市则拥有明亮、宽阔和笔直的大街。这一点从刚独立的美国首都之宽阔的布局就可以得到印证。巴黎考虑到相似的城市合理化的理念，同时也关注城市规模控制和驱散瘴气的实际目标，中世纪巴黎市中心在新理念的推动下被有序的道路网络和宽阔的林荫大道所更新。

对于全景的新关注和空间管理是在地图上复制出来的，俯视可以整齐地勾勒出各个部分之间的区别。然而，地图为多感官环境转化为可视图标提供了另外一种方法："在一张简单的地图上现代化的东西可以尽收眼

图 I.2　在伦敦公共场所中人们对于新式电灯的羡慕

底……这是一幅让人安心的场景，相比之下街道却有着不连贯的感官经历。"（Nead 2005：13）

一项重要的技术发展增加了现代生活的视觉感，那就是煤气灯的发明，之后便是在世纪末电灯的发明（参见图I.2）。煤气灯安装在城市街道、建筑物和家中，从此便使白天可视感与夜晚可触感之间的古老的感官界限模糊了。以前，触觉可以提供一种重要的手段，那就是可以在黑夜中明白自己身处什么位置。相反，黑暗也为有些越轨行为提供了保护，比如犯罪和妓女的行为。有了煤气灯，触觉的范围随着视力的增长而萎缩。

然而，煤气灯只能在城市里成为发光的亮点，却不能像太阳一样均匀地照亮整个城市。煤气灯突显了内部和外部强烈的对比性，比如商铺、咖啡厅、房间里的明亮与外面的昏暗形成了鲜明的对比。它也为城市创造了一种新的景色，犹如灯光组成的大型挂毯一样，这种景色就如同白天城市全景一样令人着迷。1839年一位印象深刻的游客说道："这种光与暗的对比在伦敦的晚上最为体现……在成千上万的煤气灯魔幻般的灯光下，伦敦是多么的宏伟啊！"（Nead 2005：88）。煤气灯使得之前所谓的矛盾修饰法之理论成为可能，"尤其是在晚上伦敦变得更加耀眼夺目"。

10

帝国的感觉

当19世纪西班牙和法国丧失了大量殖民地时，英国迎来了帝国的时代。英国在这一阶段建立了政治和商贸帝国，同时也是感官上的帝国，随着商品在贸易线路中的交换形成了感官上的循环。从国外进口的主要商品就有这种物质上感官的不同，比如糖、茶叶、咖啡、香料、烟草和棉花，所有这些都变成欧洲各个阶层家庭生活的主要消耗品。维多利亚女王和她众多的工人阶级们都喜欢享受一杯热咖啡或者茶。

在19世纪的第一个时期，许多进口的商品都来自奴隶们工作的种植园里（参见第3章）。在英国本土，奴隶制是不合法的，18世纪诗人威廉·考珀（William Cowper）将这一事实在想象中归因于英国空气和土壤的优势上：

奴隶们难以在英国呼吸，如果他们的肺

一旦呼吸了我们的空气，那一刻他们便自由了；

他们一旦到达我们的国土，他们的手铐会自动脱落。

然而，在帝国的其他地方，空气就没有好到可以使人自由，因为在某些国家，奴隶制直到 19 世纪中期才被禁止。事实上，家庭消费对于高价值物品的感官需求刺激了奴隶劳动和奴隶贸易，这在 19 世纪早期全球市场上构成货物流动的重要部分。因此，英国商人用印花棉布、盐或者其他昂贵的东西到非洲购买奴隶。在西印度这些奴隶被用来换取糖、香料和朗姆酒，而这些又会在英国市场上销售（Clarence-Smith，1989）。

威廉·考珀（1824：362），下面这首诗是针对废除奴隶制诗歌运动的一部分，诗歌中描述了对奴隶的同情，而这些奴隶只是由于人们"不可或缺"的感官欲望而被控制的：

我很同情他们，但是我必须沉默

因为我们怎么可以没有糖和朗姆酒？

尤其是糖，我们可以看到我们有多么需要它？

什么，放弃我们的甜点，我们的咖啡和茶叶！

11　如果英国的空气足以使英国的奴隶获得自由，那么似乎他们劳动果实的味道也足以使他们在其他地方成为奴隶，然而，奴隶贸易带来可观的经济利益也使得这种令人不快的生意变得更加令人满意。

同时，英国人不仅把糖和茶叶等具有异国情调的商品带回家，还把漆器和羊绒披肩等制成品带回家，与此同时，英国人还把西方的东西带到了全球很多地方。在一些国家当中，西方情调和情感都是强加于殖民地的。比如，在印度，英国人开办的学校中，孩子们不仅仅要接受英式教育，而且要接受西方社会规范的引导，通常包括一种新的感官体验。一位英国人校长讲述在印度籍学生中如何克服不愿意去接触低种姓群体的心理：

有一次，班上的男生们不允许一个低等级的婆罗门同学坐在他们旁边。他被老师推了一下，并且倒在一个高种姓反对者的膝盖上。两个男孩儿的头碰在一起，并且他们的头被擦伤了……从那天起就再也没有任何关于高种姓和低种姓的问题了……———所有人都坐在一起，

　　一块儿玩或者甚至一块儿打架。

廷代尔-比斯科（Tyndale-Biscoe）2005：168

　　这种触觉形式戏剧性地体现了课堂平等的原则，与此同时也确立了英国对土著群体的统治。

　　在其他国家，西方的感官制度被广泛采用——或者至少被精英们认可——因为他们想要获得进步和权力。在 19 世纪晚期盛行素食主义的日本却提倡吃肉，因为他们相信这将有助于国家获得西方式的肉食主义军事力量。相反，欧洲着装和发式被认为是现代"文明"身份的标志。明治天皇设立了着装标准，他将自己传统的长袍换成了西方的长礼服，并且减掉了顶髻。这向世界发出一个信号，日本是认真的。（Ohnuki-Tierney 2002：63，65）

　　这种感官文化的全球循环不仅仅是一种双向的循环，伴随着商品和交流从西方输出或者输入到西方。这种感官文化的循环同样也发生在非西方国家中，有时沿着传统的贸易线路，有时在某些区域西方式的活动促进了文化循环。比如，英国人从印度走私鸦片到中国（引起中国人大范围的上瘾），为的是抵消英国在茶叶、丝绸和瓷器商品贸易的逆差。一个更加非正式的感官文化迁移的例子是在日本明治天皇时期，英国商船将印度咖喱引入日本。起初人们认为是来源于西方，日本版的英国咖喱变成本国最受欢迎的菜肴（Collingham 2006：252）。

　　新教传教活动在世界各地推广新感官文化起着重要的作用（参见第 4 章）。传教士运输英国服装、物质商品、工艺、音乐、礼仪和文化，伴随着一系列宗教符号和仪式，引起了他们居住地感官世界的革命。新教在英国商贸线路和殖民地的传播也被某些人认为是其在神圣和宗教感方面战胜天主教的标志。"（当）天主教的旗帜在梵蒂冈沉寂的熏香中软弱无力地缓缓升起，新教旗帜在每个大洋都高高飘扬"，一位狂热的新教徒喊道（Parkes 2011：83）。然而，在西班牙帝国扩张的产物拉丁美洲，天主教的气味、声音和景象继续主宰着宗教生活，甚至在那些英国商贸利益发达的国家中也是如此。

工业的认知

　　本世纪技术和工业的发展给生活带来了机械化，同时也创造了新的感官世界。对于工人阶级而言，最戏剧化的转变就是他们在机械化工厂工作的经历。以下是一个名字叫弗朗西斯·特罗洛普（Frances Trollope）的棉纺织工人的描述，主要表达了工厂痛苦的高强度生活，在那里所有的感觉都是充满矛盾的，童工就是机器的奴隶：

> 无数个嘶嘶作响的轮子不停地转动，似乎抓住了备受折磨的耳朵……从石油、污水和人身上散发出来的气味臭气熏天……使人呼吸困难，感到恶心和疼痛。这一切都太可怕了。但是眼睛看到的东西能够深入人的内心，那些人环顾周围可怕的人间地狱，足以让他们忘记了所有……肮脏、衣衫褴褛、悲惨的人们……检查员们手拿皮鞭以警示；旋转的纺锤催促着小奴隶们要伺候它们，要像它们一样不停地转动。

引自西蒙斯（Simmons）2007：423

与工厂里感官体验不同，百货商场展现的是另外一面，在19世纪下半叶后期就出现了商业繁荣的场景（参见第3章）。工厂是大工业生产的场地，是大众百货消费的源头，并且前者还被描述成人间地狱，后者却被描述为购物的天堂。这不仅仅是由于店里琳琅满目的商品让人眼花缭乱，层层叠叠的丝绸，彩虹版的丝带，而且还有配套设施——餐厅、音乐厅、阅览室——连同富丽堂皇的建筑。19世纪晚期，购物者在巴黎乐蓬马歇百货公司的中庭登上巨大蜿蜒的天窗楼梯，消费者似乎感觉自己正在上升到天堂（参见图I.3和I.4）。感官丰富的幻想世界里描述的早期天堂或者小说中充满幻想的乐土，似乎都是借鉴百货商场的模式和主旨。

然而，有争议的是，百货公司和工厂一样，都是机械化的感官视觉占主导，职员和顾客在那里像齿轮一样推动机器保持运转。"他们什么也不是，只是车轮，通过巨大的机器不停转动"，工作人员左拉（Zola）在他的小说中描述百货公司是"女性的天堂"（1886：119；Nava 2007：ch.3）。不管这个比喻是否正确，事实上很多证据都表明流水作业线的能力对于形成现代感官生活提供了新的范式。

从另外一个强大的新模式上可以感知机械化，这便是铁路的体验（参见第7章）。铁路旅行创造了一种视觉上的超然，没有任何游客可以和这些旋转的景色进行互动。在火车上，犹如在工厂里，要让自己适应这种机

图 I.3　古斯塔夫·多尔（Gustave Doré）的《恒星天》(*The Heaven of the Fixed Stars*)。　14
但丁，《神曲》(*The Divine Comedy*)，伦敦：卡斯尔，1880。

图 I.4　新消费者的天堂：弗雷斯·里克斯（Fréderic Lix）《乐蓬马歇百货公司》
(*Le Bon Marché*)。布里奇曼的艺术图书馆 / 盖蒂图片社。

械化的节奏和要求——直到火车停下来才可以停止。然而，火车旅行同样引发了人们的担忧，穷人的生活条件会更差，因为在以前乘客很少能看到工人阶级生活的生活区域。

火车为快递、大规模的产品运输提供了陆路交通工具。这给当地商店和市场带来了更多的商品和感官视觉的享受。它进一步确保某些行业的生存，比如牛乳业和屠宰业，这些行业之前往往设在城市里，现在就会被搬迁到郊区，因此城市中就不再有这些行业。现在牛奶和牛肉就很容易通过火车运输获得，而非必须要在屠宰场附近。像工厂产品一样，比如水，可以将管道铺设到现代家庭中，它们都变成了科技的产物。机器运输，机器制造衣服，并且机器喂养。然而这种不人道的行为却有着奇怪的母性。19世纪末期，机器模式甚至被应用在育儿上，建议母亲对孩子要按照严格的流程并且避免任何非功能性的接触。（Classen 2012：190—191）

时间本身变成一种更加自然化的物质，一种几乎可以触摸的物质，也受到机械化的控制。标准化的"铁路时间"要求有列车时刻表，从而取代根据太阳升降来判断的地方时间。煤气灯把夜晚变成了人造的白天。摄影把短暂的美好变成了永恒。博物馆把遥远的时间和地方转变成艺术品展览。生产流水线说明相同的产品可以被无限复制，因此可以同时在许多地方出现相同的东西。马克思和恩格斯宣称资本主义由于将劳动和商品转化为虚拟的"资本"，所以使"一切坚实的东西化为乌有"。然而，随着时间（和空间）的推移，维多利亚时代的人和他们跨文化的伙伴们据说也许忙于另外一种相反的成果：强化这种概念，而这似乎在之前像空气一样难以捉摸。

市民感官

现代感官的机械化是国家体系概念化的核心。如果国家的经营就像一部可管理和生产的机器一样，那么就需要一定社会标准化和物质标准化的人口：有效的机器需要保证其良好运行的零部件。在军队里，通过演习可以实现提升，这种演习对个人进行不同的肉体训练，并且训练他们在接收到命令的时候采取统一行动。19世纪这种训练得到了广泛的普及，它成为许多社会机构日常工作的一部分，从学校到教堂，从工人组织到监狱。在这个充满机械化和精准化而令人敬畏的时代，人们放弃独立行动的想法，积极投身于具有协调性的社会机器中，这具有巨大的吸引力，并且同

样碎片化的个人主义越来越让人感到不安。(Classen 2012: ch. 8)

不仅仅是训练，而且生活的许多方面在现代体制中能够培养出机械化的规律和秩序：工厂生产线的产品，教室里一排排的课桌，监狱工作室里的长椅，甚至博物馆里的陈列品，时间的精心安排，单调劳动的重复——不管是在工厂里组装产品，在学校里描写字母，还是在监狱里剥落涂有麻油绳索的麻絮。19 世纪，像这样的机构里囊括了更多的公民，尤其是在义务教育之后，几乎所有人都受到新社会秩序的影响。

就感官而言，在军队和工厂里，就像在学校，在监狱和博物馆一样，触觉是有纪律性的，嗅觉是被抑制的，味觉是受到控制的，听觉要配合指令，视觉要习惯于把世界看作一个组合单元。这些最重要的工作是将视觉看作是一个受教育的过程。马歇尔·麦克卢汉（Marshall Mcluhan，1962）等人认为这些印刷品（伴随着出版社的出版物）和其他出版物为现代国家提供了一个成型的模式。在印刷中，语言的流畅性——如同社会生活一样——被分解成部分单元——输入字母——这些字母被整齐、无声、静态地重新组合在一起。教室里孩子们分散且统一地坐成一排，或者监狱里穿着制服的囚犯安静地在工作长椅上排成排——似乎管理者监督的

图 I.5 "在米德尔塞克斯惩教所（Middlesex House of Correction）里一排排的劳动犯人沉默不语"，亨利·马修（Henry Mayhew）和约翰·宾尼（John Binny），《伦敦刑事监狱和伦敦生活场景》(*The Criminal Prisons of London and Scenes of London life*)，1862。

眼神可以看清所有——与之相比是多么引人注目。（参见图 I.5）能够使用印刷品要求大量的视觉训练——"眼睛训练"——并且像国家机构本身一样，培养了一种分解和重组的监督方式。数学教学对于教育体系来说
17 同样是基础性的。同样会支持世界是一个集合的单元而不是一个无缝的整体。

通过现代化精英的影响，以及跨国贸易、征服和殖民，这些新的社会和感官模式以及社会制度和工业体系在全世界传播。这导致了一定跨文化观念的同质化。每一个现代国家，似乎都需要工厂、铁路、军队、学校、监狱和博物馆，同时还有时间及空间划分标准化的模式。每个现代国家同样也需要大众媒体——首先是印刷，之后是广播和电影——来传播现代景象、声音和价值观，从而鼓励公民们说共同的语言，并且创造框架式体验的常见模式。（参见第 9 章）视觉和听觉与认知是有密切相关的，甚至高于认知，除了所谓的低级感官，欧洲感官的层次结构会输出到国外，使当地感官实践和价值被边缘化。

在这个存在共性的列表中还添加了其他的文化因素。源自伦敦和巴黎的服饰风格被欧洲的社会精英们所接受，一位英国游客在 1830 年说"西班牙是欧洲唯一一个将民族服装扩展到社会上层的国家"，然而，他补充说："即使在西班牙这种区别也开始消失。"（Inglis 1831：68）许多非欧洲人也纷纷效仿。比如，在 19 世纪早期的利马（Lima），女性被包裹在传统的多卷衣服中，只留一双眼睛露出来。这种时尚已经持续了几个世纪，尽管受到教会的谴责，因为他们允许妇女在街上匿名表演。然而在 19 世纪后期，在现代法国时尚的影响下全部遮盖的服饰消失了。

在一定程度上，社会等级的模糊进一步加深了世界感官文化的同质化。这个过程与现代化进程有着密切关系，有助于创造一个社会主体——"人民"——在许多异质群体之外。一个世纪以来大多数国家废除了奴隶制。工人阶级工资和工作条件得以改善。在一些之前只允许男性进入的领域开始逐渐接受妇女。虽然社会和感官的显著差异仍然存在，但是这些变化发展的结果将是一种共享的感性生活。

随着标准化的实现，现代国家要求专业化，并且这同样对感官方式产
18 生了影响。对专业化的需求超越了不同的技能，这也由不同专业决定的，包括社会生活的方方面面。在城市中，某些感官文化活动有其专用的空间，比如餐厅、音乐厅、画廊和娱乐场所。这种现代建筑同样带来不同的

感官享受，利用不同的单独房间进行餐饮、住宿和洗浴，并且它的会客厅同样能够提供视觉展示、音乐和社交的服务。（Classen 2012：186）

为了能够增加集体的认同感，各国进一步培养出不同的感官特征。这促使人们越来越对19世纪的民间舞蹈、音乐形式、手工艺和烹饪感兴趣，以及他们如何将之作为大众传统得以流传或者如何融入高雅文化作品中，从而来表达一种民族精神。这种感官象征的力量——一首歌曲，一幅画像，一个盘子——是可以确保将公民忠诚于国家理想的情感激发出来，并且能够将二者绑在一起。因此，公民的感官意识并不仅仅是受到良好的训练和规范，他们同样对祖国的标志性景象、声音和品位也产生了爱国主义的反应。

通过感官思考

19世纪和20世纪初不仅是一个感官体验的崭新时代，而且也是感官新理论产生的时代。（参见第5章）当代最具影响力的三位思想家：卡尔·马克思、查尔斯·达尔文和西格蒙德·弗洛伊德，他们每人对于感官有着自己的理解。1844年，马克思认为在资本主义制度下感官被异化和压制。他提出感官的解放只有通过废除私人财产才能够实现（1859）。1859年，达尔文反驳了传统观点，即每种生物都有自己独特且不变的感官能力，他提出一种基本的观念，即在一种古老生物和之后感官与身体分离中有着相同的起源。在19世纪末，弗洛伊德暗示说"较低"感官在婴儿时期达到高峰，在那之后他们的注意力往往被外部社会利益所压制。马克思主义和弗洛伊德心理学都促进了人类感官被压抑这一理念。这种概念在20世纪广为流行，同时伴随着对感官和性解放的需求。

反过来，达尔文主义和弗洛伊德心理学，都提出了感官进化中的模式，其中专注于由"低级"感官提供的感觉，尤其是嗅觉，无论在物种的发展或者个体发展中都属于早期阶段。的确，弗洛伊德的性心理发展阶段理论似乎一部分是建立在人类进化模式之上的。当人类这个物种从四条腿进化到两条腿的时候，每个人同时也从爬行进化到走路。在这两种情况下，弗洛伊德注意到直立的姿势会使鼻子从地面提升起来，降低了鼻尖嗅觉的重要性，并且提高了眼睛的位置，使视觉得到了新的重视。（Howes 2003：ch.7）然而，无论是从进化或者心理学角度来看，很明显的是低

19

级物种的感官尤其是"动物"或者"婴儿"的嗅觉并没有吸取现代成熟
人类的优势。考虑到这一点，19世纪后期那些实验艺术家们企图创造嗅
觉艺术品，但却最终被批判为心理和精神退化，也就不足为奇了。（参见
第8章）

　　当进化理论应用于种族之间的差异时，也被用来证明"低级人种"代
表了人类早期阶段的进化，会比欧洲人拥有更敏感的触觉、味觉和嗅觉。
（达尔文本人认为"野蛮人"嗅觉"发育得更好"；1871：24。）更广泛来
看，人们普遍认为部落民族的感性更强，他们被认为缺乏"文明种族"所
拥有的知识文化。受到这样理论的影响，当时的人类学家很容易就支持了
这种预先存在的类型学，他们常常期望他们研究的"原始"社会重视具体
感官经验要高于抽象理性反思。（Howes 2003：1—6）

　　1898年，托雷斯海峡探险队（Torres Strait Expedition）带领剑桥的一
个研究小组到美拉尼西亚（Melanesia）去寻找"原始人"感官敏锐度的精
确数据，以及其他相关信息。（参见第9章）然而，广泛测试的结果表明
托雷斯海峡岛民（Torres Strait Islanders）的感官能力和同时期欧洲人差不
多，甚至连嗅觉也没有那么明显的不同。

　　尽管没有发现在"原始"和"文明"感官之间存在任何明显的分界
线，但对探险的文字记录仍然能证明一部分研究者支持"野蛮人"敏锐感
官的模式。至于岛民在灌木丛中发现鸟或者在大海上发现船时所表现出敏
锐的视力，一位研究者表明："如果注意力集中在感官物体上，是有可能
产生视觉上微小的区别的，并且我可以毫无疑问地认为这种专一的注意力
对于高等神经发育有明显的障碍。"（Richards 1997：47）同样的，即使当
20　地人在气味的感知方面并不突出，但气味对他们而言却有着更多的含义。
对于气味的兴趣被认为是"原始人对精神生活在感官方面高度阐释的另外
一种表现形式"，这种兴趣不利于智力的发展。（Myers 1903：185）

　　然而，在许多方面，当时的科学理论肩负着支持传统感官理论的任
务——在物种和种族间存在感官上的区别，而这些科学理论同样也被用来
推翻传统理念。比如，尽管人类和动物有着共同祖先的科学理论——人类
的嘴曾经是"鼻子"，人类的手是"爪子"——令人非常不安，同样也鼓
励人们去更加关注动物的感官能力。正如达尔文自己所说，动物是"和
我们一样会经历痛苦、疾病、死亡、苦难以及饥饿的同胞。——我们和最
艰苦劳动中的奴隶，和我们娱乐中的同伴——他们与我们分享着共同的

祖先——我们也许会融合在一起"（1958：179）。对人类种族来说，这种
理论便是以皮肤颜色、头发类型等不同为假设前提，但这种对不同环境
适应性的反应可以用来反驳外在感官决定道德水平或者智力能力的理论。
比如像托雷斯海峡探险队所做的研究，即"野人"的超强嗅觉或者非洲
人皮肤的不敏感性，这种理念对于普通人而言很难将其视作科学事实的
陈述。

战争中的感官

在本卷覆盖的时段内，爱国主义是这一时期要培养的一种重要情
感，因为当时西方国家之间对于领土、资源和政治影响力存在非常激烈的
竞争——这种竞争时常导致战争。这一时段的开始便是以拿破仑战争和
美国独立战争为标志，本时段的结束是俄国革命和第一次世界大战为标
志。期间几年在欧洲和海外都是同样的，充满战争、战斗、侵略、叛乱和
革命。

战争的感官体验或是轰炸和暴力，或是苦工和贫困，夹杂着片刻的兴
奋和温情。战争感官经历的另外一个特征便是世事反转。例如1812年莫
斯科被占领期间，教堂变成了屠宰场，士兵们在贵族图书馆小便，他们自
己的衣服破烂不堪，却穿着奇装异服（Austin，2000）。对于战斗者和被占
领土的居民来说，战争创造了这种颠倒的感觉。

在这一时期，由于军队规模的扩大和全球范围内越来越多的冲突，这 21
种经历对人们的影响比以往任何时候都广泛。随着现代交通技术、武器、
通讯的发展以及军事策略的改变，他们会表现出新的特征，彻底改变战争
的性质。在那个战争的时代，对于多数人而言，现代技术的关键作用以及
战争机器和工厂的突出贡献都意味着战争变成了**一种工业体验**。

第一次世界大战从不同的国家带来了数以百万计的年轻人，并让他们
接触到类似的实践和经验。在这次战争中，特别是堑壕战在士兵们的感官
印象中占主要地位。战壕为他们自己提供了角色的反转。他们不再生活在
地下，而是在地上，现代战士与古老的骑士形成了卑微的对立面。他们晚
上积极备战，取代了白天的活动，并且利用声音而非视觉。一位法国士兵
写道："黑暗是一团巨大的东西：你似乎穿过一种柔软的物质；视觉是一
种肤浅的感觉。你的整个生命都集中在听觉上。"（Leed 1979：144）一名

德国士兵称赞他受过音乐训练的耳朵使他能够分辨那些最接近的炮弹，并"测量它们的轨迹、口径和速度"（Leed 1979：124）。不管有什么样的观点，在战壕中都通过漏洞或者潜望镜被限定了视野或者从顶部小心翼翼的扫了一眼。

伴随着腐烂、生病或者未清洗之尸体的气味充满整个战壕，嗅觉的功能就会变得强大，在朱尔斯·罗曼斯（Jules Romans）的小说《凡尔登》（*Verdun*）中描述这种臭味几乎是触手可及的："每一种臭味蒸发，鼻子和肺最为不能接受的一切，似乎都被卷起来搅拌成一种物质，只是由于不够重，才难以用（某人的）手抓住。"（1933：88）外部和内部感官的双重暴力可能导致一个分裂的意识。在自身的外面，有"尖叫和子弹以及炮弹的轰隆声；机枪的扫射，将领的呐喊声"，F. T. 马里内蒂（Futurist F. T. Marinetti）对战争的经历是这样描述的。在里面"你能感觉到致命的微生物在化脓性伤口上爬行，吞噬着腐肉，破坏内脏的薄壁"（Armstrong 1998：96）。炮击对景观的破坏，反过来，使之似乎是战争就是地球本身发动的。

22   局限的视野和声音以及嗅觉和触觉的紧张，这种经历与飞行员的空中景象形成对比，它把战场和城市变成了无声、无味且无形的全景图像。德国飞行员恩斯特·伯麦（Ernst Boehme）注意到当飞机飞过前线时，俯视无声的爆炸是多么不真实（Jean 2011：58）。这位飞行员需要一直依靠视觉瞄准目标，而不是依靠声音。

相反，战争中的味觉是一种新的罐头食品所带来的。起初，罐头的金属外壳似乎将食物变成了工业品，许多战士们抵制这种创新的食物。然而，最终士兵们逐渐习惯了在罐头里吃饭，甚至还喜欢吃非时令的水果和蔬菜。当战争结束他们回国后，这些士兵刺激了平民对罐头食品的需求。（Bruegel, 2002）

事实上，战争的感官对整个社会产生的影响在这里讨论的方式太多了。然而，这种混乱所引起的一种普遍的感觉那就是对战争的厌恶。1820

23   年，当战争通常被认为是一种积极的美德时，黑格尔写道："就像风的力量可以使海洋远离由于持久平静而带来的污秽，腐朽同样是由于人们处于长久或者'永恒的'和平中而造成的。"（2012：93）即使经历了19世纪毁灭性的战争，英国诗人鲁伯特·布鲁克（Rupert Brooke）依然热情洋溢地描写1914年士兵们以"游泳者清洁跳跃"的名义奔赴战场（1942：146）。

图 I.6　战壕经历。由恩斯特·布鲁克斯（Ernest Brooks）拍摄，澳大利亚战争纪念馆，公共版权。

然而，在战壕中，战争的"新风"变成了一股恶臭的沼泽，并且跳入"清洁"被转化成"沉湎于泥中"。第一次世界大战之后，在许多人的心目中，从感官上和社交上战争变得污秽。

结论：感官的新世界

20世纪初和18世纪早期的许多生活方式相似，却在感官世界方面已经相差甚远或正在远离。取而代之的是有科学技术、国家机构、全球移民贸易以及变化之中社会习俗所创造的新型感官世界。如前所述，这个现代化过程在全世界传播，影响了许多不同的民族。然而，最强烈的影响也许发生在美洲，那里在19世纪经历了巨大的变化。

例如，进入 20 世纪，曾经是帝国前哨的多伦多，现在是一个拥有百货公司、电梯、电器、有轨电车和日报的繁华现代化城市。电线杆排列在市中心的街道上，建造了新的电力网络和通讯网络。1896 年，第一部电影在城市上映，几年后第一批汽车在街道上行驶。社会变革也在进行中。经过几十年的争论，1918 年妇女们最终获得联邦选举的投票权。

在这个繁忙的城市中心几乎没有森林的迹象和以前覆盖这片土地的沼泽。同样，我们也很少能看到这个地区的原始居民。城市坐落的这片土地是 1787 年，以现金还有朗姆酒、猎枪、铜壶、镜子和蕾丝帽子等外国商品，从土著人米西索加人手中交换获得。1793 年一群欧及布威族印第安人参与了新定居点的命名（当时名为约克），据报道，随着皇家礼炮的鸣响他们非常高兴（西姆科 2007：105）。早期殖民地的感官世界在很大程度上要归功于当地的居民和他们的视野、声音，他们所提供的味道和质地。然而，这种土著的感觉对于一个世纪后多伦多的感官风景几乎没有什么影响。除了地理位置和气候，新多伦多拥有着任何一个进步的现代化城市所有的特征。

这种跨洲感官同质化的现象在很大程度上归功于欧洲人的影响。然而，在 20 世纪潮流发生了转变。技术进步，新的音乐和艺术形式，新的消费品和社会潮流开始从新大陆向外辐射。第一个长距离电话不是在欧洲拨通的，而是由亚历山大·格雷·厄姆贝尔（Alexander Graham Bell）在多伦多附近的两个城镇之间拨通。在 20 世纪早期，福特汽车底特律公司（Ford Motor Company of Detroit）不仅创造了非常受欢迎的 T 型汽车，而且为转配线生产提供了一种新的模式。同时，阿根廷探戈风靡全球和好莱坞电影普及了一种新的视觉娱乐方式。可口可乐，发明于 19 世纪后期的美国，是基于一种来自南美洲的古柯植物，成为世界上最著名的消费品之一。事实上，虽然感官世界现代性最初的动力也许来自欧洲，但是许多 20 世纪典型的感官特征来自新大陆的创新文化。

第一章　感官的社会生活：
现代性的攻击和诱惑

凯特·弗林特

　　感官对于社交能力至关重要。它们可以帮助我们与他人建立联系，并且允许我们参与集体社区活动。同时，正是通过我们的感官，才能看到社区是以拥挤的街道、建筑物和公共活动的形式出现的，这样的社区压倒性地侵占了我们的感官，并且以令人不安的方式挑战我们的自主性和个性。然而，感官的社会生活不完全是被理解为要与自我之外的世界有密切的联系。正如19世纪生理学和心理学的研究证明，而是在个体体内，感观相互结合，积极地工作。而且还是构成个体本身的一个重要组成部分。

　　本章从三个不同的角度探讨了感官之"社会生活"的概念，它涉及感官如何将个体与周围的环境联系起来，19世纪和20世纪初城市繁忙的街道不断刺激着人们的眼睛、鼻子和耳朵，拒绝给感知者感官上的休息，使他们敏锐地意识到自己的生活总是与他人的物质存在联系。声音和气味具有能够进出住所和工厂的能力，同时也能消除家庭和公共生活之间的障碍。对社会评论员来说，诉诸感官想象力是可以使用的一个强有力的工具。此外，通过感官接收到的信息使人们有意识和无意识地对阶级、种族认同、种族背景和性别区别对待和做出判断——通过这些工具，人们可以理解雷蒙德·威廉斯（Raymond Williams）所说的术语"可知社区"。（Williams 1975：165）并且通过这个术语，我们试图理解拥挤、混乱、矛盾的现代世界中更为常见的现象。

　　与人们生活的社区相比，感官的作用同样还将人们与更广泛的、看不见的社区联系起来，而人们生活的社区是由生产、分配和消费网络组成的。例如，仅仅拿着一本书，或者为一件新衣服找布料（或者用手指触摸一件新衣服的布料），或者喝一杯加糖的茶，都是在触摸或品尝其他人亲手制作和运送的东西，它们是从其他地方——有时甚至是非常遥远的地方搬运过来的。同时，虽然这种接触经常是无意识的，但这种人类劳动留下的物质记忆是通过一些特定的人故意回忆起来的——像约翰·拉斯金（John Ruskin），像那些参加过工艺美术运动的人们，——他们拒绝接受由于大规模制造业的发展而带来的人性机械化以及对个性化的压制。如果我们更加关注创造、穿着或者饮食上的感官参与，这便是人们彼此建立联系的一种方式；也展示出感官参与到更加广泛而无形的网络中。

感官不仅把我们和现在联系在一起，还把我们和过去联系在一起。马克思在《1844年经济学哲学手稿》（*Economic and Philosophic Manuscripts of 1844*）中指出感官不仅仅是一种器官，通过它们还可以反映当时的时代，而且这些是物质记忆的有力来源。苏珊·斯图尔特（Susan Stewart）曾提醒我们："从身体承载的意义上来说，这些记忆是物质的——也就是说，它们记录在我们的意识中，或者在压抑的情况下，就是一种无意识的认知，也是我们身体的经历。"（Stewart 1999：17）如果19世纪中叶的生理学家和民众将此归因于"神经系统"的工作原理，"伟大的交感神经"沿着脊柱向下延伸，分支到其他器官，并且与大脑相连，如果现代神经科学家是通过创造习惯和关联的神经通路之构建来解释这一现象，那么整体概念是一样的：感官印象，储存在身体里，共同合作构建了我们自己的个体概念。

最后，这一章将考虑感官如何在任何一个感知者的个体中拥有繁忙的社会生活。G. H. 刘易斯（G. H. Lewes）在《普通生活生理学》（*The Physiology of Common Life*）中写到了（纪念威廉·詹姆斯）"巨大而强有力的情感流不属于任何一种具体感官"，但其构成了个人生活的经历（Lewes［1859］1860：49）。正如他所指出，我们可能完全没有意识到在任何一个时刻我们感觉器官所产生的所有要求：

> 当我在写这些诗句时，树木在夏日的风中沙沙作响，鸟儿在树叶间叽叽喳喳，并且马车在德累斯顿的大街上奔驰，发出低沉的声音；但是由于思绪被一连串的想法占据，没有察觉到这些声音，直到其中一种声音持续发出，或者我放松的注意力开始转向它们。

刘易斯［1859］1860：40

图 1.1　威廉·默里·巴泽特（William Bazett Murray）《伦敦港卸载茶叶》（*Unloading Tea at the Port of London*），布里奇曼艺术图书馆 / 盖蒂图片社。

正如我们将在本章看到的，在某些方面外部世界干扰个人意识是一种方法，你通过这种痛苦的方法被迫意识到一个人在其中的具体位置。但是对于我的目的来说，最重要的是他作为众多有影响力的思想家中一员，他的研究是对感知的本质，强调在人的生理和心理构造上感官的相互融合。对于感官协作的重要性认识当然并不是什么新鲜事，但是在维多利亚时期一群著名的思想家反复回到了这个话题，即感官之间是如何准确协同工作从而产生我们对世界及我们对自己的理解和认知。在未来，我将借鉴这些理论家中的一些人，他们的工作是将生理学研究与发展中的精神分析学科连接起来。但我也会广泛地应用文学文本，因为一个作家会利用不同的感官来共同进行工作，使用刺激我们自身的感官记忆和联想的语言，这可以说是构成社会生活的另一种形式：这是由个体读者的想象构成的，然而这却不可避免地将他们与相同文本的其他使用者联系起来。

19 世纪和 20 世纪初这座城市的评论家们，无论是否写小说或者诗歌，还是试图在新闻、报道或游记中尽可能描绘出一幅画面，他们总是无休无止地评论着视觉的丰富性，愉悦和污秽的混合气味——通常是污秽的——以及街道上不断发出的叮当声、喊叫声、咔嗒咔嗒声，和手风琴的演奏声。起初，艺术家和摄影师局限于吸引观众的感官想象，他们帮助记录了这些混乱。比如，让我们来看看福玻斯·莱文（Phoebus Levin）的《考文特花园市场》(*Covent Garden Market*，参见图 1.2）。尽管构图和灯光引导人们的注意力放在某些群体上——讨价还价的人群就位于正中间偏左的位置，那个头顶巨大篮子的搬运工位于图的右边——事实就是通过我们的观察，没有统一的视角或者清晰的视线模仿，我们的注意力就首先以某种方式被吸引，那么另外，好像我们真的在场。有很多的行为阻止我们以沉思的方式来思考——除非我们有意识地专注于那些模糊的群体，位于左边一群衣衫褴褛的女孩，正在寻找掉落或者丢弃的水果、蔬菜，这些女孩代表那些在社会上更有远见且默默无闻的人，即使一个更为体面的女人在她们面前，很明显买了一束花，似乎成了右边懒散人群所关注的对象。然而，这幅画必然是无声的。它邀请观众为其提供查尔斯·狄更斯（Charles Dickens）在他的文章中写的《考文特花园市场》的声音："人行道上已经布满了腐烂的卷心菜叶子，破碎的甘草带，还有菜市场里难以形容的垃圾；男人们在叫喊着，马车在后退，马儿嘶鸣，男孩们在玩耍，女人们身挎篮子在交谈，卖糕点的人在夸赞自己美味的点心，驴子也在大声嘶叫。"（Dickens［1836］1995：
53）此外，我们还要加上一些气味：一方面是许多游客身上飘出来浓厚的
鲜花香水味，另一方面是腐烂水果和蔬菜散发的恶臭，更不用说马粪和
驴粪了。

　　至少在莱文画这幅画的时候，这个地方已经成为伦敦最恶臭的地方，
这种恶臭是泰晤士河的下水道造成的，再加上不良的排水系统的综合影
响，之后由于首都公共事务委员会采取相关措施才得以改善。

图 1.2　福玻斯·莱文的《考文特花园市场》(*Covent Garden Market*)，伦敦博物馆。

　　在 19 世纪上半叶，即使在最时尚的地区，正如亨利·梅休（Henry
Mayhew）引用 1849 年的一份报告说道："在下水道许多存在问题的地方
充满了有害物质，在很多情况下堵塞了房子的下水系统，并且使得臭气
熏天。"（Mayhew［1851］1851—1861，II：395）弗里德里希·恩格斯于
1844 年 11 月到 1846 年 8 月在英国考察，注意到泔水的臭味散发到街道
上，为之震惊——并且，事实上是伦敦街头菜市场的气味——但"大多数
令人反胃的气体"是来自贫民墓地里那些不能充分掩埋的尸体。（Engels
［1845］2009：296）同时还有一种持续且令人作呕的气味是煤气的味道，
尤其是煤气管道泄漏的时候；在伯蒙德西（Bermondsy）暴晒皮革也是出
了名的恶臭（在这个过程中要使用狗屎），许多其他小工厂也排放各种各

样的烟雾和气体。这种嗅觉上的折磨并不仅限于伦敦：这对于所有大城市来说是通病。在曼哈顿，污水和垃圾被直接倾倒在河里，然后又被冲回去。1865 年到 1866 年港口卫生官员（Health Officer of the Port）写道："在夏天退潮的时候，这些垃圾飘在泡沫上像酵母一样，释放出……令人作呕的有害气体和难闻的味道……每一阵微风吹过……会飘散在整个岛上。"（纽约商会年报 1865—1866，Scobey 2002：136）

气味并不是唯一对人身体造成危害的物质。正如约翰·皮克尔（John Picker）在《维多利亚时代的声景》中告诉我们，20 世纪中期，"街道上的声音也被认为是有害及具有威胁性的污染物"（Picker 2003：66），引用迈克尔·特·巴斯（Michael T. Bass）的《大都市街头音乐》中的一封信——许多类似的信件之一——他们抱怨这种讨厌的东西，"认为它对健康、舒适和安静的破坏程度就像难闻的气味，恶臭的下水道和杂乱无序的贫民窟一样"（Bass 1864：88）。其他的信件则特别指出一些问题："模仿苏格兰人随着风笛起舞的意大利风琴师，用尖叫的单簧管演奏的盲人，用手摇风琴演奏的男孩们。"（Bass 1864：59）另外还能加上街头小贩的叫卖声，或者马车的撞击声，或那些铁道附近的声音，狄更斯在《董贝父子》（Dombey and Son）中用"尖叫、咆哮、咯咯作响"的火车来表示这些声音加速着死神的到来。（Dickens［1848］2002：312）

后来，有了内燃机的声音——不只是汽车，还有公交车。1908 年 7月，《汽车日报》（Motor-Car Journal）发表了一篇前一年的文章，伦敦 8507 辆公交车中有 4326 辆由于发出噪声而被认为不适合公共交通（"伦敦汽车交通"1908：435）——噪声在狭窄的街道上声音更大。在弗吉尼亚·伍尔夫（Virginia Woolf）的《达洛维夫人》（Mrs Dalloway）中，叙述者记录了普通的"咆哮和骚动；马车、汽车、公共汽车、面包车、手拿三明治的人们拖着脚来回摇晃；吹奏乐队；手摇风琴；……欢呼声和叮当声，和头顶上飞机奇怪的高音"（Woolf［1925］2005：4）——一系列的声音代表熙熙攘攘的城市里固有的生活，克拉丽莎·达洛维（Clarissa Dalloway）找到了有活力，几乎让人感到舒服的生活——空气被一辆汽车引擎回火的声音划破，误以为是"手枪射击"（13）。这种声音是一种结构性的装置，把人们与他们每个人的反应同步地连接在一起，通过对城市声音的回应创造社会凝聚力，虽然从社交上来说他们都是陌生人。同样也从所经历时间的角度将他们连接起来。第一次世界大战给人们的神经系统留下了深刻的感官印记，以及对感官的特殊要求——特别是在这部小说中患有炮弹休克症的沃伦·史密斯（Steptimus Warren-Smith）——这是我还会讲到的东西。

感官上的吸引会把人们联系在一起，既有积极的一面也有消极的一面：在音乐厅或者歌剧院或者剧院或者马戏团的景象、声音和气味；在帝国正式的社交聚会和宴会上——比如提姆·巴林杰（Tim Barringer）在他的分析中论证听觉（特别是埃尔加的音乐）在 1911 年德里杜尔巴盛会上以及第二年的伦敦戏剧表演中起着重要的作用。（Barringer，2006）如果我们暂时忽视街头音乐家们的噪声所带来的令人发狂的影响——他们激发了一场声势浩大的抗议，最终使得 1846 年通过了一项不太有效的《街头音乐法案》——在这些抗议中，最突出的是以阶级焦虑和仇外心理为基准而划分出有色人种的方法，以及家庭隐私（既是一个家庭避难所又是一个工作场所）被外面的街道的异质性所侵犯的恐惧。

联合起来进行一场运动，试图压制吵闹的街头支持者，这种方式是显而易见的。因为通过对声音环境的共同反应，可以形成一个可识别的社会群体。但是其他虚拟社区并非通过任何程序化的方式，而是通过共享的假设来对周围世界作出反应，这些反应实际上是基于阶级编码或其他意识形态偏见。珍妮丝·卡莱尔（Janice Carlisle），在《共同的气味》（Common Scents）中向我们展示了 19 世纪 60 年代的小说家们是如何将观众们预先存在的联想与当时著名评论家所谓"物质世界之使者"联系在一起的。（Wilson 1856：18）比如，借鉴心理学家亚历山大·拜恩（Alexander Bain）在《感官与智力》（The Senses and the Intellect）中关于嗅觉的论述，她展示了与劳工有联系的气味——工厂、仓库、啤酒酿造或者糕点厨师、厨房——如何被认为是特别无礼的。（Carlisle 2004：42）为了唤起对特定气味的敏感度——就像乔治·艾略特（George Eliot）的作品《菲利克斯·霍尔特》（Felix Holt）中艾斯特·里昂（Esther Lyon）的父亲也是如此，当他一边解释蜡烛燃烧的必要性时，一边说他的女儿拥有"如此精致的轮廓以至于她特别讨厌油脂的气味"（Eliot［1866］1995：60）——这是一种告诉其他人关于社会地位和抱负最为简单的方法。其他社会阶层也许悄悄地通过他们所谓的嗅觉喜好而备受谴责，比如当越来越有环境意识的约翰·拉斯金（John Ruskin）嘲笑"与紫罗兰和百里香的气味相比，那些运动人士学会喜欢火药、硫磺和焦油气味（后两种东西是用来驱赶兔子的）"（Ruskin［1872］1903—12：436）。

对拉斯金来说，自然世界对感官的吸引力是必要且有益于健康的，也许与 19 世纪的任何一位作家相比，他更加强调培养练习视觉注意力的习惯。但是自然世界本身可能在对感官的影响过程中变得势不可挡，即使乡村景色的需求在影响力方面可能远远没有城市里的压抑那么有害。在《德伯家的苔丝》(Tess of the D'Urbervilles) 中的第 19 章，托马斯·哈代 (Thomas Hardy) 唤起一个发生在 6 月夏日晚上的记忆："在如此微妙的平衡气氛中，如此具有穿透力，以至于无生命的物体看起来即使没有五种，也拥有着两种或者三种感官……"——对于人类观察者而言，这是一种奇怪的说法，似乎使物体本身都容易接受，而不是作为刺激的源头。苔丝发现自己生活在没有开垦的农场花园边缘，"那里是潮湿的，长满了多汁的草，一碰它就要喷出花粉雾；高大繁盛的野草散发着令人讨厌的气味——杂草的红色、黄色和紫色组成了一个多色的，像培植的花一样耀眼"。她穿过这些植被"在她的裙子上收集布谷鸟的唾液，还踩裂了在脚下的蜗牛，蓟汁和鼻涕虫黏液弄脏了她的手，然后她擦去裸露手臂上粘着的一些枯萎的东西，尽管在苹果树干上是白色的，但在她的皮肤上留了下深深的污点"。（Hardy［1891］2008：138）

这篇文章最引人注目的地方是对触摸的强调。在城市中，触摸——一个人也许会通过推挤其他人而侵犯他们微小的私人空间，被一个乞丐的手挽着胳膊——很少有什么需要去寻找的，除了私下里。在这里，虽然这些渗出物和粘连有一种强烈的性化因素，但很明显，苔丝缺乏关注她皮肤的末端和自然世界的多余之物，而这种意识开始巩固她与这个世界所谓的亲密关系。与此同时，它既提醒我们，也警告我们，当提到性侵犯者时，她仍有能力在迷迷糊糊中四处走动。如果某人的触觉感官是被用来定义空间（Gibson 1968：97），那么苔丝是理想化的，并且由于遭遇感官侵犯而受到威胁。

33   正如桑塔努·达斯（Santanu Das）在其感人而富有启发性的研究《第一次世界大战文学中的触摸与亲密关系》(Touch and Intimacy in First World War Literature) 中说"视觉、声音和气味都使其身体超越极限；相比之下，触觉体验始终依靠肉体的感觉"（Das 2005：6）。在 20 世纪的第二个十年，那种战争中的触觉体验——吮吸泥土，熟悉人的温暖、寒冷，肉体和血液，控制和安慰，试图在黑暗中或者浓厚的芥子气雾中寻找一种方式——以此来为感官社会生活增加一种新颖且刺激的维度。这些在信件、诗歌、回忆录、小说中被唤起，并且都试图生动地描述战争所带来创伤具有的空前的深度和规模，以及战争记忆如何深深烙印在身体之中。的确，"身体"变成了一个具有双重意义的词语：人类个体的容器；集体存在的感官。在福特·马多克斯·福特（Ford Madox Ford）(法国)的《队列之末》(No More Parades)中提到一枚炸弹爆炸严重震动了蒂特延（Tietjen）的临时营地，而当时福特的部队正在那里避难。福特将自己的第一次世界大战经历作为这部作品的结尾。声音不再停留在身体外部，正如"耳朵的鼓膜被压向内部，整个宇宙中充满着固体的噪声，巨大的回声将这些人推向——右边，左边或者战场的另外一边。"（Ford［1925］2001：291）情感、记忆、恐惧和愤怒瞬间浮出表面，因为"一声巨大的撞击声向这里每一个人以及他们的身体传达了一种令人无法忍受的接触"。（Ford［1925］2001：293）

　　更重要的是，这样的声音存在于感觉器官中。在小说《达洛维夫人》(Mrs Dalloway)中，在那条交通繁忙的大街上，当汽车回火后，塞普蒂默斯（Septimus）听到"发动机发出震动的声音就像一个穿越整个身体且不规则的脉冲一样"（Woolf［1925］2005：14）。在一个统一的推测中如果巨响能够使路人聚在一起，那么这种注意力对于那些前线的战士而言几乎是难以承受的："在他眼前逐渐吸引每一件事情到一个中心，仿佛一些恐怖浮出表面并且即将要爆发出来威胁到他。这个世界在颤抖，在震动，并且有着爆发的危险。"（Woolf［1925］2005：15）G. H. 刘易斯（G. H. Lewes）在1859年写道："我们的感官就像哨兵一样守护我们远离危险。"（Lewes［1859］1860，II：212）一旦受到极端条件的刺激，当一个人对自己感知编码为相似的东西做出反应时，无论背景如何不同，他的神经通路都可以直接带他回到创伤部位。

　　所有这些都带来了关于感官意识和反应的关键问题，以及当涉及感知和注意力时的意识角度问题。让我们回到大城市，在那里，只能部分摆脱感官上的超负荷。正如我们所看到的，事情不仅如此，这些城市闻起来让人恐惧——而且由于风会传播这种臭味，所以没有一个区域是可以幸免的。这并不仅仅是因为它们经常充满了不和谐的噪声：更重要的是**每个人**都在不断吸引人们注意的环境中进行他们的城市社交生活。然而，很难确定他们对嗅觉或者听觉环境的感知程度。这种能够为了让人注意到的臭味到底有多难闻，以及人们在无意识的情况下用什么样的机制和

34

习惯来中和它。人们是如何设法摒除那些刺耳声音之外的其他声音；以及他们在没有获得许可之前看到了多少。当然，这些气味从主观上和个体性来看都被记录下来了。不同物种的成员——一个对于自己所看到的东西给予较少的注意力，而更多的关注他们所闻到的那些物种——可能与环境有着不同的联系。弗吉尼亚·伍尔夫（Virginia Woolf）在她的自传中关于伊丽莎白·巴雷特·布朗宁（Elizabeth Barrrett Browing）的猎犬的描述，是从一只狗的视角或者通过一只狗的鼻子在娱乐作品中幻想出 19 世纪中期伦敦和佛罗伦萨的嗅觉世界。她利用这种幻想，进一步指出作为人类，我们对感官印象的认知是用语言来调节的：狗有更加直接的感受，它非常了解意大利，"同时拉斯金和乔治·艾略特却不知道那些……在他无数的情感中没有一种情感曾经屈服于语言的畸形"。（Woolf［1933］1998：87）

当大卫·亨金（David Henkin）在南北战争战前的背景下写"城市阅读"时，在纽约，他同样呼吁人们注意语言，通过展示贴在店面或建筑物一侧的商业标识、传单和标语牌、报纸（售卖、散发和街道上读到的）以及纸币来表明如何创造了新的公共文化类型。他提出："大城市生活的那些参与和不参与的形式在纽约很早就出现了，都是围绕着在公共视野中张贴、传播、发放的书面文字体验而出现的。"（Henkin 1998：x）亨金的例子说明在工业化世界和其殖民地对于越来越多的城市文学或者半文学人口来说，印刷提供了一种新的观看模式，这增加了人们对城市景观的认知。理查德·奥尔蒂克（Richard Altick）的《伦敦的演出》(*The Shows of London*, 1978)一书，主要考察了从王政复辟时代到 1851 年大博览会期间的伦敦大都市，而琳达·尼得（Lynda Nead）的《维多利亚时代的巴比伦》(*Victorian Babylon*, 2005)，不仅讨论了街道拥挤的表现以及通过接触而产生的焦虑，还探索了像煤气灯和电气照明等现象，真的改变了人们的视觉方式。这一主题在克里斯托弗·奥特（Christopher Otter）的《维多利亚之目》(*The Victorian Eye*, 2008)中得到进一步阐述，这本书考察了城市照明和城市生活如何更直接更普遍地影响人们对观察、可见性、社交性和隐私的看法。

35 　　然而，所有这些研究和例子都强调观察以及注意气味、声音和事物的纹理——作为一种高度有意识，甚至是自我意识的活动。我们已经习惯于认为 19 世纪是一个观众日益增多的时代，无论我们考虑的是视觉化工具的发展、记录和传播所看到的东西，还是对看到自己的行为的关注，以及视觉感知在生理学和心理学之间的相互交织的联系。长期以来，视觉能力通过显微镜或者望远镜等视觉假体得到了扩展，并且这些新技术增加了人们对可见事物的认识，例如：X 射线，或者摄影，它们的这种能力实际上放弃了沃尔特·本杰明（Walter Benjamin）所说的著名的"视觉无意识"概念。（Benjamin［1931］1999：510）越来越多的声音通过某种扩音形式或者电子传输被听到；例如由麦克风增强，把声波转换成电压。1877 年托马斯·爱迪生（Thomas Edison）发明了碳粒式麦克风，用于早期的电话，并在世纪之交用于无线电。这使得虚拟社区的创建成为可能，就像留声机的发明一样。正如乔纳森·斯特恩（Jonathan Sterne）在《听觉的过去》中提到："以新方式**聆听**的能力是进步和现代化的一个标志。"（Sterne 2003：168）斯特恩认为这不仅仅是能够将声音传到一个以前听不到的地方，而且解释了电话如何不仅仅传递声音，还传递空间。

　　然而，所有这些感官的增强从另外一面去理解的话也是注意力分散的时代，尤其是城市居民和游客，他们要么是习惯于大量信息侵犯所有的感官，或者故意麻木他们自己来对抗对感觉器官持续提出的要求。这就是弗里德里希·尼采（Friedrich Nietzsche）在 19 世纪末所写的生存状态，他认为人类的感官不断受到刺激，但是没有时间去处理或者思考或者评估他们接收的大量感官印象。

> 感觉变得更加急躁；……各种不同的印象比以往都多：食物、文学、新闻、形式、口味甚至景观中的世界主义。这种汇集以极快的速度完成；这种印象相互抹去；一个人本能地抗拒接受任何东西，深深地接受任何东西，去"消化"任何东西；消化能力的减弱由此而来【即从品尝和摄取实际食物到同化的隐喻性问题的滑动】。
>
> 尼采 1967：47

小说家、记者、散文家或诗人的任务是，根据他们对修辞的需要，挑选出能打动他们的听众的既有代表性又有典型性、又值得关注——甚至令人震惊——的细节。在这样做的同时，他们同样也在向读者传达信息，而且也利用他们已经掌握的知识，尽管是心照不宣的。正如亨利·柏格森（Henri Bergson）在《物质与记忆》（*Matter and Memory*，1908）中指出：

36

"所有的感知都是充满记忆的。通过我们感官而获得的直接和近期的数据，我们将过去的经验中混合了成千上万的细节。"（Bergson［1908］1988：33）他在书中接着讲到，我们需要认识到的和有能力解释的就是感知是多么**有限**——事实上，与其把我们整个环境都考虑在内，我们不如应该"简化成你感兴趣的形象"（Bergson［1908］1988：40）。

由于对 19 世纪城市社区感官超载强调的是一种平衡，所以感官的吸引力在表现孤立、疏离或仅仅是超然和缺乏参与方面发挥了重要作用。华兹华斯（Wordsworth）在《序曲》（*The Prelude*）的第六卷中写道，当比利时和瑞士军队正准备跟随法国军队时，华兹华斯就越境前往法国，并且描述了当时的情况：

> 我们焦急地穿越巴拉班特（Brabant）军队
> 为了自由而战
> 一个青年人几乎不属于这个家庭
> 在社会生活中，我看到了这些东西
> 仿佛从远处——听到，看到和感觉到
> 被感动，但是并没有亲密的关系
>
> 华兹华斯［1850］1995：6，764—769

为了利用一个人的感官，并且让一个人的感官起作用，并不一定要与他周围的环境和人群建立任何一种社会关系——但是感官与我们的社会存在之间的关系同样是至关重要的。尽管德·昆西（de Quincey）写了华兹华斯之后 50 年的事情，描述了他第一次进入伦敦时的感受，他觉得自己好像被卷入到一个巨大的动乱中心，感到"惶恐不安"（他故意用这个词来表达拉丁文中的**惊恐**，一种持续保持战斗状态并且感到焦虑的情绪）。"每半英里内从声音听觉上和视觉上有所扩大，正如某人可以想象尼亚加拉瀑布和地震在最近的十英里内最为刺激感官，在风的帮助下，直到它能吸收和扑灭所有其他的声音。"之后，还有一个特殊的情况：

37   越来越感觉到自己无足轻重的时候，就会强迫自己变成最迟钝的观察者。无论在英国的任何地方，你自己、马、马车、侍从（如果你和别人一起旅行的话）都会受到关注，也许甚至是好奇。无论如何，你是被看见的。然而，当你穿过每条通向伦敦大街的最后一个邮局时，走了十英里或十二英里以后，你就意识到已经没有人注意到你了：没有人看到你，没有人听到你，没有人问候你，甚至你不把自己当回事。事实上，当你第一次意识到自己在所有事情中完全不重要的时候你该怎么做？——在人类生命中你是一个可怜的个体。

德·昆西［1853］1862：182—183

这里的重点不是看，而是被看；与其说是因为听觉，不如说是因为有声音强加于人。为了能够意识到存在于我们身体之外的视觉和行为，在没有刻意的感官刺激下呈现出来的，并且因此意味着会削弱。

作为先驱的社会学家齐美尔（Georg Simmel），在1907年的文章中，他写道"感官的社会学"与现代性密切相关，他准确地认识到感官是如何作为情绪和情感进入到人类主体的（我们观察面部，听到声音），并如何作为知识本身走出来的。（Simmel［1907］1997：111）然而，所有这些能力能够将我们与其他人保持联系，在我们环境的主观类化过程中我们最终是孤独的。正如齐美尔所说，就像回应德·昆西一样，现代生活的条件加剧了人们孤独的感觉：

现代人们被无数的事情所震惊，并且对于他们的感官而言无数的事情似乎是无法忍受的，而且这些事情很少有区别，却在没有任何反应的时候以更加强烈的感情模式来忍受。现代人类逐渐有着个体化的倾向，这种更大的个性化和人们承诺选择的自由势必与这个有着必然的联系。由于他或她的反应有时是直接感性的，有时是具有审美模式的，人们不能立即进入到传统的联盟或者紧密的承诺中，而在其中没有人询问他们的个人品味或个人情感。这不可避免地带来了更大的孤立和个人领域更清晰的界定。

齐美尔［1907］1997：118—119

这种感官剥夺与反乌托邦以及启示录小说中反复出现的现象是有关的，这些作品往往以唯一幸存者或者是独自旅行者的理念为中心，所以在一个拒绝给予安慰的世界里也就被剥夺了社会联系。在这些作品中，我们经常遇到我们称之为反社会生活的感官。作者可能会明确呼吁我们对作品的理解和期望，为了强调缺失或者失败的联系，感官可以在作品中起到作用，并创造一个荒凉的环境和情感荒凉的氛围。在《德伯家的苔丝》(*Tess of the d'Urbervilles*) 中，随着苔丝走在夏日的果园里，这种"无声"的行为"给她的印象是一个积极的实体，而不仅仅是对噪声的否定"(Hardy［1891］2008：138)，只有当安吉儿·克莱尔 (Angel Clare) 弹奏竖琴的声音飘向她的时候，她的希望才更加坚定了。但是也有一些作家认为听觉刺激的缺失是更加令人不安的。济慈 (Keats) 在《无情的妖女》(*La Belle Dame Sans Merci*) 中想要唤起骑士流浪时强烈的忧伤，他不仅改变了呆板单调的生活，还剥夺了人们耳朵自然的慰藉之声："湖中的芦苇枯了／没有鸟儿歌唱。"(Keats［1820］2009：273)

在玛丽·雪莱 (Mary Shelley) 的《最后一个人》(*The Last Man*, 1826) 中，唯一一个漫游穿过荒凉的意大利的人拒绝相信他自己是地球上唯一幸存的人。他告诉自己"世界没有死，但是我疯了"。变得疯狂使感官不能正常工作："我失去了视觉、听觉和触觉；我是在一种魔咒的作用下工作，这种魔咒渗透到我身体当中使我看到了地球上的一切景物，除了地上的人类。"(Shelley［1826］1994：449) 但是，至少玛丽·雪莱的"最后的一个人"从美丽的景观和动听的鸟鸣里获得死气沉沉的安慰，在这个瘟疫肆虐的星球上，没有一个人与之分享——人们感受到的美、历史和情感是需要和人分享的。雪莱暗示，从本质上讲是很多的事情把人们聚集在一起，当证明是不可行的时候，一个人的孤立就被放大了。到 19 世纪末，孤立无援也是将自己置身于生态灾难之中。在理查德·杰弗里斯 (Richard Jefferies) 的《后伦敦谈》(*After London*［1885］1886)，主人公菲利克斯划着他的独木舟进入未知的领域。他看到鸟儿飞向相反的方向；在杂草丛生的河岸间划来划去，虽然现在是初夏，那里的莎草似乎是棕色的，但是还是枯萎了。这片景观在很大程度上归功于罗伯特·布朗宁 (Robert Browning) 的《去黑暗塔的罗兰少爷归来》中灰色贫瘠的平原（或者工业荒地）和骑士们必须通过的"黑漩涡"(Browning［1855］1997：198)。在小说中，原本纯净的湖水变得又黑又油：

> 他俯下身来，蘸了一点放在他的手掌里，这一小块看上去并不是黑色的，而是一种锈迹斑斑的褐色，但是他闻到了一种令人讨厌的气味。这种气味粘在他的手上，难以抹去，这也是令他讨厌的。他从来

没有闻到过这种气味，一点也不像沼泽地里的气味。

杰弗里斯（Jefferies）［1885］1886：366

在陆地上，他发现自己踩在破碎的骨头上；被有毒的蒸汽弄得半昏迷；被一堆发黑的硬币绊倒。"他走进了那个可怕的地方，在那里他听到了许多传说：大地是如何有毒的，水是有毒的，空气是有毒的，天上的光穿过大气照射下来也是有毒的。"（Jefferies［1885］1886：378）换句话说，他意识到这个"被遗弃的，完全灭绝的伦敦城就在他的脚下。"（Jefferies［1885］1886：378）这种停滞、有毒的荒凉是人类疏忽和贪婪的终点，而这正是当代城市环境最糟糕的特征。

然而，19世纪末和20世纪初的城市，就其同时代的城市形态而言，几乎不是一个静态环境，尽管可以预计到它暗淡的未来。这个比喻是真实的，并且从文字上有熙熙攘攘的感觉。它是一种贸易的中枢纽带，将个体消费者和无形的劳动力网络联系在一起。这里有三个典型的例子——皆来自伊丽莎白·盖斯凯尔（Elizabeth Gaskell）的小说《北方和南方》（*North and South*［1855］2008）——说明了这一点。首先，玛格丽特·黑尔（Margaret Hale）披着披肩走进她姨妈在伦敦房子里的客厅，正如她所说，"嗅着他们辛辣的东方味道"。"披巾环绕着她，她轻轻抚摸着披巾，享受它们柔软的触感和鲜艳的颜色"。（Gaskell［1855］2008：9）尽管那并不属于她——这个披巾是她表姐伊迪斯（Edith）嫁妆的一部分——但她从中获得的快乐有助于在小说的早期将她塑造成一个对美敏感的人，她的感官与她周围的环境相协调，尽管她在中产阶级中的地位相对较低，但她欣赏一定程度的奢华。可以理解的是，她的家人搬迁到北方磨坊小镇密尔顿（Milton）——一个朴实无华的曼彻斯特——这对她的感情而言是一个打击。然而，她仍然很在意她的家庭形象。在一次茶会上，桌子上铺着"一块白桌布，上面放着可可坚果蛋糕，还有一个篮子，里面装满了橘子和红彤彤的美国苹果，都堆在树叶上"。（Gaskell［1855］2008：79）嗅觉、触觉、视觉（带有暗示性的）和味觉：这些感官不仅仅将一个人与周边的人联系在一起——下午茶的客人——还将她与帝国的食物联系在一起，以及和跨大西洋进口食品联系在一起（椰子几乎肯定来自西印度群岛）。在这个社交场合中发挥作用的感官是保持统一的，无论多么的无意识，都与最初挑选、处理或者编织这些物品之人的感官相联系。让我们再看来自《北 40

方和南方》中的一个例子。玛格丽特（Margaret）在弥尔顿大街上推搡着，发现女工们"评论她的衣服，甚至触摸她的披巾或者长袍以确定确切的材料"（Gaskell［1855］2008：71）。磨坊工人触摸她的衣服，这种经历让她感觉到非常不舒服。这是一种对个人空间的侵犯，但是站在她们的角度，也可以被解读为一种与她们社会接触的形式，与她们近乎职业性的服装的一次接触。至少，与织物的接触是介于好奇触摸和她实际身体之间的一种中间形式。

　　在其他情况下，触摸身体也可以介入到另一个更加制度化的网络体系中。例如，在医学领域中，"摸脉搏，听胸腔"——同样是寻找健康或者疾病的迹象，"直视眼睛，检查舌头和喉咙"——更不用说使用窥镜了——成为例行的身体检查，这个行为使人与人之间密切的感官接触合法化。（Porter 1993：179）或者，女性可以感觉到她们的身体不仅仅被束缚她们的紧身衣所触碰，而且被挤压和压缩，尤其是在19世纪30年代沙漏腰身开始流行的时候，这种趋势一直持续到19世纪末，越来越多的人要求更自由的"理性着装"。被衣服收缩着的身体，同时也被衣服所触摸：这是一种瞬间亲密，又将人与一个更大的世界连接在一起，而这个世界是根据一个人对时尚准则的坚持或者背离来评估和定位的。对于玛格丽特而言，街道上拥挤之经历的奇怪之处在于，她的衣服一旦穿在她身上就会被触摸到——这与被抚摸的布匹和布商为感受重量而放在手中的布形成对比——这不仅仅是视觉上的评价。然而，她逐渐明白，磨坊女工的动机是一种粗暴的友好——"她们对衣服的钟爱是一种对女性般认同的依赖"——这与工人们仔细观察是不同的，"她不是评论她的衣服，而是评论她的外表"（Gaskell［1855］2008：71）。毕竟，正如披巾事件一开始就暗示的那样，是一种对时尚和时尚感的评估，这在她过去所处的世界里是一种普遍的现象。

　　正如玛格丽特·比瑟姆（Margaret Beetham）在她对女性杂志的研究中指出的那样，女性的自我审视就是参与一种基于表面判断的社会定义实践。服饰"不再是地位和女性气质的简单象征，而是一种复杂的语言，在其中，阶层、财富、年龄、婚姻状况、季节和时间都很重要。正如构成礼仪的细微规范化的行为一样，时尚取决于材料、剪裁或装饰的细微差异"（Beetham 1996：99）。然而，环境需要适应。

　　伊迪斯试图穿上她在印度野餐时的披巾，但是放弃了与炎热天气之间

图 1.3 古斯塔夫·多尔（Gustave Dore）的作品《妇女在街市上用手指触摸衣服》（*Women Fingering Clothes in a Street Market*）。引自布兰查德·杰罗德（Blanchard Jerrold）的《伦敦：朝圣》（*London：A Pilgrimage*），伦敦：格兰特公司，1872 年。

不平等的斗争，发现她自己"热得难以呼吸，想要躲起来，甚至要被衣服杀掉一样……所以我把它变成了一块上等的地毯，让我们大家都可以坐在上面"（Gaskell［1855］2008：255）。这就为阿尔让·阿帕杜莱（Arjun Appadurai）所说的一个术语提供了清晰的例子，即在社会生活中任何事物的商品状况……在这种状况下与其他事物的可交换性（过去、现在或者未来）是其社会化相关的特征。（Appadurai 1986：13）穿得过多的人身上会给人很热的印象，纤维的刺痛感和汗液对皮肤的刺激——读者的感官被刺激的不仅仅是使我们看到这种纤维织物的一种新的社会功能（在印度，它就显得不那么具有异国情调，现在可以坐在上面），更是为了唤起她们对印度气候不适的感觉。

礼仪本身也可以被看作是一种感官的社会规则。在许多针对大西洋两岸崛起的中产阶级的手册中，是要邀请读者设想一个社会规范化的目光和耳朵转向对着她们（尽管人们常常会以一种亲密的女性口吻让她们躺下）。因此，匿名著作《美好社会的习惯》（*Habits of Good Society*），于1860年第一次在伦敦出版之后数次再版印刷，该书建议一个年轻的女士不应该开始"以社会上"的方式来唱歌——也就是说在晚饭后的客厅里说话——语速太快，因为"对于一个学习者而言是令人反感的，她的表现应该是像在教室里说话那样；然而，更糟糕的是，如果一个人必须要去听别人发出的声音，那么其中最好的音符都是破碎且微弱的"（《习惯》［1860］1863：264—265）。与此同时，这位表演者应该总是能够记住众人在观察她，并且掌握了她身体和手势的动作，以及她的表情——有些人"做出吓人的表情，突出下颚或者更糟糕的假装微笑"（［1860］1863：266）。毕竟，餐桌是一个被审视的地方。一个人不仅要仔细注意如何吃东西或者咀嚼食物，还必须注意在无意识中接触到的东西，"当你不吃东西的时候"，会建议读者"不要用你的手指去把面包团起来，或者去玩桌上的装饰……千万不要把胳膊支在桌子上，也不要把胳膊放在桌子上，更加不要用手指碰你的鼻子或者头发，也不要用嘴或者鼻子发出任何讨厌的声音"（Abell 1855：110，157）。

借用乔纳森·斯特恩（Jonathan Sterne）的说法，"随着社会等级的差异变得越来越细化，越来越偶然，原本只在社会平等者之间存在的物理空间和礼仪反而变得越来越受到普遍关注"（Sterne 2003：168）。以诺伯特·伊莱亚斯（Norbert Elias）《文明的进程》中的推理为基础，这种压抑和调解的方式对于我们现代生活中建立起来的准则是至关重要的，他在书中认为，如果我们要尽可能保持那些允许我们保持个人和社会身份的区别，那么控制和命令感官传递是非常重要的。如果说公开的礼仪指南在20世纪早期变得不那么流行，那么小说中充满了将感官与品味及阶级联系在一起的标记，这种标记旨在激发读者对礼仪的反应。这是读者基于他们自己对礼仪和社会地位的记录。E. M. 福斯特（E. M. Forster）的《霍华德庄园》（1910）的观众似乎很想准确了解所谓的衣衫褴褛，但是文化上努力奋斗的职员李奥纳多·巴斯特（Lenonard Bast）的声音，就像当他在钢琴上弹奏葛利格（Grieg）时那样 "糟糕而粗俗"（Forster［1910］2000：46），就像他和邀遢的杰克共进晚餐的样子（"他们从一个汤盘开始，李奥纳多刚刚把汤盘泡在热水里。接着是舌头——一个布满斑点的圆柱形肉，顶部有一点果冻，底部有大量黄色的脂肪——末端还有一个方形的溶解在水里的东西［胶状物：菠萝］，这是李奥纳多当天早些时候准备的"，Forster［1910］2000：46）是为了唤起一些令人沮丧的味觉回忆。

当涉及食物的消费时，美学、味觉和嗅觉当然是不可分割的（Gigante，2005）。马修·凯泽（Matthew Kaiser）富有表现力地描述了沃尔特·佩特（Walter Pater）是如何 "将审美判断带到口中的"（Kaiser 2011：48），将他和19世纪其他唯物主义思想家相提并论，他们明白 "我们生存的身体状况——疾病、活力、饥饿、饱足、贫困、安逸——决定我们的意识，而不是相反"（Kaiser 2011：49）。伍尔夫设想以他瞬间的感官来记录下意大利。"他狼吞虎咽地吞食了整串成熟的葡萄，因为它们的紫色气味……山羊和通心粉的味道很重，深红色的味道。"（Woolf［1933］1998：87）她向西班牙猎犬投射了一种联觉意识——这是19世纪心理学家、作家、艺术家和美学理论家越来越感兴趣的领域。根据心理学家爱德蒙·帕里什（Edmound Parish）在1897年所写的，这种联觉是 "某一种图像或者（主观的）感官印象与另外一种实际感官之间的持续不断的联系……因此，一种特定的味道可能会唤起一种特定的颜色形象或者感觉"。（Parish 1897：223）换句话说，它构成了一种非自愿的感官融合形式，一种内在的、特定的社会化形式。在富有想象力的作品中，休斯曼（J. K. Huysman）的德泽森特（Des Esseintes）就是一个例证，在其中为食物和酒找到了音乐上的等价物：

德泽森特认为，每一种甜酒的香味都与乐器的声音相对应。例如，干库拉索匹配的是单簧管的音调，具有穿透力且柔软。库梅尔酒与双簧管对应，带有响亮的鼻音。薄荷甜酒和茴香酒，与长笛相对应，这两种液体既甜又辛辣，既哀鸣又甜蜜。另一方面，樱桃白兰地，完全就像管弦乐队，在某种程度上产生了非凡的共鸣，就像喇叭声；杜松子酒和威士忌以刺耳的短号和长号声征服了味蕾。

休斯曼［1884］2009：39

在美学理论中，对于联觉的吸引力可以在伯纳德·拜伦森（Bernard Berenson）的鉴定中找到，他决心将视网膜上呈现的印象与触觉价值结合起来，雕塑家阿道夫·希尔德布兰德（Adolf Hildebrand）在《形式问题》（1893）中坚持有形与无形之间存在必然联系，以及弗农·李（Vernon Lee）的《美与丑》（1912）中。李（与基特·安斯特拉瑟-汤姆森）试图挑战美学感官进化理论的地位，而这一理论是她在赫伯特·斯宾塞（Herbert Spenceer）（以及他的追随者，格兰特·艾伦［Grant Allen］）中发现的，并且受到当代大陆思想家的影响（Lanzoni，2009），抛开传统意义上的感官层次，考虑一个人站在特定的艺术作品和建筑前面时发生的直接的生理变化——呼吸、平衡、肌肉紧张。她写道，当我们观察这些作品时，我们与其说是在客观地欣赏它们，不如说我们在遵循"我们意识的内在数据：继承、运转、活动以及不同的形式"（Lee and Anstruther-Thomason 1912：51）。换句话说，李的假设是，虽然我们的感官是重要的——不仅仅是对审美，还有我们这个世界上的生活实践都至关重要——也有助于我们形成一个物质和精神的整体，而这个整体不能被分成感官的组成部分。去辨别个人感官对我们的时间观念有什么意义或者说对我们的运动观念有什么意义，这是很困难的，实际上是不可能的。

人类个体的感官集合在一起。它们将我们与这个世界，以及我们在其中的存在方式联系在一起。它们在运行中不是恒定不变的，因为它们的工作方式是根据我们如何使用它而发展的，不断发展的技术确保它们能够以一种媒介的形式进行工作。很多时候，我们并没有意识到我们通过它们来获取信息，相反，这些信息又影响着我们与社会的交往。早在1859年，刘易斯提醒我们不要混淆我们所意识到的"感知"与"一般意识，一般意识是由内部和外部刺激不断同时作用所激发的感觉的总和。这可以说，是我们生存的曙光。我们不习惯去注意它……"（Lewes［1859］1860：47）但是，当我们在19世纪和20世纪早期的文本中看到它的存在时，这也可能是对感官意识的一种召唤，并且要意识到声音、气味等细节所起到的文化功能。用詹姆斯·伍德（James Wood）那句令人难忘的话来说："我们每个人都会时不时地受到白内障的困扰。"他在书中特别提到了"日常 45 琐事是如何使我们无法注意到和我们生活在一起相爱的人"（Wood 2008：80），但是这个比喻可以很容易地扩大到来描述越来越多的阴郁和我们看到的最终的无知——我们甚至无法注意到我们的日常环境。如果我们今天需要一种对伦理的关注，关注我们的环境，那么我们也需要回顾性地运用这种关注。分析过去的感官和经验必然具有历史挑战性，因为它具有主观性和相对性。尽管如此，以感官为参照的警觉性仍然成为评估标记和联系的重要手段，这一时期的个体试图通过这些标记和联系来理解和调整他们自己的社会。

第二章　城市的感官：城市感官景象的变化

阿兰·科尔宾

第一部分

对城市的感官欣赏并不是以建筑的石头开始和结束的，也就是说，不是始于**静物画**或静物。它远远超过了这种物质层面。城市的声音、气味和运动构成了它的身份特征，就像它的线条和视角一样。这一点在 19 世纪中叶就已经很明显了。1857 年，乔治·卡斯特纳（Georges Kastner）写道：大城市有自己的韵律，"表达了生活的运动和变化……它们每时每刻都是如此"（Kastner 1857：v）。

城市空间本身并不独立存在，而是出现在居住者、穿越者和探索者的互动中，在这个过程中赋予了多重意义。它产生于一个同步阅读的网络，构成了它的许多不同的景观。这就是构建城市感官历史的困难所在。在这个司空见惯的舞台上，这里的每一个居民都根据自己的感知习惯、感官文化、焦虑和保障的范围、对怀旧的屈从程度以及想象力的支配，创造出一个独特且拼接的混合画面。神话就是通过这种方式产生的，更不用说各种修辞传统、流行的美学规范和对感官信息本质的科学信念的影响了。

因此，原始资料的选择和解释带来了一个问题。一部城市的感官历史很容易成为对 19 世纪城市现代性加以修饰的历史，忽略了原始材料的社会范围和本质。话虽如此，蒂莫西·克拉克（Timothy Clark）很久以前对巴黎的研究表明，艺术家——诗人和小说家也是如此——常常说服建筑师和管理者去设计和建造那些已经在想象中勾勒出来的城市（Clark，1984）。在这方面，历史学家的感官，也许比其他许多学者更容易受到时代错误的影响。在解释城市感官空间的过程中，探究方法很有可能被新近建立的学科的观察和研究技术所影响。

出现在 18 世纪末期和 19 世纪早期的**巴黎情景**文学流派就是一个突出的例子。这类作品长期以来被一种道德观点所主导，这种观点认为美德、美丽和天才享有特权，并且是为一群富有的观众量身定做的，这些人倾向于欣赏任何未能实现他们理想的描述。直到很久以后，在华兹华斯和巴尔扎克的著作中，对这座城市的描述才大胆超越了风景如画的名胜古迹、文学的主题、人物和特定地点。作者开始研究这座城市，对它进行了全面的描述，甚至把它作为小说或诗歌的中心主题（Benjamin 1989；Davreu，1994）。

总之，19 世纪的历史学家必须了解这一时期特定感官的社会用途，包括塑造他们的信仰和科学的信念，改变视觉方法的技术创新，以及对姿势和运动风格的描述。例如，窗户和镜子的日益广泛使用，改变了公共空间中自我的呈现、视觉感知的形式、偷窥的乐趣和恋物癖的对象。感觉阈值的演变——对感觉范围和强度的容忍和不容忍模式——在这里是至关重要的，同样重要的还有相应的警惕形式。嗅觉焦虑的产生，沉默的意义转变，以及对黑暗或光明摇摆不定的偏好，都有助于塑造城市的日常感官体验。

至于这段感官历史中最常使用的素材，尤其是在巴黎，人们不禁被过多地呈现的关于外部世界的主题——流亡、旅行、波希米亚生活和边缘化——所震撼。

正是在这一短暂的概略背景下，19 世纪城市感官鉴赏的历史才成为人们关注的焦点。大约从 1800 年以后，破译社会空间变得越来越困难。所有迹象表明，面对伦敦或巴黎等城市的多面性、模糊性和不断变化的特征，人们的变化感和异域感促使城市居民第一次转向封闭。

49

整个环境的特点是两极之间的紧张关系。一方面，有一个城市的文化观念，注重有序的设计和组织，精确的界限，和谐的视角，巨大的背景下，空气和水的循环，以及 18 世纪城市现代化，旨在使城市成为社会和市民生活的中心。

在巴黎，有关赌博、恶臭和卖淫的规定，以及对这座城市的许多生动而独特的描述，都证明了人们对秩序的关注。例如，考虑一下巴黎人听觉空间的构造方式。钟声保持了它们的多重功能。它们仍然是有效的听觉同步器，是传递信息、发出警报和庆祝节日的手段。钟声继续为城市提供听觉上的凝聚力。它强加了一个直接和强制性的成员关系，并塑造听觉景

图 2.1　古斯塔夫·多尔的《伦敦一个庭院里的街头手风琴师》(*An Organ Grinder in a London Courtyard*)。布兰查德·杰罗德（Blanchard Jerrold），《伦敦：朝圣》，伦敦：格兰特公司，1872 年。

观。同时，有规律的活动的声音也具体地表达了人与人之间的运动和联系。**巴黎警报声**的放大，在其现代表现形式中，也是一种听觉同步器和信号。无论是在城市还是在乡村，能够加快身体节奏，改变呼吸模式的工作歌曲都刺激了人们的努力，设定了节奏，提高了效率。像商人们的召唤声音一样，它们见证了传统的延续和正直公民群体的存在。它们帮助划定了领地边界。作为一种社会标志，它们使地理起源变得容易追溯，并为那些色彩缤纷、绚丽如画的服装锦上添花。最重要的是，它们鼓励某些行为：纪律，和谐的劳动分工，尊重他人的圣歌和歌曲。需要运用一定的听力技巧来解读这种强烈的社会音乐。

与这种连贯性、这种视觉和听觉上的可读性形成对比的是，另一个城市同时在伦敦和巴黎成形。这个城市是不透明的，缺乏特色的，也是可耻的——原始的、有机的、兽性的和野蛮的。正如尤金·苏（Eugene Sue）和查尔斯·狄更斯所详细描述的那样，从内部看，这种令人心酸的陌生感具有迷人的异国情调。那个时期的文学作品被吸引到城市的地下空间，黑暗和明暗交错的社会的洞穴，下水道和各种各样的内部空间。它在裂缝里，在阴森森的沟壑中，在最黑暗的凹槽里翻腾。这座城市充斥着伪装、阴谋、暴行和交易，尤其是性交易，简直就是个粪坑。它滋生了感染和暴力，引发了其他欲望和梦想，以及其他基于武力和狡诈的价值观和规范。

嗅觉感知在这类场景的描述中占有重要的地位，这将在本章的第二部分进行讨论。感官信息的混乱，社会可读性的缺失，对潜伏在每个角落的威胁的怀疑，以及未被掩埋的腐烂和发酵废物，所有这些都让人们提高了警惕。在这种背景下，嗅觉理应得到更认真的对待，因为它被认为是最具动物本性的感官，它可以探测和避开这种有机物质构成的威胁，这种与罪恶、疾病和死亡有关的人类沼泽。

这座城市既吸引人又排斥人。它以悲剧美学和社会畸形学为基础，符合浪漫主义情感。对于精英阶层来说，这座巨大的城市也是社会流亡者的避难所，他们与大众所谓的动物本性相一致。再一次，从最初的社会学调查中得出的结论强调了嗅觉分析的重要性。去除这个地下城市的不透明，并对其进行清理，那么就要立即进行除臭，对声音和噪声进行分类，强制性的视觉秩序就变成了整齐与干净的标志。意识到地域的间断性，使得这一观点更加复杂。在视觉和听觉可读的城市和被感官混乱所抛弃的城市之间，根据白天或夜晚的时间交替出现不同的可读性感官。

51

19世纪60年代，现代城市的面貌开始发生变化。在巴黎，以及稍早在伦敦，重新设计城市空间和地标的动力催生了具有自己鲜明特色的城市，以及新的公共和私人互动领域。这是商品大规模陈列以及商店橱窗大量增多的结果，尤其是国际展览会的成果。马克西姆·杜坎普（Maxime Du Camp）对巴黎的研究（Du Camp 1869—1875）表明，从"城市是有机体"的比喻已经转变到带有复杂机制的"城市是机器"的比喻。无数的技术发展深刻地改变了这座城市的感官空间。煤气灯和电力的普及，下水道网络的现代化，服务的激增，对流通的精细化管理，夜间对时间节奏的扰乱和蓬勃发展的夜生活，所有这些都激发了创新（Delattre，2000；Schlör，1991）。一种新的休闲文化也开始兴盛了，特别是在错综复杂的性交易和娱乐中，以及在展览的普及和相应的人群中——从那时起，这一现象本身就成为了一种奇观。

在第二帝国时期的巴黎，林荫大道的创建和扩展主导了城市空间的感官转换。黑兹尔·哈恩（Hazel Hahn，2009）的研究表明，在19世纪末，林荫大道成为现代视觉营销最受欢迎的试验场。墙壁、桁架、报亭、小便池、广告栏（**莫里斯圆柱**），以及不久之后的地铁站——更不用说各种有轨电车、公共汽车和夹板广告牌——都贴满了花哨的海报。广告商把钱花

52   在强迫性的重复上，并沉迷于多种复制和**嵌套**技术。鲜艳的色彩和不断出现的各种营销信息侵袭着人们的眼睛，没有留下任何让人喘息的机会。这种新闻、时尚、新奇和现代的"奇观化"导致了公共空间的同质化。

53   同时，听觉景观也在经历着深刻的变革。工匠和商人的歌声被小贩和报摊的叫卖声所取代。听觉信号，虽然超过了一些人的容忍阈值，但从此以后混合成一个响亮和谐的声音。随着号角和警报器的新时代的诞生，各种各样的声音逐渐消失，人类的节奏也不再能听到。甚至在轮胎的平稳节奏成为常态之前，一种普通的嗡嗡声就已经出现了，取代了脚步声和手工活动的声音及节奏。机器的声音无处不在，预示着汽车的紧张加速将成为动力的象征。在这种不断嘈杂的背景下，谈话变得困难了。与此同时，任何突然的沉默都带有一种令人不安的意味，成为城市机器失灵的迹象。

在城市的中心，就像在外围一样，间隔区的扩散——空隙、不确定的空间和废弃的场所——形成了一种感官上的混乱，这不同于地下城市的景观。这种干扰的聚集在本质上被认为是一种公害——不再是嗅觉，而是视觉和听觉。在巴黎，人们对钟声、狗吠声、夜间骚乱以及街上或公共场所

图 2.2　广告的诱惑：让·贝劳德（Jean Beraud）的《巴黎亭》（*Paris Kiosk*）。沃尔特斯艺术博物馆，创意共享许可。

的任何喧闹的集会或庆祝活动都产生了新的不容忍现象。

人与商品的流动性增加，运动的持续加速，在感性体验上是一种新式的教育。城市的中心挤满了熙熙攘攘的人群，一群群冷漠的人不停地进进出出。在这些断断续续的集会中，匆忙成了时间性的定义，城市就像人群一样，被简化成一个模糊的存在，无法分析。

格奥尔格·齐美尔（Georg Simmel, 1989）、凯文·林奇（Kevin Lynch, 1960）和理查德·桑内特（Richard Sennett, 1974）等人研究了这些反应：个人面对众多路人时，只专注于自己的私人利益。这导致了一种新的内心退缩。在这个瞬息万变、印象纷至沓来的世界里，克制的沟通、没有人情味儿的交流、保守而冷漠的个人主义态度，再加上规规矩矩的方式，所有这些都成了应对生活紧张和神经过敏的策略。新的习惯形成了：人们开始在公共场合掩饰自己的感受，抑制明显的敌意或过早的友好，在不说话时避免眼神交流，避免在街上大声喊叫他人。

54 《都市漫游者》中的宗谱引起了许多学者的兴趣，它的出现形成了一种新形式的窥视主义，它放弃了全景的凝视，用漫游的目光审视着这座城市，近距离对它进行研究，在它的空间里徘徊。从这个意义上说，《都市漫游者》是以捕捉的视角出现的，这与人们对微小事件及偶然事件的好奇心有必然联系，以及人们对"所见之物"（借用维克多·雨果的一个书名）产生日益深厚的喜爱。与此同时，这种倾向与强化的法治意识形态并行。《都市漫游者》注重细节、迹象和表征，进而看到外表之下的东西。

与此同时，巴斯德氏（Pasteurian）革命确保了传染论战胜瘴气论的成果，使得之前的嗅觉警戒变得不必要，重要的变化正在改变视觉领域。车辆速度的提高带来了新的预防措施，导致横向视觉的改进，并要求提高对喇叭声的听觉注意力。摄影使捕捉瞬间成为可能，不仅提供了新的视角，而且将注意力吸引到角落、建筑和街道的细节上。随着广告的无所不在，人们习惯了远距离阅读，或者只是在路过时识别已经解码的信息。他们学会了转移视线，学会了避免看见或阅读，学会了改变和转移注意力。

在这一时期，城市感官历史的另一个特点是，人们偏爱一览无垠，甚至是伊卡利亚式的风景。在巴黎，圣心大教堂、热气球、埃菲尔铁塔，以及稍微低矮些的奥斯曼风格的阳台，在许多场合下都可以鸟瞰这座城市。与此同时，声音的混乱混合，不间断的背景噪声的存在，继续改变着听觉感知。由于商人的呼声日益减少，这座城市的语言变得更加复杂或简洁，需要不断进行听觉上的调整。从此，城市居民必须建立自己的参照点，找到自己的避难所和安静的地方，创造自己的情感世界。个人对城市空间的占有，不断地被欲望、焦虑、好奇心、警惕、怀旧、集体记忆和当时的社会习俗所重塑，部分地依赖于新的观察方式——不经意间在剧院、咖啡馆或音乐会中养成的感知习惯。

当然，城市的感官空间也是历史想象的产物。在我之前对巴黎的研究中（Corbin, 1991），这个城市浮现出来的是血腥和贪婪，是感官享乐的旋风，是奢侈、轻浮、盛宴和混乱的景象；自相矛盾的是，在这座城市里，人类活动节奏的可听性下降，对听觉干扰的新敏感性，以及因沉默而产生的焦虑，与此同时，偶尔也会有噪声的倾向，压抑也会肆无忌惮地释放出来。

从19世纪60年代中期开始，现代城市的街道，先后或同时，产生了现代性的音乐成分。歌剧、轻歌剧、交响乐、流行歌曲，以及20世纪的爵士乐，都把这座城市作为灵感的来源和渠道。同时，随着农业劳动的逐渐机械化，特别是收割机和脱粒机的出现，乡村听觉景观也发生了变化。在某些地区，家庭手工业的发展加剧了噪声，而这种噪声以前仅限于村里工匠们的店铺。19世纪，被历史学家埃里克·巴拉泰（Eric Baratay）称为"动物的伟大世纪"（Baratay, 2008），见证了动物在乡村的大量繁殖，这产生了更大的影响，使以前较为缓和的关系变得更加嘈杂、拥挤和强烈。在20世纪末，当自行车和汽车出现的时候，许多农村地区的感官空间被新的社交形式和娱乐活动——体育和射击俱乐部，乡村乐队和民间团体——进一步丰富了。

尽管如此，乡村的感官空间仍然带有浓厚的传统色彩。铃铛的声音，牛群从牧场回来的声音，劳动的歌声，动物的叫声和命令，还有母鸡的咯咯声，所有这些都创造了一个多样而不平衡的听觉景观。要继续忍受动物的气味，身体卫生也迟迟不能得到控制，农家院子里堆满了粪肥，如果不是真正的粪坑的话。所有这一切对来自城市的游客来说变得越来越难以忍受。

55

第二部分

对气味的焦虑是当时城市居民的主要忧虑。事实上，在巴斯德（Pasteur）

的理论取得胜利之前，对社会气味的日益关注是 19 世纪嗅觉史上的一件大事。尽管人们逐渐不再提及来自大地的恶臭、死水、死尸，以及后来的动物的尸体，但关于公共卫生的论述，小说和新兴的社会研究都提到了气味，以至于让人联想到对人类沼泽的痴迷。此外，观察员们不再只分析医院、监狱和所有这些地方的气味，在这些地方，人们杂乱地挤在一起，产生出与腐烂皮带一样的味道。一种新的好奇心驱使他们去寻找穷人巢穴里的贫困气味。

56 　　这种从公共空间向私人空间的重新定位需要完全改变策略。"虽然继续强调宽阔的街道，有良好面貌的房屋，村庄的清洁，沼泽地的排水效用，（我们）指出，它不是外墙，而是实际居住的房间本身，这些房屋必须在保持（健康的）变革上投入最大的关注……"皮奥里（Piorry）在阅读了 1830 年至 1836 年间法国流行病的报告后得出结论（Piorry 1837：17）。15 年后，帕索（Passot）对这一观点进行了精辟的总结："大城市的健康是其所有私人住宅的总和（Passot 1851：26）。"

　　监测贫民住宅内臭气的新举措与资产阶级的一种观念体系和一种行为模式的发展是分不开的，在这种体系中，嗅觉只是一个组成部分，而不是一个次要部分。突如其来且社会日益分化的意识是重新研究气味分析的动力（Agulhon 1977：79）。其他人的气味成为一个决定性的标准。[1] 例如，查尔斯·莱奥纳多·法伊弗（Charles-Léonard Pfeiffer）（1949），展示了巴尔扎克（Balzac）在《人间喜剧》（La Comédie humaine）中运用了多么巧妙的细节，通过气味来定位资产阶级和小资产阶级、农民或妓女的地位。

　　一旦所有排泄物的气味都被清除之后，个人汗液的气味就显现出来了，这显示了"我"的内在身份。被沉重的气味所排斥，这表明在那种环境中出现不同个性的想法是多么困难——在触觉禁令的推动下，资产阶级表明对于与私人生活中令人不安的信息相联系的嗅觉接触越来越敏锐。

　　这种行为的社会意义是显而易见的。没有刺鼻的气味，使人能够把自己和腐烂的东西区别开来，像死亡和罪恶一样臭气熏天，同时又含蓄地为他们所受到的待遇辩护。资产阶级强调劳动阶级的恶臭，因此，强调了他们一出现就会受到感染的危险，这有助于资产阶级保持自我放纵和自我诱

----

① 　1837 年 10 月 21 日，吉拉丹夫人略带着悲观写道："那些不洗手的人永远憎恨那些洗手的人，那些洗手的人永远鄙视那些不洗手的人。你永远无法把他们带到一起，他们永远无法生活在一起……因为有一件事是无法克服的，那便是厌恶；因为还有另一件事是不能容忍的，那就是羞辱。"（引自科尔宾的《巴黎女人的信件》1986：270，274）

导所引起的恐惧，这种恐惧抑制了悔恨的表达。从这些考虑中产生了公共卫生政策的策略，这些策略象征性地将消毒和顺从融合在一起。"社会灾难的巨大本质"，无论是暴动还是流行病，都让人们产生了这样的想法：让无产阶级变得无味，可以促进他们之间的纪律和工作（Hugo 1963，II：513）。

医学论述与这种感官行为的演变密切相关。受到人类学和新兴的经验社会学的冲击，医学让一些基本的新希波克拉底原则半途而废。地形、土壤性质、气候和风向逐渐不再被视为决定性因素；专家们比以往任何时候都更加强调拥挤或接近粪便所造成的危害；最重要的是，他们现在对"贫穷的分泌物"给了决定性的重视（Passot 1851：26）。[①] 这基本上是关于1832 年霍乱流行病的报告的结论（Bayard 1842：103）。医生和社会学家们刚刚发现，有一种人群的存在导致了流行病：这种人沉溺于恶臭的泥潭。

现在更容易理解粪便引起的持续焦虑。统治阶级很关注排泄物。这是一种资产阶级竭力否认且无可辩驳的生理产物（除了在食物方面；Aron，1976）。它不可磨灭且反复萦绕在人们的想象中；它否定了企业化的尝试；它提供了一种与有机生命的联系，就像它刚刚过去的痕迹一样。"我们发现拒绝的坦率令人愉悦，令人心旷神怡。"维克多·雨果（Victor Hugo）坦言，他意识到历史可以在废物中被解读出来（Hugo 1963，II：512）。从有机主义者和奥古斯都主义者的观点出发，杜沙特雷父子和其他许多人开始探索充满罪恶的城市排泄的机制。他们穿过市中心，遇到了和他们一起工作的人。粪便现在决定了社会的看法。资产阶级意欲压抑的东西投射到穷人身上。其群众形象是根据污秽来建构的。这种臭烘烘的动物蹲在窝里的粪便里，形成了一种模式化的形象。因此，资产阶级对穷人恶臭的强调和资产阶级对除臭剂的渴望是分不开的。

这种新的态度与 18 世纪以来人类学家对人体气味的迷恋相背离。人类学家对人体气味的迷恋并没有把它与贫困状况联系起来，而是试图把它与气候、饮食、职业和性情联系起来。这些先驱者分析了老人、醉汉和坏疽者、萨摩耶犬和马夫的气味，但很少分析那些受穷的人的气味。人群的恶习是危险的，仅仅因为人群的拥挤和混杂。最多也就是霍华德（1789：25）宣称穷人身体周围的空气比富人身体周围的空气更具传染性，但他没

---

① 然而，如果以出版物的数量来衡量，君主制仍然是新希波克拉底"医学地理学"的黄金时代。

有提到一种具体的恶臭。他只是暗示，消毒技术必须根据财富的多少进行调整（Ramel 1784：271—272）。

　　然而，当时的医学研究表明，一些人呼出的是动物的臭味。一直生活在贫困深处的人身上散发着强烈的气味，因为他的体液缺乏必要的消化能力，也没有"适合人类进化程度"（Hallé 1787：571）。因此，如果他没有人类的气味，并不是因为他退化了而是因为他还没有跨过界定物种的生命之门。因此，疯子和一些罪犯的画像展现了一只拴着的狗蹲在食槽里，把它的床变成粪堆，像粪坑一样淌着尿的样子。这些描绘孕育了充满粪便的"粪人"的形象，是七月王朝时期恶臭无产阶级形象的先驱。①

　　早在 18 世纪，其他几个群体也有类似的形象。毫无疑问，其中最重要的是妓女，她们通常与污秽联系在一起，当街上的垃圾消失时，她们的身影就会消失。在佛罗伦萨，肖维（Chauvet）注意到街道被铺砌，下水道被盖上了，垃圾被挡在屏风后面，"道路上撒满了散发着香味的花朵和树叶"（Chauvet 1797：10），再也见不到一个妓女了。

　　犹太人也被认为是肮脏的个体。据说，他们难闻的气味是由于其特有的肮脏所致。"这些希伯来人聚集的地方，"肖维（1797：8）断言，"只要让他们自己管理他们的辖区，臭味就特别明显。"② 拾荒者把难闻的气味和职业之间的联系发挥到了极致，因为他身上集中于粪便和尸体散发出的恶臭（Ramazzini 1777：383）。尽管家仆的地位和卫生状况有所改善，但他们身上也散发出难闻的气味。1755 年，马鲁因（Malouin）建议尽可能多地让他们待过的地方通风（Malouin 1755：55）。1797 年，胡费兰（Hufeland）下令禁止他们进入托儿所（Hufeland，1838）。③

　　从 1800 到 1832 年大霍乱疫情之后的这段时间里，乔布是一个粪便清理工，这种形象与对粪便的过度关注联系在一起。早期社会研究中最流

---

①　在某些段落中，路易-塞巴斯蒂安·麦斯那（Louis-Sébastien Mercier）预见了后面描写的基调。例如他在郊区动物面前惊恐地退缩罗氏（Roche），《巴黎人民》（Le People de Paris），巴黎：奥比耶-蒙田（Aubier Montaigne），1981：100，尽管如此，罗氏公司还是意识到，在那个时候，医学正在侵犯私人生活。

②　这一主题在西班牙的黄金世纪得到了详细的阐述拉普居（Lapouge），《乌托邦与卫生》（Utopie et hygiene），《卡德莫斯》（Codmos），1980：117。

③　家里的佣人、便壶和正在火炉旁晾晒的亚麻布，都从育儿室被清理出来。然而，这些社会观念并没有阻止家庭佣人地位的改善罗氏，《巴黎人民》，巴黎：奥比耶-蒙田，1981：76。

图 2.3 在下水道里寻找贵重物品。丹尼尔·约瑟夫·柯万（Daniel Joseph Kirwan），59
《宫殿与小屋：伦敦生活的不同阶段》（*Palace and Hovel：Phases of London Life*），哈特福德
（Hartford）：贝尔纳普（Belknap）和布列斯（Bliss）出版社，1870 年。

行的话题是城市里的贱民，恶臭中的同志，与从事黏液、垃圾、粪便和性
打交道的人：下水道工人、清理内脏的人、屠宰工、排水沟清洁工、垃圾
堆里的工人和疏浚团体吸引了早期经验社会学先驱者的注意。我在其他地
方强调了调查巴黎公共卖淫的巨大认识论意义，这项调查引起了杜沙特雷
父子（Parent-Duchâtelet）近 8 年的关注（Corbin, 1981）。萨鲁布里特市
集的档案馆对此十分感兴趣。

　　除了关于妓女的证据外，还有其他例子。罪犯沉湎激情犯罪仍然是一
个永不枯竭的主题（Chew 1981；Darmon 1979：123—146）。当然，在当
代理论家看来，这个罪犯的数量实际上已经变得无关紧要了。尽管如此，
对监狱的研究证明了一个持续的现实。科图博士（Dr. Cottu）描述了他对
兰斯监狱地牢的访问：

60
　　　　我一进门就感到一股恶臭扑鼻而来，被呛得喘不过气来……一听
　　　到我的声音，我就看见一个女人的头从粪堆里探出来，我竭力使自
　　　己的声音柔和而又令人感到宽慰；她几乎没有抬起来，呈现出一个被
　　　砍下来的头扔在粪堆上的景象；这个可怜的女人身体的其余部分都浸
　　　在粪便里了……由于没有衣服穿，她不得不躲在牛粪里以躲避恶劣的
　　　天气。

　　　　　　　　　　　　　　　　　　引自维勒莫（Villermé）1820：25, 26

　　仅在 1822 年，拾荒者——臭气的原型，是康塞尔·德·萨鲁布里特
（Conseil de Salubrité）的 17 篇报告中的对象。（Moléon 1818, I：225）[1] 当
局试图搬走臭气熏天的垃圾堆，在进行分类之前，拾荒者把骨头、尸体和
所有从公共公路上收集的遗骸都堆在那里。委员会只对那些收集"资产阶
级的破布"的收藏家们表示善意；没有传播群众感染的危险。拾荒者集中
了贫困的气味，浸透在他们身体中；他身上的臭味具有象征意义。不像约
伯（Job），也不像那个腐烂的囚犯，他没有沉溺于自己的粪便之中；他坐
在别人的粪堆上，一脸愁容。

　　沿着新圣梅达街（Neuve-St-Mesard）、特里特尔街（Triperet），甚至
更远的布伦格尔街（Boulangers），可以看到一些人：

---

① 这里无数次提到了拾荒者身上的恶臭和浸渍。

> 他衣衫褴褛，不穿衬衫，不穿长筒袜，也不经常穿鞋子，无论天气如何，他都要穿过街道，常常浑身湿透地回家……里面装满了从首都垃圾中提取的不同产品，散发出的恶臭似乎与他们的身份非常相似，他们自己就像真正的行走粪堆。考虑到他们在街上活动的性质，他们的鼻子总是在粪堆里，难道不是这样吗？
>
> 引自科尔宾1986：146

他们回到家，四肢伸开躺在臭烘烘的肮脏稻草上，周围尽是臭烘烘的垃圾。

布兰迪恩·巴雷特-克里格（Blandine Barret-Kriegel）从探访者的震惊目光中发现了一种充满魔力的因素——从孔多塞（Condorcet）到恩格斯，从维勒莫到维克多·雨果——为"拾荒者的垃圾箱小屋""地狱般的住所"，为"另一种难闻气味，更野蛮、更强大的生活""地下力量的永恒回归"（Blandine Kriegel 1977：130）。关于对气味行为的描述，以及经常提到地狱的恶臭都表明，无论是粪便，是妓女，还是拾荒者，一种带有排斥感的厌恶弥漫在话语中，支配着卫生改革者和社会研究人员的态度。 61

毫无疑问，同性恋者也因为其亲密关系而产生恶臭。他们是肛恋的象征，聚集在厕所附近，他们也有动物的兽性（Aron and Kempf 1978：47ff）。据菲利克斯·卡里尔（Félix Carlier）说，好男色者沉迷于浓烈的香水，其气味显示出麝香和排泄物气味之间的密切关系。①

那名水手的案子没有得到严密的调查。由于这艘臭气熏天的船很快成为通风和消毒技术实验的实验室，住在船上的那个人必然被视为一个重要的调查对象。毕竟，正如亚瑟号的悲惨命运所显示的那样，他冒着成为散发着恶臭气味的受害者的巨大风险。航海健康手册的作者明确指出，水手闻起来令人不愉快，令人恶心。"他习惯于放荡的；他在醉酒中找到最大的快乐；烟草的气味，加上葡萄酒、酒精、大蒜和其他他喜欢吃的粗劣食物的气味结合在一起，他衣服上的香水常常浸透了汗水、污秽和焦油，使

---

① 这类地方所散发出的气味是各种类型恋童癖们所追求的环境之一，因为这是他们的乐趣中所不可缺少的卡利尔（Carlier, F.），《社会病理学研究下的两种卖淫行为分析》（ *Études de pathologie social. Les deux prostitutions* ），巴黎，1887：305，370。

人一走近他就感到厌恶。"水手的恶臭，强壮而淫荡，"注定要长时间节制或手淫，再加上分泌物飘散到臭气中"（Forget 1832：127）。

幸运的是，在这种情况下，水手们代表的是大众，他们并没有很好的嗅觉。他们不像官员们那样反感，因为他们缺少灵敏的鼻子。伊塔德博士（Dr. Itard）曾说过，艾维伦（Aveyron）的野蛮的孩子对自己的排泄物并不感到厌恶（Itard 1807：88）。[①]卫生改革家们在恶臭和群众的丧失的嗅觉之间建立的联系，只是证实了资产阶级对除臭的推动。虽然水手们都承认眼睛敏锐，但由于暴风雨和炮火的轰鸣，"听觉略有困难"；"嗅觉是不灵敏的，因为它很少锻炼；手工的粗糙使触觉非常迟钝；味觉会因贪吃和未受控制的口腹之欲而退化"（Forget 1832：126）。

一般来说，"水手的感觉器官很少活动；神经末梢似乎因繁重的体力劳动而变硬并且因缺乏智力的锻炼而瘫痪"（Forget 1832：128）。他可能对春天花朵的芳香毫无反应；在远离乡村自然风光的地方，"他的感官不再足以分析自然的魅力"（Forget 1832：135）。水手们被强烈的情绪搞得筋疲力尽，无法再体验到优雅的感觉。感官上的缺陷，虽说不上是残疾，但大众对贫穷产生了相应的认识和感觉。反过来说，军官的热情和敏锐的灵敏度使水手劣化表现得更加明显，这也证明了船员们所表现出的尊重是正当的。霍乱爆发后，道德清算运动重新兴起，无产阶级贫困成为社会研究的热门话题。现在谴责的对象是整个大众的恶臭，而不是少数几个与排泄物象征性地联系在一起的孤立类别。如果说仆人、护士和搬运工身上有难闻的气味，那是因为他们把无产阶级的气味带进了资产阶级家庭的怀抱；这足以证明他们被排除在外是有理由的，但奶妈除外（Passot 1851：7）。神经质的福楼拜（Flaubert）是这种对大众散发出的"地下室气味"反感的特殊见证人。1842年5月2日，他在给博纳方夫人的信中写道："回途的旅程非常棒，除了我的邻居在顶层甲板上散发出的臭气，还有我离开时你所看到的无产阶级。我晚上几乎没有睡过觉，我的帽子也掉了。"（Flaubert，1959）

雅克·莱奥纳多（Jacques Léonard）对医学话语的语言学分析强调了"悲惨、肮脏、邋遢、恶臭和感染"这些词如何频繁地一起使用的（Léonard 1978：1140）。无产阶级的恶臭至少在25年时间里保持了一个刻

---

① 伊塔德将这种冷漠归因于感官教育的缺失。参见雷恩（Lane，H.），《阿韦龙的狂野男孩》（*The Wild Boy of Aveyron*），剑桥，马萨诸塞州：哈佛大学出版社（Harvard University Press），1976。

图 2.4　古斯塔夫·多尔（Gustave Dore）的《城市贫民区的治安：靶心》(*Police urban recesses : The Bull's Eye*)。布兰查德·杰罗德，《伦敦：朝圣》，伦敦：格兰特公司，1872 年。

板的形象，直到对大众的教化、熟悉、指导和融合的尝试开始取得成果。空气，光线，清晰的地平线，花园的圣殿都是给富人的；黑暗的、封闭的地方，低矮的天花板，沉重的气氛，臭气的聚集是给穷人的。"健康咨询委员会"（Conseils De salubrite）的档案和 1848 年制宪会议对农业和工业工作的调查是这一无休止重复论述的关键文本。

　　有几幅画像主导了对贫困的描述。就像不久前某些工匠身上的臭气一样，这个穷人身上的臭气与其说是由于他在处理所有排泄物方面的粗心大意，不如说是由于他出生时就有。像泥土、木头和墙壁一样，工人的皮肤，甚至他的衣服，都吸收了恶臭的汁液。亚森特·莱丹（Hyacinthe Ledain）博士写道，在庞沛林（Pompairin）纺纱厂，孩子们身体是虚弱的。"他们的情况是由于他们呼吸的空气是不健康的，因为大量的油脂在这些设施中使用。覆盖在这些孩子身上的衣服充满了这种气味，当他们走近时，可以闻到最强烈、最令人厌恶的气味"。中等级别的纺织厂也同样不健康。孩子们真可怕。"可以看到他们穿着浸满油的破布从作坊里走出来"。（引用自《拱门》1979：261）雅克·文特拉斯（Jacques Vingtras）对勒佩学院的点灯工人感到厌恶，因为他散发出一股机油味（Vallès 1972：65）。1884 年，阿诺德博士再次宣布里尔（Lille）穷人"不如富人，不是因为工作，而是因为他们狭隘肮脏的避难所［穷人没有住所］，污秽包围并穿透他们，他们的生活与污秽联系在一起，他们既没有时间也没有办法摆脱，甚至他们的教育没有教会他们如何恐惧"（Pierrard 1965：87）。同时对其工作条件进行回顾性研究。第一次世界大战前夕，在法国北部，蒂埃里·莱卢（Thierry Leleu）听到有人说，这种纺车女工被称为"希罗"（一种方言，"糖浆"的意思），因为机器里流出的液体"有亚麻籽胶的味道"。一个在纺织厂工作的女孩甚至在街上都能通过她的气味被认出来。"这种气味粘在她的皮肤上"（Leleu 1981：661）。后来的流行小说表达了这种感觉和它所引起的反感。他们对工厂的描述强调的是恶臭和令人窒息的高温，而不是工业过程（Zylberberg-Hocquard 1981：629）。

　　另一个共同的主题是浸透在工作服里烟草腐臭的气味（这个主题太大了，在这里就不讨论了；Rival 1981）。所有的一切似乎都表明，在 18 世纪末，烟草产生的臭气只在有限的范围内得到了容忍——统治阶级可能对放屁和厕所的气味更为容忍。19 世纪上半叶，烟斗、雪茄和香烟占领了公共场所。乍一看，这种现象似乎与当时的除臭策略背道而驰；然而，一

63

64

些医生仍然认为吸烟具有消毒剂的作用。老战士、退伍军人、半薪军官，以及水手，都对它的传播负有责任（Burette 1840：21）。

从那时起，烟草就一直保持着它的模糊性。它的气味预示着粗野之人的到来（Agulhon 1977：53；Rostan 1822，I：546ff），大多数卫生改革家对此予以谴责。米切莱特（Michelet）指责它扼杀性欲，让女性陷入孤独；阿道夫·布朗基（Adolphe Blanqui）要求禁止妇女和儿童使用这种药物，因为"这是所有疾病的开端"（Blanqui 1849：209；Michelet 1833—1867，II：285—287）。

这种排斥往往具有社会学意义。福尔热责骂过水手的钱，它的气味浸透了他的呼吸、双手和衣服。他以和解的口气说，这确实是一种补偿，因此，应予以容忍这种行为。"水手用烟草，就像你用咖啡、球和娱乐一样，就像文人享用伏尔泰（Voltaire）作品，学者用抽象问题一样"。（Forget 1832：294）西奥多·布雷塔（Théodore Burette）在他的《吸烟生理学》中写道（Burette 1840：86）："烟草是唯一能帮助穷人发挥想象力的东西。"但烟草的胜利也象征着自由主义的胜利；在它真正成为工具之前，它见证了男性对社会生活的日益主导性。就像征兵制一样，它的蔓延在很大程度上是由于烟草带有"爱国"、平等主义的品质。正是在这种背景下，它才赢得了贵族的称号。"吸烟创造了同伴者之间的平等……富人和穷人在出售烟草的地方肩并肩地交往，对此并不感到惊讶"，但也仅仅是在那里（Burette 1840：79）。"立宪政府最坚定的支持"（Burette 1840：75），七月王朝确保了它的胜利。为了我们的目的，重要的是要注意，这种成功的普及恰好发生在劳动阶级的恶臭被视为社会景观的一种自然行为的时候。

在医生和贫民探访者的叙述中，对无产阶级令人厌恶的气味的强调是显而易见的。这是一种新的不宽容。迄今为止，医生们似乎对厌恶无动于衷；只有对感染的恐惧才促使人们采取预防措施。[①] 在 19 世纪 60 年代，人

65

---

① 从对感染的恐惧来看，杜沙特雷父子的态度是非常重要的。以下是看望病人时建议的两个预防措施。福德建议："一个人必须把自己的衣服完全扣好……不要吞下口水；一个人必须在需要的时候才能吐口水和擤鼻涕，就像在医院一样，带上围裙经常擦手……盖上被子后，必须等几分钟，才能弯腰呼出【病人的】第一个散发物；此外，一个人必须总是避免呼吸，保持一个合理的距离（Corbin 1986：272.49.）。"与污秽的身体保持距离的政策就是这样制定的。霍华德不知疲倦地参观监狱、检疫站和医院，承认他总是避免站在病人的下风处。"他不断努力尽可能地屏住呼吸"。霍华德（Howard，J.），《监狱的状况》（*The State of Prisons*），伦敦。《欧洲主要检疫站的记录》（*An Account of the Principal Lazarettos in Europe*），伦敦。

　图 2.5　一条狭窄潮湿的巴黎街道。摄影：查尔斯·马维尔（Charles Marville），布里奇曼艺术图书馆 / 盖蒂图片社。

们公开承认对群众气味的排斥，而没有真正认识到这是一种新的不容忍还是一种新的坦率。病人的住所成了医生天天受折磨的地方。"一个人肯定会在那里窒息而死，"蒙法尔康（Monfalcon）和波利尼尔（Polinière）说，"要进入这个感染中心是不可能的，拜访穷人的医生往往无法忍受房间里的臭气，他在靠门或窗旁写下他的处方。"（Monfalcon and Polinière 1846：90）

与他那可怜的病人不同，医生再也不能容忍动物的恶臭了。"一进这所房子，"乔尔（Dr. Joire）博士在 1851 年指出，

> 我被那里的臭气熏得吓了一跳。这种气味简直令人窒息，难以忍受，就像最臭的粪便的味道；它在病人的床周围尤其强烈，而且也蔓延到整个公寓，尽管外面的空气是从半开着的门进来的。在我和这个女人待在一起的整个时间里，我一直用手帕保护自己，我无法把手帕从我的鼻子和嘴巴上取下来。然而，房子里的居民和病人似乎都没有注意到瘴气带来的不便。
>
> 乔尔 1851：310

阿道夫·布兰奇（Adolphe Blanqui）被里尔地牢的恶臭和散发出来的肮脏男人的气味所困扰，在这些"男人的沟渠"的入口处惊恐地退缩了；只有在医生或警察的陪伴下，他才"冒险"坠入这个"人类阴影"翻腾的地狱（Blanqui 1849：103，98）。

在车间里，在船边的桥洞里，在病房里，感知的门槛，或者更确切地说，对气味的容忍，破坏了社会地位。资产阶级的厌恶伴随着对触觉接触的恐惧，这是合理的。病人的恶臭，而不是对女性谦逊的尊重，决定了听诊器的使用（Foucault 1963：167）。

这种通过身体信息感知到的社会分工，也包含了老师、校长甚至教授所引发的厌恶。保罗·热尔博（Paul Gerbod，1965）巧妙地证明了他们当时的形象是一个反英雄。这些失意的老单身汉，他们从前的资产阶级学生还记得他们身上有精子的气味和发臭的烟草味，但事实证明他们无法满足自己梦想的实现；他们的恶臭，就像出身卑微的神职人员散发的恶臭一样，[1]继续暴露着他们的出身。

---

① 在左拉的《莫雷教士的过失》中天使兄弟散发的臭味对这一主题有启迪作用。

群众逐渐感到了同样的反感。这种新的敏感情绪影响到了那些在夜间试图逃避体力劳动困扰的手工工人。迄今为止，在接受新文化的过程中，人们不得不忍受未被察觉的恐惧。与一个人睡一张床相比，睡觉时温暖的安慰不得不放弃了。当铁路工人诺伯特·特鲁金（Norbert Truquin）闻到同伴们呼出的白兰地和烟草的气味时，他觉得自己的喉咙胀了起来，被迫与其他人共用床铺时，诺伯特承认自己无法忍受与另一个人的接触。（Truquin 1977：129）。[1] 现代情感需要身体上的避退来应对城市生活的强烈感官。

致　谢

本章第一部分由卡门·鲁辛斯基（Carmen Ruschiensky）和大卫·豪斯（David Howes）翻译自法语。第二部分经出版单位同意转载自《恶臭与芬芳：气味与法国社会想象》，由米丽娅姆·科尚（Miriam Kochan）、克里斯托弗·普伦德加斯特（Christopher Prendergast）和罗伊·波特（Roy Porter）译自法语，哈佛大学出版社和马萨诸塞州的剑桥出版社出版1986年 ⓒ 版权所有归哈佛学院、伯格出版社有限公司的主席和研究员。

---

[1]　关于这些边缘的工人可以参见朗西埃（Rancière），《无产阶级之夜》(*La Nuit des prolétaires*)，巴黎：菲雅出版社（Paris：Fayard）。

第三章　市场中的感官：
刺激与分散，满足与控制

艾丽卡·拉帕波特

　　1897 年，H. G. 威尔斯（H. G. Wells）出版了《隐身人》（*The Invisible Man*），讲述了一位"疯狂的科学家"虽然对隐身的追求取得了成功，但却丧失了其人性的噩梦般的故事。化学和物理学的知识使其把自己变成了一个**流浪者**，一个城市漫步者，他的远视能让他看到这座城市和它的居民（Buck-Morss 1989）。然而，视觉丧失造成了身心痛苦和伤害。最初，隐身人对其以隐身状态探索伦敦非常兴奋，然而，当他沿着世界上最繁忙的购物大街之一——牛津街步行时，他却遭到了袭击。而当他"试图进入人流"时，他发现人"太密集了"，以至于无法通过。购物者踩到他的脚后跟，使他步履维艰，一辆汉森出租车驾驶室的轴插进了他的肩胛骨，接着他又差点被一辆救护车撞倒，差点被一辆婴儿车碾过。同时，他也意识到在一月份的这个晴朗的日子里，他"赤裸着身子，覆盖着路面的薄薄的泥结冰了"（Wells 2002：117）。然后一只狗闻到他的气味并开始追逐隐身人，直到隐身人和狗被救世军乐队（Salvation Army Band，118）的"音乐之声"震惊。然而，追击并没有就此结束，因为其他人很快就会注意到伦敦街道上新下的雪上留下了泥泞的脚印（119）。现代都市中的"隐身"在城市中并不是无迹可寻，而是带来了一种更高的具象感。①

　　在强调过度刺激甚至令人痛苦的都市环境对精神和社会的影响时，《隐

---

①　关于维多利亚文学和文化中的"可见与不可见之间界限的微妙性"，参见弗林特（Flint, K.），《维多利亚时代的人们与视觉想象力》（*The Victorians and The Visual Imagination*），剑桥：剑桥大学出版社（Cambridge University Press）。

《身人》是 19 世纪末现代性的典型写照。① 然而，小说也超越了这种描述，探索了城市商业文化中新的感官享受和舒适。特别是，威尔斯利用百货公司来象征一种感官愉悦的现代性，这是公共的和商业的，同时也是家庭的和内部的。在隐身人痛苦地走过牛津街后，威尔斯立刻把他带进了一个"什么都可以买的大机构……肉、杂货、亚麻布、家具、衣服，甚至油画……"（Wells 2002：122）。与街道形成鲜明对比的是，百货商场成了温馨的避难所，也是叙述者唯一感受到人性的地方。作为一名店主和服装商助手的儿子，威尔斯逃离了在商店的工作，但他在小说中对百货公司的描述暴露了他对零售世界的熟悉。威尔斯的商店不再具有一个典型百货公司的特征，而是一个母性的空间，用来穿衣、喂食，并使精疲力竭的隐身人在床上休息。几个小时后，隐身人通过购物恢复了他的自我意识。他先找了一双"袜子，一条厚厚的被子"，然后"到服装店去买了裤子、一件休闲夹克、一件大衣和一顶宽松的帽子……"他回忆道："我又开始觉得自己是一个人了，我的下一个念头是食物。"（125）。然后他吃冷肉，加热一些咖啡，享受巧克力、果脯和勃艮第白葡萄酒。在衣暖食饱后，隐身人试图复原自己的脸，在玩具部门寻找假鼻子、假发和面具。最后，他"在一堆羽绒被子"的"温暖和舒适"中睡着了（125）。然而，这只是一种短暂的平静和宽慰。当清晨来临时，他被发现了，迫不得已他再次进入寒冷和疏离的大都市。因此，城市消费主体在痛苦与愉悦、内部与外部、高压与放松之间来回摆动。

自 20 世纪 80 年代以来，文学研究者和文化史学家一直在探索百货公司的感观历史，最初关注的是这些机构如何将视觉商业化，如何通过眼睛来吸引顾客。然而，学者们最近已经扩展了这种感观的历史，并探讨了百货公司和同类商业空间如何提升身体的舒适度，并恢复活力。② 就像威尔斯把商店定位为身心重建的地方一样，19 世纪的店主们也声称他们的机构保护消费者，特别是富有的女性，可以使她们免受街头、露天市场和小型商店的感观冲击。事实上，他们邀请消费者沉溺于各种愉快的感官体验，使他们能够看到和触摸面料、家具、艺术品、书籍和装饰物品，并在餐馆

---

① 要想了解这一庞大的文献，请参阅《城市与感官：1500 年以来的城市文化》(The City and the Sense: Urban Culture Since 1500)（考恩和斯图尔德 2007：1—22）；弗利斯比（1985，2001）；桑内特（1994）；恰尼和施瓦茨（1995）以及施瓦茨（1998）。

② 这也是当代消费研究趋势的一部分。比如参见简森·博伊德（Jasson-Boyd, 2011），《触摸事件：消费与触感之间的关系探究》(Touch Matters: exploring the relationship between consumption and tactile interaction)，《社会符号学》(Social Semiotics) 的研究成果。

和茶室中品尝食物和饮料，在厕所和休息室调理和放松身体。然而，如果简单地把商店看作是第一个或唯一的满足感官的场所，那就大错特错了。

百货公司正在建造，同时也重新唤起了中世纪集市、早期现代商店和城市购物廊的乐趣。更直接的是，百货公司对 19 世纪早期的商场和市场大厅进行创新，而这两种新型零售空间之所以受欢迎，部分原因在于它们保护购物者、店主以及销售的商品免受冷热、污垢和潮湿的影响，以及城市市场的喧嚣。这些机构中没有一家在 19 世纪的零售市场上占据主导地位，许多形式的分销也没有转移到室内去。总的趋势是将生产和消费、零售和批发分开，而且固定商店的重要性日益增加（Adburgham 1989；Alexander 1970；Alexander and Akehurst 1999；Benson and Shaw 1992；Davis 1966；Jefferys 1954）。然而，在 19 世纪，集市、街头市场和小贩都很好地适应了人口和城市增长、工业化和其他市场变化。（Benson 1992；Benson and Ugolini 2003；Cronin et al. 2001；Denecke and Shaw 1992；Fontaine 1996；Phillips 1992）。维多利亚·德·葛拉齐亚（Victoria de Grazia）提醒我们，20 世纪 30 年代时，在有着 700 年历史的莱比锡交易（Leipzig Fair）会上，每年有价值 5 亿美元的商品被售出（2005：186）。因此，识别和规划正规和非正规市场活动相互重叠和互补的方式，形成多重交叉的"零售网络"是有益的（Blondé et al. 2006）。地域、阶级、性别、年龄和个人经历决定了一个人在何时何地购物、购买什么商品、如何付款以及如何体验市场的感官层面。因此，在小型专卖店、乡村商店、合作社商店、多品牌商店、或在商场、市场大厅、百货公司购物，对有着不同期望和体验的消费者来说，感觉、外观、声音甚至味道都是不同的。① 然而，本章的重点是商场、市场大厅和百货公司，因为这些机构受到的学术关注最多，也因为它们代表了一种更广泛的消费方式，在这些方式中，新的资产阶级们在身体上的感受和实践行为形成了，这也是 19 世纪市场所构建的方式。

72

---

① 一些新的研究已经考虑更广泛的零售环境。比如参考爱德华（Edward，C.），《把房子变成家：零售业与家具消费的历史》(*Turning Houses into Homes：a history of the retailing and consumption of domestic furnishings*），奥尔德肖特：阿什沃特（Aldershot：Ashgate），库斯（Curth，L. H.），《从药品到药物学：英国药物零售业的五百年历史》(*From Physick to Pharmacology: five Hundred years of British drug retailing*），奥尔德肖特·阿什沃特。赫西（Hussey，P.）和庞森比（Ponsonby，M.），《为家庭而购买：从 17 世纪到现在为家庭的购物》(*Buying for the Home: shopping for the domestic from the seventeenth century to the present*) 的研究成果。

　　购物一直是一种视觉、触觉、语言和听觉的体验。中世纪和早期的现代集市、市场和商店都是嘈杂、臭气熏天、熙熙攘攘、丰富多彩的地方，从表面上看，它们与 19 世纪的集市大不相同。然而，研究过早期购物感官体验的历史学家们对 19 世纪是否会出现急剧变化的说法提出了质疑。早期现代商业文化的某些方面，如伊夫林·韦尔奇（Evelyn Welch）在意大利博览会中提到，"不仅关乎视觉、触觉、味觉和听觉"，也关乎利润（Welch 2006：46）。大都市的奢侈品零售商也通过创造视觉上吸引人的空间来展示自己与竞争对手的区别。例如，在现代伦敦早期，富裕阶层漫步在优雅的购物街上，光顾新的购物画廊，如皇家交易所（Royal Exchange）。仿照安特卫普·伯斯（Antwerp Burse），皇家交易所于 1568 年由托马斯·格雷沙姆（Thomas Gresham）开设，当时只有两层楼的店铺，出售昂贵的进口商品，包括丝绸、芬尼瓷器、银器和无数稀有珍贵的外国奢侈品。富有的购物者还可以参观威斯敏斯特大厅（Westminster Hall）、新交易所（New Exchange）、埃克塞特交易所（Exeter Exchange）和许多优雅的独立商店。每一个都有其独特的特点，但都是以展示奢侈品和招待精英客户为最大的目的（Peck, 2005; Walsh, 2003）。

　　19 世纪，商场、市场大厅和百货公司等新的零售空间出现在周围，但并没有完全取代集市、街市、流动贸易商和专业经销商。这些机构与户外的市场有着截然不同的审美，但它们与早期的现代奢侈品商店和画廊有很多共同之处。它们也是受保护的领域，在有吸引力和舒适的环境中展示商品。拱廊，建于 19 世纪 20 年代至 19 世纪 40 年代的巴黎、伦敦、布鲁塞尔和欧洲其他城市，实际上涵盖了购物小巷或街道，这是托尼·本尼特（Tony Bennett）所说的"展览馆、博物馆和类似的开放机构"的一部分，其目的是为了提高"面向更多公共环境的检查和可见性"。（Bennett 1988：85）。托马斯·理查兹（Thomas Richards）描述 1851 年伦敦大展览会时指出，在这类空间中，商品被转化为象征物，使人们能够以"充满表现力及夸张的方式谈论商品"。（Richards 1990：21）。安妮·弗里德伯格（Anne Friedberg）同样坚持认为，这些机构"扩展了'可见'的领域，并将可视化体验转化为商品形式"（Friedberg 1993：15）。

　　这些学术成就很大程度上要归功于沃尔特·本杰明（Walter Benjamin）在其著名论文《巴黎——19 世纪的中心》（*Paris, the Capital of the Nineteenth Century*）中对文化的阐释。本杰明写道，拱形游廊象征着在七月王朝时期资本主义开始改变外观、购买习惯和城市生活。他从许多 19 世纪的观察家那里汲取了灵感，正如《巴黎画报》所指出的那样，这些观察家始终欣赏这些"玻璃屋顶、大理石镶板的走廊延伸穿过整栋建筑"（Benjamin 1935：3）。最近的研究将拱形游廊视作从购物转变为视觉体验的关键革新。例如，黑兹尔·哈恩（Hazel Hahn）也开始在拱形游廊里研究巴黎的消费文化。除了优雅的商店、咖啡馆、餐馆、广告和画报出版社外，哈恩还认为，拱形游廊重新定义了城市空间，并促进了城市消费者新的身份的发展（Hahn 2009：15—16）。

　　巴黎可能是 19 世纪的中心，但类似的城市视觉消费文化也出现在其他欧洲和美洲城市。在安娜琳·阿诺特（Anneleen Arnout）对布鲁塞尔商业文化的研究中，也强调了视觉效果，但她扩展了拱形游廊的感官意味，她指出，这创造了"在愉快的氛围中行走的可能性……"远离街道的喧嚣、风、雨和阳光，以及"灰尘和泥土"（Arnout，即将出版）。建于 19 世纪 40 年代晚期的著名皇家圣休伯特拱廊街（Galeries Royales Saint-Hubert，见图 3.1）是一座市民改革和新资产阶级情感的纪念碑，它颂扬商业，但也根除了充斥着"破旧小商店和危险咖啡馆"的"肮脏"社区（Arnout）。然而，阿诺特特别表明有时消费者和 / 或商人会拒绝新的豪华舒适的购物场所，所以这种改变就变成了巨大的失败。零售业的变革从来都不是一个不可避免或直截了当的过程。然而，总的来说，阿诺特认为，拱形游廊提

图 3.1　布鲁塞尔皇家圣休伯特拱廊街。赫尔顿档案馆 / 盖蒂图片社。　　　　74

供了一个新的诱人的环境，改变了消费者对他们在城市中的感受期望。

在 19 世纪初和中期，食品购物经历了类似部分的转变。在欧洲和美洲的许多地区，市政官员开始争辩说，古老的露天市场已不再满足其城镇的购物需求。粮食供应并不总是与人口增长保持同步，这导致了骚动、拥堵和其他公共骚乱（Atkins et al. 2007）。然而，同样重要的是，中产阶级的感情正在发生变化，许多人现在认为街头交易肮脏、危险、恶臭、不卫生。小贩、乞丐和动物们在街上游荡和被杀害的景象侮辱了新时期对体面的理想。二手衣服和腐烂的鱼以及肉的销售也激怒了中产阶级观察者，他们认为这样的市场不利于文明社会发展（Schmiechen and Carls 1999：11—19）。

街头交易并没有消失，但当局通过了一些法律，通过监管或至少将其视为最令人讨厌的市场行为赶出视线。例如，在德国、法国、英国、墨西哥和美国，对公共卫生和动物处理的新态度导致了专门建造的屠宰场的发展（Lee, 2008）。冷藏箱车的发明也使肉类生产集中起来，使屠宰远离了消费者的视线。如杰里米·皮尔彻（Jeremy Pilcher）在他对墨西哥肉类市场的研究中所显示的那样，墨西哥肉类市场的竞争非常激烈（Pilcher, 2006）。屠夫、城市居民、消费者和改革者对这些变化的某些方面提出了挑战，但在其他地方，生产和分配中令人不愉快的方面开始消失了。

与屠宰场一样，专门建造的市场大厅也对食品采购进行了消毒，以一定方式将消费者和商品组织起来，从而反映资产阶级的理性和美学观念。（见图 3.2）整个 19 世纪，欧洲和美洲的城市和城镇通过建立数百个专门建造的市场大厅，展示了公民自豪感和商业现代化的意识形态（Arnout, forthcoming；Lemoine，1980；Schmiechen and Carls，1999；Tangires，2003）。有许多不同的类型，但总的来说它们呈现出方便、愉快和卫生的购物环境。玻璃屋顶和装饰性外墙旨在令人惊讶和留下深刻印象，但其他元素的产生是为了保护店主、购物者和消费品免受自然环境和露天市场混乱的气氛的影响。玻璃、铁、大理石、釉面砖、混凝土和其他材料创造了光线充足，通风，可清洗但又具有纪念意义的空间。许多大厅达到了巨大的规模。例如，1822 年完工的利物浦圣约翰市场（Liverpool's St. John' Market）是一座占地两英亩的石面砖建筑，有 8 个入口和 116 根内部支撑铸铁柱子。大厅被划分为五个购物通道，外面的通道甚至被安排成不同的部门（Schmiechen and Carls 1999：72—73）。即使在较小的省级城镇，大厅也有高耸的圆顶，巨大的中央门廊，入口装饰有多立克柱或爱奥尼亚柱以及其他更实用的构造。屋顶的设计避免了阳光直射使肉类变质，冰窖提

图 3.2　利兹柯尔盖特有盖市场的购物者和商人。赫尔顿档案馆 / 盖蒂图片社。　　　75

供了冷藏，通风系统提供了舒适的环境，并带走了难闻的气味。一些最豪华的大厅还包括室内喷泉、公共厕所、小吃店、餐馆和外面铺着平板玻璃的商店（Schmiechen and Carls 1999：111—112）。

　　这些特点的目的是将食品购物转变为一种道德的、受人尊敬的、身体上舒适的体验。市场大厅在社会和性别动态范围内需要进行更多的研究。然而，他们的设计在一定程度上是为了鼓励中产阶级妇女承担日常购物的任务，而这一任务通常留给男性和家庭佣人。大厅在这方面的努力从来没有完全成功，因为许多食物仍然是交付给家庭或在专业商店购买。到 19世纪末，这些大厅面临着百货公司的竞争，百货公司也开始在豪华的环境中销售食品。此外，大厅并不是到处都有。例如，伦敦拥有令人印象深刻的批发市场，大型露天工薪阶层市场，但它的市场大厅并不为人所知。

　　在伦敦和类似的大城市，街道市场仍然是城市工人阶级经济和文化的活跃部分，尽管他们在中产阶级中引起了厌恶（Deutsch 2010；Ross 1993：51—53）。例如，一位记者将芝加哥的南部水产市场描述成一个迷宫，里面有"桶、盒子、血淋淋的小牛和鸡舍，散发着保存不善的乡村谷仓、成堆的袋装土豆、鸡蛋盒、果汁饮料、桶装苹果酒和冰冷僵硬的死猪的明显气味"（Deutsch 2010：24）。调查者们对购物者、送货员和摊贩们感到不快，他们堵住了道路，似乎不重视时间和效率。城市平民妇女在街道上也造成拥堵，因为要想获得最新鲜的产品或切肉，就要讨价还价，争取信用，这些都需要很高的技巧（Ross 1993：51—53）。他们的市场知识对经济生存至关重要，但也可能是一种快乐的来源。正如朱迪思·沃尔科维茨（Judith Walkowitz）指出的，城市街头市场可能成为工人阶级表达世界主义的舞台（Walkowitz 2012：144）。例如，在20世纪20年代和30年代，时髦的年轻职业女性来到苏荷区的柏威克街市场（Berwick Street Market），购买从"牛肉到面盆、蕾丝到生菜"等各种商品，甚至专门来购买丝袜（Walkowitz 2012：144；参见图3.3）。20世纪的街头市场可以给穷人带来现代的审美情趣，但仍会让富人感到厌恶，他们转而光顾几条街之外的那些宏伟的新百货公司。像拱形游廊和市场大厅一样，欧洲和美洲的百货公司使用新的建筑，室内和室外展示技术，以及广告来组织和激发视觉。巨大的玻璃窗、镜子、大理石、钢框架建筑、煤气和电力照明以及强烈的配色方案创造了美国历史学家威廉·利奇（William Leach）所说的"欲望的公共环境"（Leach 1993：40）。正如威尔斯在他的小说中暗示的那样，商店还引入了新的味觉、听觉和触觉体验。到了19世纪的最后25年，这些商店开设了午餐室、茶室、洗手间和其他一些服务设施，旨在鼓励人们进

图3.3 伦敦柏威克街市的一个针织品摊档。赫尔顿档案馆／盖蒂图片社。

行更长时间的购物旅行，增加消费。提到这些便利设施，业主们的商店成为中产阶级女性购物者的天堂，因为她们能够从她们的过度现代化的城市生活中恢复过来（Rappaport，2000）。大型零售商和他们的批评者都认为，刺激和放松鼓励了消费主义，尤其购物者是女性的话。企业家试图唤醒消费者，但没有造成像盗窃癖或者其他形式的消费者不良行为的混乱状态（Abelson，1989；O'Brien，1983；Spiekermann，1999；Whitlock，2005）。

百货公司并不是唯一将感官商业化的机构。然而，同时代的人确实认为，大型商店是城市环境、社会和性别关系以及资本主义本质更广泛变化的中心（Nord，1986）。因此，他们获得了不同寻常且不同程度的积极和消极的关注。百货公司与早期的购物场所有许多共同特点，但店主、他们的邻居、市政府官员、社会评论家和购物者都认为，百货公司是一项重大创新，极大地改变了商品的买卖方式。早期的学术研究强调了商店如何引入新的经济实践。在20世纪80年代和90年代，文化历史学家和文学评论家揭示了这些商店如何产生并鼓励城市地理、身份和文化的更广泛变化。① 学者们将这些商店比作工厂或机器，将新的大规模生产的工业产品出售给富裕和信心十足的资产阶级。他们把商店比作剧院和其他幻想世界，在这些世界里，社会和性别的等级制度可能会被打破，并被重新构想。历史学家关注的是这些商店特别吸引资产阶级女性的方式，从而巩固了想象中的男性生产领域和女性消费领域之间的分离。② 男人和工人阶级

① 较早的重要研究有帕斯德马金（Pasdermadjian），《商场：起源，演变与经济》（The Department Store：its origins，evolution and economics），伦敦：纽曼图书（London：Newman Books），1954。杰弗里斯（Jefferys，J. B.），《英国的零售贸易，1850—1950》（Retail Trading in Britain，1850—1950），剑桥：剑桥大学出版社（Cambridge University Press），1854。和勃里格斯（Briggs，A.）《人们的朋友：路易斯百年史》（Friends of the People：the centenary history of Lewis's），伦敦：贝斯福德出版社（B. T. Batsford），1956。有关这一历史编纂及其转变的概述，请参见克罗西克和乔曼（Crossick，G. and Jaumain，S.），《百货商场的世界、分布、文化和社会变革》（The world of the department store：distribution，culture and social change），《消费的教堂：欧洲百货商店，1850—1939》（Cathedrals of Consumption：the European department store，1850—1939），阿什盖特出版社（Ashgate），1999。

② 这两个领域之间没有明确的界限，但在19世纪人们是以这样的方式想象的。详见格拉齐亚和富勒（Grazia and Furlough），《事物的性别：从历史角度看性别与消费》（The Sexy of Things：gender and consumption in historical perspective），加利福尼亚大学出版社（California University Press），1996。关于男性参与城市消费文化，特别参见布里沃德（Breward，A.），《隐藏的消费者：男子气概、时尚生活与城市生活，1860—1914》（The Hidden Consumer：masculinities，fashion and city life，1860—1914），曼彻斯特：曼彻斯特大学出版社（Manchester University Press）。

妇女偶尔会在这些商场购物，但百货公司总是在宣传广告，其他人认为，
对于中产阶级妇女而言，百货公司在城市公共领域是令人兴奋、给予安慰
和满足的。感官享受将它们定义为女性空间，在这一点上它们被视为新
的、具有威胁性的且令人振奋的。（Rappaport，2000）。

　　最具创新性的法国和美国商店象征着资产阶级日益增长的权力和自
信，以及现代感官体验的转变（Benson 1986；Leach 1993；Miller 1981；

图 3.4　巴黎乐蓬马歇百货公司。赫尔顿档案馆 / 盖蒂图片社。

Tiersten，2001；Williams，1982）在他对乐蓬马歇百货公司的研究中断言，
"19世纪晚期的巴黎百货公司是资产阶级文化的一座纪念碑，它建造它，
维持它，对它惊叹，在其中找到了它的形象"（Miller 1981：1）。这家商店
就像一面镜子，不断壮大的中产阶级在上面注视着自己。来自世界各地
的建筑、装饰、广告和各种商品的展示把这家店变成了一个"景观"。正
如米勒所解释的那样，"推销消费是一种诱惑和表演……［创造］一种迷
恋的光环，将购买变成一种特殊且不可抗拒的场合。乐蓬马歇百货公司
令人眼花缭乱，感性十足，成为一个永久性的展览会、一个机构、一个
具有非凡比例的奇幻世界"（Miller 1981：167）。铁柱和平板玻璃打开了内
部空间，为查看商品和其他购物者提供了宽敞、通风和光线充足的空间
（参见图3.4）。早在19世纪70年代，乐蓬马歇百货公司就像其他百货公
司一样，雇佣了管弦乐队和著名歌手为购物者和员工表演（Miller 1981：
171）。商店的听觉享受吸引力更广泛地体现了资产阶级休闲的典型特
征，这是传统的独立商店所没有的（Gunn，2008）。购物从来不只是看看
而已。

　　百货公司和其他展览机构，如博物馆、图画社和世界博览会，创造
了一种新的社会心理。这些空间鼓励游客以新方式对商品和自身进行想
象或者幻想（Williams 1982：67）。购物者学会了如何成为别人关注的对
象。企业家们聘请艺术家来绘制美丽而富有创意的广告，并用彩绘背景和
穿着时髦、摆出栩栩如生姿势的人体模型来装饰他们的窗户。然而，不仅
仅是百货公司把购物变成了一种戏剧般的体验，精英时装设计师也做得很
好。例如，爱德华七世时期伦敦最高档的设计师之一露西尔·达夫·戈登
（Lucile Duff-Gordon）声称，她发明了这场时装秀，因为她相信：

　　　　当灯光被调成玫瑰色的时候，柔和的音乐响起，模特们在游行，
　　观众席上没有一个女人，尽管她又胖又中年，但她看到自己不像那些
　　苗条漂亮的女孩那样穿着她们提供的衣服。这就是买衣服不可避免的
　　前奏。

　　　　　　　　　　　　　　　　　　　　　　引自拉帕波特 2000：188

露西尔因此创造了一个环境，将观察者处于一个宁静和豪华的感官环境
中。培养所有的感官是很重要的，但是对于露西尔和她同时代的人来说，

79

80

视觉是最重要的。总的来说，这个时代的人认为，购物环境对消费者的心理有巨大的影响，百货公司尤其擅长制作奇观。面对西奥多·德莱赛（Theodore Dreiser），乔治·吉辛（George Gissing），埃米尔·左拉（Emile Zola）的作品时，雷切尔·鲍比（Rachel Bowlby）认为"现代消费不是购买满足需求的基本物品，而是满足视觉享受并且是在家里找不到的东西"（Bowlby 1985：1）。鲍比从埃米尔·左拉 1883 年的小说《妇女乐园》（*The Ladies' Paradise*）中获得了很多分析。阅读左拉是一种视觉和诱人的体验，这本书的叙事，词汇和长长的描述复制了商店的丰富材料。例如，在丝织部门发生的一幕中，一群女士变得"欲火使人脸色苍白"，"欲火使人无法抗拒"，"迷失"在"轻薄的丝绸之中，透明如水晶——尼罗河的绿色、印度的蔚蓝、五月的玫瑰和多瑙河的蓝色。然后是更结实的面料：令人惊叹的绸缎、公爵夫人用的丝绸、暖色调，在巨浪中翻滚……在一张由各种颜色的丝绒做成的床的中央，点缀着可爱的镀银丝绸——有黑的，有白的，有彩色的"（Zola 1992：93）。左拉也注意感情和声音。小说的女主人公丹尼斯（Denise）被这家商店宏伟的建筑、温暖和声音所征服，所有这些都被拿来与 19 世纪资本主义的另一座丰碑——工厂相比。年轻的外省居民丹尼斯，是在穿过一个阴暗潮湿的老巴黎社区之后，第一次来到这家百货公司。她看到了女士们购物的"天堂"闪闪发光的正面，她被温暖明亮的"机器"所吸引，"机器"仍在轰鸣，一如既往地活跃，嘶嘶地吐出最后的蒸汽；这时，售货员正在把东西叠好，收银员在清点收据。透过朦胧的窗户，可以看到模糊的灯光，这是一个混乱的工厂般的内部。这种"熔炉般的辉煌"以及大规模生产和消费的力量征服了丹尼斯（Zola 1992：27—28）。丹尼斯与商场的第一次相遇，和隐身人没什么不同。商店为她提供了一个包罗万象的感官环境。然而，当她成为店里的一名员工后，她恢复了理智，最终征服了店铺和店主。丹尼斯的发展提供了抵抗商店诱惑的可能性。她钦佩大众商业的诱惑，但最终并没有被其征服。

为了揭示消费者、官员、记者、店员和小型零售商是如何争论大众商业的意义并塑造其历史，学者们把重点放在了这些阻力点上。这种方法揭示了百货公司和它们的城市环境是如何从多重角度和态度之间的复杂相互作用发展起来的（Benson，1986）。例如，丽莎·蒂尔斯滕（Lisa Tiersten）提出，法国中产阶级对 19 世纪商业文化的大规模扩张非常矛盾。许多人担心，现代市场的吸引力从根本上与共和国的公民美德观念相悖（Tiersten，2001）。记者欧·埃尔维利（Ernest d'hervilly）描述了一个百货公司的橱窗是如何让一位女性行人停下脚步的："她个子不高，鼻孔发抖，睁大的眼睛盯着所有迷人的东西……她把它们喝了进去，用眼神把它们吃掉了……最后，她被欲望动摇了，她喊道：'我想要这一切，这一切！'"（Tiersten 2001：33）蒂尔斯滕认为，这种悲叹与其说是生活经验的反映，不如说是法国资产阶级解决市场与政治文化之间不稳定关系的一种手段。

英国中上层阶级还担心，商店的便利设施释放了女性的激情和独立性，从而削弱了阶级和性别差异的清晰概念。例如，19世纪70年代初，伦敦最具创新精神的零售商威廉·惠特利（William Whiteley）在他日益壮大的百货公司里开设了一间小茶点室，一位为《图片报》（*The Graphic*）撰稿的记者声称，惠特利正在消除女性购物的"自然"限制——疲劳和饥饿。在传统的商店里，"从一万件漂亮的东西中得到乐趣之后……努力……诱导他们返回家园"。但是，"新系统下……疲劳和恢复是相辅相成的：只要有资金和信贷，就没有必要透支。"在惠特利商场的购物者：

82

> 他们喜欢吃汤、炸肉排、煎蛋卷、通心粉、油条等东西，他们陶醉在充满雪利酒或红葡萄酒或者小瓶装香槟酒的伴奏中，这有什么效果呢？他们没有离开诱惑的殿堂；迷人的声音仍在他们耳边回响……他们再次回到屠杀现场……而在随后的疯狂和鲁莽时期，在疯狂和鲁莽的时期，事情以一种金融方式发展，这将使天使哭泣……下午的兴奋……所有的吸引力，一个愉快的梦，带着一点点狂欢，即使后悔，也留下了挥之不去的快乐。

《图片报》1872，引自拉帕波特 2000：38

这篇文章使我们对购物感官历史的理解超越了视觉的理解。当这些商店开设餐厅、食品部门、洗手间和其他服务部门时，它们让身体恢复了活力，改变了置身于公共场所的感觉。这些商店是公开的，但它们不像外面的世界，正如康斯坦斯·克拉森所说，这是它们吸引力的很大一部分。克拉森注重商店的触觉历史，强调了商店提供"理想环境"的方式，保持了海滨城市的灰尘、噪声、寒冷和气味。它们还改变了购物的触觉本质（Classen

2012：193）。在小商店里，顾客必须让售货员把布料从架子上拿下来，从抽屉里拿出来。在百货公司里，顾客可以不用询问就抚弄柔软华丽的织物。批评家们关注这一点，担心商店的感官吸引力会破坏原有的阶级、性别和国家身份。

无论商店建在哪里，批评意见看起来都是相似的，但它们总是根据当地的情况而提出。在德国，反对意见被反犹主义所笼罩，百货公司的老板们倾向于避开那些与瞬息万变的外国时尚有关的装饰性极强的门面（James 1999）。小店主通常是最直言不讳的批评者，但在英国，年长的精英和现代城市规划者也担心，平板玻璃和高度装饰性的店面代表着庸俗、粗俗的商业品味，与他们理想的城市美学观不符。例如，这些担忧影响了伦敦金融区摄政街（Regent Street）的再开发。摄政街是拿破仑战争结束后不久为奢侈品购物大道而设计的，到 19 世纪 80 年代，它的感官吸引力已经大大下降。它曾经时髦的商店变得破旧、黑暗、臭气熏天。1881 年，根据这位建筑师的说法，典型的摄政街（Regent Street）商店"有一个炫目的玻璃橱窗和一个炫目的红木柜台，也许还有一块华丽的地毯"；但是天花板很低，光线很差，通风最好用一个简单粗俗的词"出汗"来表达（Rappaport 2002：99）。当街上的业主皇冠地产（Crown）提出一种新古典主义设计，用厚的石头拱门和圆柱代替大片的平板玻璃时，街上的房客，主要是奢侈品店主，抱怨说"商店最不需要的东西是任何严肃和冰冷庄严的暗示；一个商店应该是诱人的，有吸引力的，本质上是女性化的特征"（Rappaport 2002：102）。最终建成的街道忽视了这些担忧，其商业文化也以租户们预测的方式发生了变化（Rappaport 2002：107）。英国各地的商业空间都是房东、租户、建筑师和城市规划者之间类似的契约和联盟所塑造的（Bertramsen，2003）。商店和购物街通常是商业、公民、国家和艺术之间的妥协。

因此，对 19 世纪商业文化的研究已经超越了视野，越来越多地关注地方和国家政治塑造这段历史的方式。然而，一些最具创新性的工作已经考察了西欧和美国以外的百货公司等机构的历史。在 19 世纪的最后几十年里，百货公司在东欧、亚洲、新西兰和澳大利亚、中东、非洲和南美洲开业（Hilton，2012；Reekie，1993；Russell，2004；Thompson，2000）。对这种商业文化的研究开辟了新的研究领域，但也往往反映出百货公司的文化、社会和经济意义。例如，在 19 世纪末和 20 世纪初的贝鲁特（Beirut）

和其他类似的中东城市，评论家和消费者都把百货公司与"现代"时尚和欧洲生活方式联系在一起（Thompson 2000：180）。在俄罗斯和中国，政客、记者和其他人也担心这些商店会威胁到传统的地位、性别和文化等级。专制国家经常谴责商业文化，但并没有完全拒绝其感官体验，当局试图将身体欲望引导到政治上适当的方向，例如，将其用于国家建设民族主义项目（Gerth 2003：209；Hilton 2012；Wiesen 2011）。

　　欧洲帝国主义国家认为，市场的监管和改革对控制人口和经济至关重要（Sen 1998；Yang 1998：147）。他们还寻求以有利于大都市经济的方式来规范和改革殖民地主体和消费习惯（Rappaport，2012）。早期的现代欧洲人倾向于吸收并采用他们在殖民地中首次遇到的新口味和消费者习惯（Norton，2008）。然而，在 19 世纪，自由放任的经济学加上植根于生物学的种族差异的新概念深刻地改变了这一动态。尽管他们继续这样做，但欧洲人变得越来越担心像"他者"一样的消费，以及那些在欧洲控制和监督之外生产的产品（Collingham，2001）。这种焦虑使欧洲殖民地产品优于其他外国商品。在英国和其他喝茶的地方，以前认为中国茶是一种美味的奢侈品，现在被认为是一种恶心的"掺假"混合物，含有危险化学物质、汗水、污垢，甚至是从中国茶叶制造商身上掉下来的脚指甲（Rappaport，2006）。在 19 世纪晚期，这些焦虑使英属印度新兴的工业化帝国茶产业受益，因为它的倡导者们总是提到中国人在为英国市场准备茶叶时是多么"粗心大意"和"不太干净"（Stables 1883：26）。在欧洲人试图遏制摄取外国物品的危险的同时，他们也在集中精力改造殖民地的品味和本身的习惯。然而，正如蒂姆·伯克（Tim Burke）在他对殖民时期津巴布韦肥皂消费的杰出研究中所表明的那样，这种情况从未以欧洲人能够控制或预测的方式发生过（Burke，1996）。

　　由于这种对帝国本身的斗争，殖民地产品有时成为反对奴隶制和帝国主义斗争的有力武器。因此，美国殖民地的人们把茶叶倒进波士顿港，并开始欣赏咖啡的味道（Breen，2004）。19 世纪的废奴主义者告诫消费者不要使用奴隶生产的西印度糖（Midgley 1992；Sussman 2000）。抵制运动把消费者变成了积极的代理人，他们承认购买和食用奴隶产品与地球另一端的残酷劳动条件有关。早在 1792 年，教友会的丝绸制造商、狂热的废奴主义者威廉·艾伦（William Allen）就把奴隶贸易描述为"一条悲惨的锁链，每一环都沾满了鲜血！它涉及的同等犯罪行为，包括非洲商人——西

85 印度奴隶持有者——和英国消费者！”① 甘地后来认为，商品文化是西方帝国主义的一种形式，但印度的民族主义和后殖民国家也挪用了大众消费文化的工具（Trivedi，2007）。上世纪50年代，克瓦米·恩克鲁玛（Kwame Nkruma）甚至将加纳第一家百货公司的开业描述为加纳现代化和脱离英国统治的标志（Murillo 2010：317）。在加拿大，百货公司的广告和展示可以同时彰显一个独特的加拿大身份，并提醒消费者加拿大在帝国和联邦的地位（Belisle 2011：55）。

消费者并不总是把他们的购物解读为政治行为，也不是很多人认为大型商店具有压倒性的感官优势。贝莱尔（Belisle）在她对加拿大商铺的研究中指出，一些女性仅仅把在百货公司购物看作是她们家庭责任的一部分。年轻女性也喜欢购买价格实惠的时尚产品，她们认为“大型零售商是方便、舒适的休息场所，预算有限的人可以在这里享受独处的片刻”（Belisle 2011：145）。顾客充分利用了大商店提供的餐馆和其他服务，把这些大型的“商业大教堂”看作是给因现代生活刺激而疲惫的身体充电的地方。更多关于购物者感知的研究，而不是对购物者看法的研究很可能会揭示对商店及其城市环境的类似变化和复杂的感官反应。这项研究的一个方面是考虑消费者如何获得对周围环境和所购买商品的熟悉感，以及他们的个人经历是如何塑造他们购物时的感官体验。

的确，19世纪的一个显著特征是专业消费者专业知识的增长（Chatriot et al. 2006）。女性杂志、旅游指南、室内装潢师和其他专家认为，他们提供的知识可以帮助引导“无知”的购物者，使购物者不会被现代市场的感官诱惑所淹没。这些专业人士承诺将教会读者如何穿着时尚，如何装饰自己的家，以及外出购物时在哪里吃午餐。然而，他们提供的潜在服务是在购物时控制感官的能力（Cohen 2006；Rappaport 2000：108—141；Tiersten 2001）。具有讽刺意味的是，由于害怕被广告、漂亮的窗户和其他诱惑所吸引，导致相关文章、阅读和消费想法的激增。

对购物空间的研究揭示了消费者感官满足、满足和利用市场需求的许
86 多方式。然而，消费者实际上如何消费还需要做更多的工作来体验不同零

---

① 威廉·艾伦，《禁止使用西印度产品的职责：1972年1月11日在大厅的一场演讲》，引自萨斯曼（Sussman, C.），《消费焦虑：消费者抗议，性别和英国奴隶制，1713—1833》（*Consuming Anxieties：consumer protest, gender, and British slavery, 1713—1833*），斯坦福大学出版社（Stanford University Press），2000：40。

售环境下购物的感官感受。尽管市场大厅和百货商店有一些共同的特点，虽然百货商店经常出售食品和时装，但在食品购物的文化历史方面，总的来说还可以做更多的工作。食品配送的感性历史更广泛地涉及认识购物环境的变化之外，19 世纪的广大消费者还遇到了各种各样的外来新口味，如甜茶、咖啡和可可，这些新口味是由高度剥削的非自由劳动力的新形式所生产的（Mintz 1985；Nützenadel and Trentmann 2008）。广告帮助创造了这些新的口味，但同样重要的是，它美化并合法化了殖民地产品，有效地反驳了废奴主义者和其他指出这种新口味不道德之人的论点（Chatterjee 2001；Ramamurthy 2003）。

烹饪书籍、女性杂志和美食文章即是承认它们的异国情调，也是促进新口味的地方。因此，1861 年伊莎贝拉·比特恩（Isabella Beeton）在她的畅销书《烹饪书》（Cookbook）中写道，大蒜的"气味"通常被认为是令人反感的，在整个蒜科中，大蒜的味道是最辛辣的。尽管如此，她还是告诉英国厨师这道菜对意大利和法国菜来说有多么重要，并把它加进了她的"芒果切特尼"（Mango Chetney）食谱中。

食品广告和零售食品并不总是或不一定强调新奇的感官刺激和满足感。特别是在 19 世纪末，当杂货商和其他店主开始销售有品牌和包装好的商品时，顾客和零售商都不能用他们的感官来判断他们买卖商品的质量。工业化和全球采购加剧了消费者对食品健康和卫生的担忧，因此他们往往抵制罐装食品或包装茶等创新（Bruegel 2002；Friedberg 2004，2009；Rappaport 2006；Strasser 1989）。法国糖果商尼古拉斯·阿培尔（Nicolas Appert）发明了现代罐装工艺，但法国人花了近一个世纪才学会如何食用罐装食品（Bruegel 2002）。同样，早在 1826 年，英国进口商约翰·霍尼曼（John Horniman）就第一次出售预包装茶叶，但杂货商们不愿储存这种"创新产品"，因为他们的声誉和技能都投资于判断和调配自家茶叶的能力上（Rappaport 2006）。在美国，苏珊·斯特拉瑟（Susan Strasser）也指出，"很少有卖苏打饼干和桂格燕麦的杂货店会扔掉饼干罐和燕麦桶；大多数处理散装和包装食品"（Strasser 1989：260）。经过几十年的广告宣传和许多"食品专家"的努力，消费者和零售商才认识到，包装、品牌和广告商品比未经加工和未包装的散装商品更健康、更受欢迎。最终，超市的发展完成了这一转变。超市最早出现在 20 世纪初的美国，但很快成为一种全球现象。

87

商店、市场大厅和百货公司的遗产——20世纪的超级市场——在气候控制、原始环境下销售各种各样的加工食品，因此被宣传为"家庭主妇的天堂"（Deutsch 2010）。消费者购买的是包装精美、广告宣传力度很大的商品，但他们不再触摸、嗅闻或品尝放在购物车里的盒装和罐装商品。这家超市依赖于苏珊·佛瑞伯格（Susanne Freidberg）所称的"冷革命"。这场革命虽然不容易推销，但它重新定义了新鲜的含义。正如佛瑞伯格所言，"消费者不再期待新鲜食物是指刚刚采摘、刚刚捕捉或刚刚宰杀"的。取而代之的是，它意味着在冰箱里保存良好的东西（2009：48）。这场革命从根本上改变了食物的种植、运输、储存、烹饪和食用方式。它对于工业化，无味的且从营养上没有加工过的食品是有益处的，比如卷心莴苣。卷心莴苣可以运输，在商店和冰箱里保存得很好，但实际上没有味道。和之前的零售商店一样，超市通过展示商品来吸引消费者，鼓励他们对商品及其与这个物质世界的关系产生幻想。这些机构刺激了一些感官体验，能够抑制那些令人不快的气味、味道和景象，以及阻碍消费者购物幻想的肮脏和疾病。从街头市场到超市的转变是一个变化多端、不平衡和有争议的过程，在不同的政治体系中，人们对这个过程的接受和理解也不尽相同。尽管历史学家们越来越认识到所有的感官在19世纪是如何被商业化的，但未来的努力可能会更多地关注消费者，而不是商店。对于工业化的西方和南半球消费者是如何体验市场的感官，我们仍然知之甚少。将我们的视野从衣服扩展到食物，是用另一种方式来描绘多种感官历史，并超越视觉作为主导意义。也许，重要的不是食品和服装购物空间的差异，因为我们已经看到，这些空间有时会汇聚在一起。相反，19世纪购买食品的消费者与购买时装的消费者是不同的人群。做这种工作的往往是男户主和工人阶级的仆人，他们的感官期望可能与资产阶级妇女的期望有显著的不同，也可能没有显著的不同。当商人们想要吸引富有的女性顾客时，他们几乎总是以他们认为富有女性会以感官诱惑和身体恢复活力的方式来重建购物场所。因此，拱廊、市场大厅、百货公司和超市被认为是环境特别吸引中产阶级女性购物者的地方。学者们面临的问题是，这种消费者舒适的特殊意识形态是如何出现并传播到各个地区和政治领域的？为什么这些空间中有些行得通，有些却失败了？最重要的是，消费者是如何塑造和应对他们的感官商业化的？

第四章　宗教中的感官：
神圣和感官价值的迁移

大卫·摩根

　　从 18 世纪末到 20 世纪初，欧洲和北美的企业在领土扩张、商业和宗教使命方面的建设使西方人接触到更广泛的社会。这使得文化生活的感官记录发生了一系列戏剧性的变化：人们如何想象，如何在与自己不同或相似的人面前展示自己的存在，人们是如何观察、如何着装和如何进食。在宗教方面，世界不再是新教和天主教的两极组织而成的，尽管这两大派别在欧洲纷争的舞台上一直是对手。在贸易、殖民和国际领土斗争的背景下，与各种宗教传统的接触意味着传教活动的增加，首先是由西方基督徒发起的，其次是东方宗教对殖民人口的同化。

　　来自东方具有神赐能力的特使前往西方世界，如日本禅宗大师 D. T. 铃木（D. T. Suzuki），印度教改革家和吠檀多学者瓦米·维韦卡南达（Swami Vivekananda），南非精力充沛的穆斯林传教士艾哈迈德·迪达特（Ahamad Deedat），和众多来自亚洲、非洲的大师和传教者，他们寻求西方唯物主义的救赎和缺失的信仰。来自西方的基督教传教士们不仅动身前往亚洲、中东、非洲和大洋洲，而且朝圣者要寻找一种比新教徒、天主教徒或犹太人的祖先们所遗留下来的更新的或更古老的精神信仰。像尤金·德拉克洛瓦（Eugene Delacroix）、亨利·斯蒂尔·奥尔科特（Henry Steel Olcott）、海伦娜·布拉瓦茨基（Helena Blavatsky）、保罗·高更（Paul Gauguin）、詹姆斯·迪索（James Tissot）、保罗·克利（Paul Klee）和赫尔曼·海塞（Hermann Hesse）这样的人是使人印象深刻且影响深远的。我们从这为数不多的名字中就可以看出从东方到西方的跨文化融合在艺术史上的重要性。

本章将重点关注记录变化的个人、团体、运动和机构，特别是从一个地方到另一个地方的运动。他们在帝国和宗教中的不同参与涉及表达和交流的形式，这直接影响了宗教生活中很大一部分的感观、想象和感觉的结构。媒介的变化、与他人的沟通和感官接触的形式中，以及与自己的群体和他人的想象，意味着感观生活和想象方式的变化，这些都意味着感官的文化协调在发生着改变。

对全球移民时代的真实性的追求

如果大多数登上前往非洲、印度或南海船只的欧洲人和北美人开始从事贸易，从事帝国的商业活动，或者向非基督徒传教，那么有不少人是为了逃避他们所能逃离的西方文化。例如，保罗·高更（Paul Gauguin，1848—1903）放弃了体面的资产阶级生活的理想，辞去了股票经纪人的工作，试图在乡村——布列塔尼建立一个艺术家聚居地，然后在法国南部的阿尔勒（Arles）与文森特·梵高（Vincent van Gogh）一起建立另一个艺术家聚居地。这两项努力都未能创造出一个可持续的社区来支持他所追求的原始艺术，即一种通过乡土风格和信仰净化来绘画的方式。高更在 1891 年离开了欧洲，航行到法属波利尼西亚（French Polynesia）。他在他的书籍和出版的参考文献中阐述了天主教与波利尼西亚神话和仪式的关系，以及他在波利尼西亚宗教和天主教形象的艺术描绘中寻求个人艺术家对东西方精神类比概念的探索。

尽管高更没能推销他的艺术作品和也没能实现他那充满异国情调的原始主义理想，但他创造了一系列作品和传奇，在他去世后得到了更多的关注。他在塔希提岛和马克萨斯岛的作品旨在超越传统的艺术方法、传统的基督教，以及欧洲艺术的文学内容。相反，在他的作品中，他把本土题材与对色彩和形式的处理结合在一起，他更喜欢暗示和强烈的感觉，而不是像法国沙龙和展厅里所推崇的传统绘画那样重新修饰英雄主义和古典主义的基调。他在 1899 年写给一位艺术批评家信中阐述了自己的目的，这位评论家曾批评过他的主要作品《我们从哪里来？我们是什么？我们到哪里去？》(*Where do we come? What are we? Where are we going?*, 1898—1899)。高更敦促这位评论家要考虑颜色"今后将要在现代绘画中扮演的'音乐角色'。颜色和音乐一样是一种振动，它能够获得最普遍但同时在本质上也是最难以捉摸的东西：它的内在力量"。他在塔希提岛上想象了一个场景，在这个场景中，他自由地将各种感官——香水、香气、寂静、色彩、呼吸和情感——混合在一起，使人联想到梦境的状态，在梦境中，一切都以变化为规则，一种情感状态抓住了不可言传的东西，却没有将其简化成一种意义（Chipp 1968：75）。高更发展了一种美学，在这种美学中，颜色不是象征性的，而是起唤醒回忆的作用，它能激发感观而不是象征意义。想象力是关键，并且是成为体验艺术、其他文化、国家和世界最必要的能力。高更敦促其他艺术家不要复制摆在他们面前的东西，而是要在记忆和想象中去改变它（Chipp 1968：60）。所以他远离西方社会，在异国他乡寻找灵感。那里的宗教、语言和生活方式带来了一种全新的意识和艺术，他可能会把这种意识和艺术送回法国，与一个他认为缺乏文化的社会进行感性的交流。

其他人没有打算离开西方，而是以想象的形式唤起了对东方的虚拟再现。在纽约州北部肖陶扩湖（Lake Chautauqua）的一个新教营地中，出现了几个有趣的例子。肖陶扩大会成立于1874年，是一个以新的方式教授主日学校课程的机构。营地将他们放入虚拟的空间中，其中有巴勒斯坦微型景观，以耶路撒冷圣殿和犹太祭坛的比例模型为特色的场地和身着东方服装的参与者组织的聚会（见图4.1）。

教学手段是多媒体，包括讲座、幻灯片演示、音乐会、模拟表演、生动活泼的场景和游记。1879年《哈珀月刊》（*Harper's Monthly*）上一篇关于肖陶扩的长篇文章解释了媒体和材料装置作为一种教学方法的基本原理：

> 通过这些模型的收集，并借助于夜间在巨大屏幕上以放大形式投射的圣地场景的立体视图，与不穿越大西洋航行到东方本身相比，学习基督教历史的学生得以获得对东方生活的更生动的理解……大会的一些最具娱乐性和启发性的晚会专门用于讲授基督教地区的风俗和习俗，以生动活泼的画面为例，描绘了基督教所称圣地上居民日常生活的场景。
>
> 波斯特（Post）1879：353—354

92

19世纪下半叶，作为维多利亚时代一种非常流行的娱乐形式，舞台表演（*Tableaux Vivant*）被新教徒作为一种用于宗教场合的说教戏剧。参

93

图 4.1 巴勒斯坦公园（Palestine Park）的东方区域。D. H. 波斯特（D. H. Post）于
1879 年 8 月，肖陶扩（Chautauqua）的《哈珀的新月刊》(*Harper's New Monthly Magazine
59*)，第 351 期，第 355 页。作者照片。

与者通过模仿公认画作中人物的姿势，来表现一幅幅栩栩如生的图画。肖
陶扩（Chautauqua）的生动场面中使用了缩微模型和化妆舞会的相结合，帮
助新教徒克服了他们在宗教环境下进行艺术创作的忧虑，以此创造出基督
教圣地传播到美国的虚拟空间。随着新的视觉媒体进入商业市场，虚拟旅
游变得越来越有吸引力。随之而来的是一种存在的诱惑，这是一种身临
其境的诱惑，一种从远处瞥见真实事物的诱惑。马萨诸塞州剑桥市奥利
弗·温德尔·福尔摩斯（Oliver Wendel Holmes，Sr.）坐在壁炉前，凝视着
耶路撒冷（Jerusalem）老城的立体影像，有一种与耶稣本人非常亲近的感
觉。他说："当我们越过城市望向橄榄山时，我们知道这些沿着地平线呈

优美曲线延伸的线条与他悲伤地注视耶路撒冷时所看到的线条是一样的。"
（Holmes 1861：28）看到耶稣所看到的同样的轮廓，分享一种想象中的亲近
或者虚拟的存在，这是通过唤起人们的目光凝视来实现的，而这种目光不
仅从西方传到东方，而且跨越了很长一段时间。摄影的新媒体、立体设备、
全景照片和流行的视觉体验，如生动的画面将遥远的时空世界带到了西方
基督徒身边，使他们能够重新想象这个世界以及他们与这个世界的关系。

　　对于美国和欧洲的犹太人来说，耶路撒冷（Jerusalem）的想象并不
是耶稣行走和祈祷的地方，而是一个古老王国的梦想最终得以恢复的地
方。大卫城是在每年逾越节（Pesach）晚餐结束时被唤起的，当时与会
者互相敬酒说："明年在耶路撒冷！"以庆祝古圣殿重建的希望。哈加达
（haggadah）是每年逾越节所使用的一种有助于宗教仪式且大规模出现的
习俗，包括祈祷上帝"在我们的时代重建圣城（耶路撒冷），带领我们到
达那里，并使我们在那里欢欣鼓舞，以便我们可以享受其中的硕果"（仪
式习俗 1886：55）。正文附有半页木刻（见图 4.2），在木刻中，黎明的太

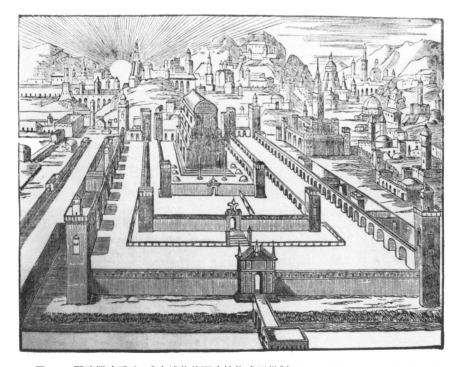

图 4.2　耶路撒冷重建。《逾越节前两晚的仪式习俗》(*Form of Service for the Two First Nights of the Feast of Passover*)，纽约：莱温（Lewine）和罗森鲍姆（Rosenbaum），1886
年，第 54 页。作者照片。

阳清晰地蚀刻出圣殿、庭院和墙壁的线条，迎接新时代的到来。圣所的建筑以对称的形式出现，展现在周围辉煌城市的网格中。这座梦幻般的、没有居民的耶路撒冷超越了现实的边缘，让我们得以一窥世界各地每一次逾越节的人们所热切期盼的未来。

相比之下，在世纪之交前后，从俄罗斯、波兰和乌克兰来到美国的犹太移民人数不断增加，纽约和芝加哥等城市的犹太人正努力使之社会化，
94 而这些努力都是建立在当下这个非常具体的世界的基础上的。德裔犹太人的家族已经在美国生活了好几代，他们满怀希望，但也密切地注视着新来的犹太移民。他们认识到犹太社区的发展迎来了机遇，但同时他们的成功也有赖于新移民的社会化这一任务。社会化在很大程度上包括对感官的教育。一位名叫伯莎·史密斯（Bertha Smith）的作家悲叹"可怕的事物暴政"吸引了搬进纽约下东区的廉价公寓的新犹太人，并迅速让他们拥有大量可供他们支配的商品。史密斯和城里的许多德国犹太人用明确的宗教术语来阐述他们的任务：他们需要追求一个"使命"来"在居家生活中宣讲简朴的福音"（Smith 1905：83）。

对于这一代美国犹太人来说，对身份的追求意味着要抵制对于基督教文化的吸收，在是否改革犹太教传统上，他们走了一条更加保守的宗教路
95 线。作家埃丝特·鲁斯凯（Esther Ruskay），斥责那些"渴望与邻居融合，一开始就对自己的宗教不忠"的犹太人，他们与隔壁的基督徒交换圣诞礼物，却没有遵守犹太节日。她宣称，这种显示出"对种族财产和不良教养的无知是如此低级，如此不符合美国人的精神，更不用说符合犹太人的精神了，以至于他们永远都被排除在文明社会之外"（Ruskay 1902：40）。支持犹太教保守派利益的鲁斯凯随后开始为犹太女性读者提供包括犹太节日，遵守安息日，犹太女性的理想，逾越节的准备以及犹太家庭的正常运作方面的辅导。犹太家庭的手册和食谱强调清洁，特别是在逾越节准备的时候，他们提倡根据犹太教规选择食物。对于像鲁斯凯这样的作家来说，这一点是至关重要的，因为这在她所描绘的犹太人生活和改革派所拥护的生活之间划分开来一条清晰的界线。改革派组织比如辛辛那提市希伯来联合学院（Hebrew Union College）的犹太教学生毕业班以吃贝类庆祝节日（犹太饮食法，基于《利未记》11：9—10，只有鳍和鳞的海洋生物被认为是符合犹太教规的洁食），这一行为吸引了人们的注意力。对许多犹太人来说，饮食习惯一直是犹太人身份的一个重要标志，但是出版市场中指导性书籍使得食物准备和家庭护理成为犹太裔美国人的一个决定性特征。美

国出版的第一本犹太书籍于 1871 年出现在费城，为餐桌的布置、日常膳食的准备以及肉类、蔬菜、水果和甜点的选择提供了详细的建议（Levy 1871）。很显然，让犹太人保持犹太人身份，并让那些已经丧失或忘记自己民族宗教身份的人适当社会化的方法是通过他们的胃和家庭经济的运作来进行的。保持犹太性是指像犹太人一样饮食和生活的犹太人。

视觉和味觉是寻找宗教真实性的有力方法，但触觉和嗅觉也是如此。触摸被理解为天主教传统中传递精神权威的古老媒介，从使徒与耶稣的身体拥抱开始，以及教会长老的按手祝福仪式（1 Timothy 4：14），随着时间的推移，通过主教之手的神圣祝福会降临到新牧师身上。19 世纪 30 年代和 40 年代的牛津运动在这一点上和其他方面曾努力恢复英格兰教会的天主教传统。对于约翰·亨利·纽曼（John Henry Newman，1801—1890）和牛津大学热心的同事们来说，由于他们在 19 世纪 30 至 40 年代写了许多长篇宗教文章而被称为牛津运动者，他们认为现代性甚至宗教改革本身都给教会的完整性带来了损害。而真正的基督教世界应该是天主教和使徒教会（最终指的是罗马教会，因为纽曼和其他几个人后来发现英国国教未能通过天主教和使徒教会的真实性测试）。

特拉派教徒（Tractarians）坚持认为，追溯到使徒时代，神圣的职位通过不间断的主教继承赋予神职人员独特的权力。主教和牧师不是自封的，不是社会习俗，也不是社会团体所认可的武断的象征。把他们安排在适当的地方并通过主教的涂油仪式来传达神圣命令的做法根植于早期教会对使徒的最初选择。同样，洗礼是一种真正有效的灵魂再生行为，而不是具有一致认同意义的标志；圣餐礼并不是耶稣献祭的象征或简单的纪念，而是耶稣的存在被视为神圣，并以圣餐礼的形式传递给人们。依照牛津运动的一位传教士的话来说，圣礼是"媒介组合"，它依赖于"与神圣和真理化身的个人存在的结合"（Wilberforce［1850］2006：59）。换句话说，因为耶稣道成肉身，圣礼的物质性作为一种传达神圣存在的形式对灵魂起着必不可少的作用。神圣是一种信息形式的理念，由于其真实的等级丧失，会影响纽曼和其他宗谱论者。对于纽曼来说，也包括那位天主教皈依者——诗人杰拉德·霍普金斯（爱德华·普赛的学生，牛津运动员）——诗人杰拉德·曼利·霍普金斯（Gerard Manley Hopkins），是爱德华·普西（Edward Pusey）的学生，牛津运动（Oxford Movement）的成员都认为，物质世界不是密码或无关紧要的物体的集合，也不仅仅是用于表达人类欲望的工具，而是一种神圣启示的媒介。在纽曼的一次布道中，他诗意地谈到了未来的世界：

> 对那些因信而生的人，凡他所见的都是指将来的世界；大自然、太阳、月亮和星星的光辉，以及地球的丰富和美丽都是上帝的化身，见证了上帝的无形，我们所看到的一切都注定有一天会绽放出天国的花朵，并转化为不朽的荣耀。

纽曼 1909：223

霍普金斯在他最著名的诗歌之一《复活节圣餐》（*Easter Communion* 1865）中也见证了同样神秘触摸着做弥撒之圣餐者的破旧身体：

> 纯洁斋戒的面孔为这场盛宴所吸引：
> 上帝将所有的甜蜜带到你的嘴唇上。
> 你秘密地用鞭子抽打着，
> 那些弯曲的、粗糙的棋子可以用来
> 做代表耶稣会的十字架；来自东方的你
> 带着清冷刺骨的风
> 呼吸着复活节的气息；
> 你们这些火焰微弱的守夜人，
>
> 上帝会让你们花光所有的钱
> 用喜欢的油，换上麻布和饰带
> 以及那件永不褪色的惩罚衬衣，
> 使那神秘的、丝线般的金色褶皱变得舒适。
> 你那少得可怜的皮包骨，因弯曲而困乏：
> 看哪，上帝必使一切软弱的膝盖稳固。

　　嗅觉是一种感官体验，能够结合或分裂精神团体。在 19 世纪，牛津运动的结果是使英国国教恢复了更大的仪式主义。熏香、法衣和各种礼拜用品及形式的使用根植于古老的传统，这些东西维持他们的能力来帮助物质与宗教起源联系起来，并使物质与精神力量的表达联系起来，从而展示了英国国教的天主教徒和使徒的真实性。支持者们坚持认为，不管基督教

世界有多少不同之处，这些习俗都同属于基督教世界。但是对于英国国教
等级制度中的许多人来说，高级教堂礼拜仪式散发着"罗马主义"的味道。
包括苏格兰长老会教徒在内的许多人反对熏香、游行和使用蜡烛。一位作
家抱怨驻扎在印度的苏格兰军队的长老会牧师在印度的英国国教教堂遇到
阻碍长老会进行正常礼拜的事情：

> 他可能会找到十字车站，他可能会找到圣母像，他也许能找到忏
> 悔室的箱子，他也许会找到英国国教在以前的礼拜中用过的香炉。不
> 管熏香还是献祭，它都留下了几乎相同的气味，一种让长老或士兵闻
> 起来很讨厌的气味。
>
> 引自《印度圣教堂的租借》，1900：463

对熏香的无情反对，引发了一场全国性的争论，这使得大主教们在 98
1899 年决定禁止英国国教在礼拜中使用熏香。当代罗马天主教徒对熏香
有着截然不同的理解：对他们来说，涂油和熏香是献祭的物质手段，因此
他们把神圣的物品用于礼拜和祈祷。在美国天主教杂志上一篇关于钟声使
用的文章为在教堂钟声献祭中使用熏香作了辩护：

> 熏香在教堂的仪式中经常使用，它暗示着神圣祈祷的能量和活
> 动，当被神圣的爱之火加热时，熏香作为一种甜美的祭品气息逐渐上
> 升并渗透到上帝的宝座上。这是钟声邀请我们承担的主要职责，因此
> 在它的献祭仪式中可以自由地使用熏香。
>
> 韦德尔（Weedall）1843：620

想象基督教世界

在帝国时代和现代化进程中，宗教有助于塑造在全球范围内对国家和
宗教政体的想象。令人非常感兴趣的是由资本主义文化逻辑所引起的旧的
具象模式的转变。以新教为例，宗教在印刷发行中发现了一种新的基督教
世界模式，这种模式将自身从欧洲大陆重塑为福音派的全球网络社区。如
果如本尼迪克特·安德森（Benedict Anderson）所言，民族主义是印刷资
本主义富有想象力的产物，那么现代新教的全球基督教世界就是虔诚的印

刷想象共同体（Anderson 1983）。印刷带来了新的虔诚形式，其中一些必须被登记为一种通过跨越国界的大规模生产来创建想象社区的形式。研究具象和感觉的方法是要把注意力集中在集体想象的模式上。基督教世界中对立的宗教文化，如路德教、英国国教和天主教，都有着丰富多元的宗教仪式（融合了服饰、建筑、管风琴音乐、彩色玻璃和熏香），但福音派教徒确实是在印刷文化上斥巨资来完成他们富有想象力的工作的。

在新政治理想的兴起、贸易的国际作用和领土扩张的影响下，帝国时代的世界发生了变化。东印度公司（East India Company）等西方商业企业在东部市场的激烈竞争中使一个欧洲国家与另一个欧洲国家进行了抗争。抗争的结果是通信和交通网络基础设施的扩展促进了东西方对彼此的看法。东西方传教士的旅行、通信和工作都交织在这些网络之中。①

在 18 世纪 90 年代，新教福音派的传教网络通过大量使用印刷版，生产圣经和宗教小册子，将圣经文本翻译成越来越多的语言，并迅速投资在传教区建立印刷机以满足当地的需求，从而发展和扩大了自己。新福音派更倾向于用更短、更多的白话散文和对话形式写作的福音小册子来吸引更多的观众。像早期阶段一样，大约在 1800 年的前景是期待耶稣的回归，但它以更大的热情致力于社会改革，而不仅仅是宗教的复兴。道德改革是民主社会新时代的一部分。为了做到这一点，我们要非常重视福音派的联合努力，避免陷入教派分裂的陷阱。

在东印度公司和其他欧洲贸易实体经营商品和资本的地方，新教传教士传播信息——神圣的信息。这些信息以传单和小册子的形式在伦敦、巴塞尔、巴黎、柏林、纽约和波士顿等地的中心组织与世界各地连接起来的新兴动脉网络中传播。实际上，一种新形式的新教的基督教世界出现了——它是一个印刷的基督教世界，一个以小册子、信件、许多出版物和新闻报道、圣经、道德改革和教育协会为媒介进行传播的全球性企业。不仅致力于通过交流信息来建立一个为世界各地提供各种各样的努力的联系网络，而且还致力于根据新教的雄心壮志来重新想象新世界。

在 19 世纪 40 年代，这个引人注目的形象化的新概念出现在美国福音

---

① 关于宗教和大英帝国，请参阅艾瑟林顿（Etherington, N.），《天职和大英帝国》（*Missions and Empire*），牛津：牛津大学出版社（Oxford University Press），2005。波特（Porter, A.），《宗教与帝国的竞争？英国新教传教士与海外扩张，1700—1914》（*Religion versus Empire? British protestant missionaries and overseas expansion, 1700—1914*），曼彻斯特大学出版社（Manchester University Press），2004。

协会资格证书的插图中（见图 4.3）。在图中可以看到，印刷机和两位分发书籍和小册子的人，周围聚集着密集的人群。站在印刷机旁边的人一只手拿着《圣经》，另一只手拿着一些小册子或传单，暗示着它们在宣传过程中是等同的。这些人的服装代表着各种各样的职业、阶级和地理来源。他们接受并热切地阅读文本之时慢慢形成一个阅读社区，这个社区感受和消费的习惯将他们带入一个具体的群体，即一个全球性的读者阅读社区。他们是一个由全球的文本生产和流通网络保持联系的高度发达、且不对称的消费者群体组成的新的基督教世界。这个群体在很大程度上忽略了彼此，而是在从事共同实践的个人消费行为的支持下才会聚集在一起。正是印刷术促成了他们之间的联系，并将教堂重新设定为一个网状的、想象中的社区。① 这幅图像描绘了一个理想的交际情景：语言的丰富性、文化的广泛性和历史的多样性都是这些人不能相互交谈的原因。但在倡导者的心目中，该书的力量在于它能够跨越所有的历史和空间界限，进而创造出一个统一的、想象中的基督教世界。

THIS IS TO CERTIFY

that Elihu Loomis

图 4.3　印刷机和分发福音传单。**19 世纪 40 年代，美国福音协会颁发了捐款证书。图片由作者提供。**

---

① 有关这一形象和美国福音印刷文化的进一步讨论，请参阅摩根（Morgan，D.），《图像的诱惑：美国宗教视觉媒体历史》（*The Lure of Images：a history of religious visual media in America*），伦敦：劳特里奇（Routledge），2007：7—36。

福音印刷和全球使命

随着欧洲大陆以一种新的殖民地模式展开，基督教新教和天主教从古老的欧洲大陆堡垒中将自己重新塑造，构建了一个拥有遍布全球殖民地和传教区的形象。人们在福音派传单的设计中可以瞥见一种新的统一性模式，即教义、圣经、宣教团和主日学校社团在超越新教教派狭隘教条传统及教会运动中所支持的统一性模式。英国宗教界协会创始人、不墨守成规的牧师——大卫·博格（David Bogue，1750—1825）提出理想的信仰应该包括：

> 没有……一个教派的陈词滥调；没有一种教派值得推荐，也没有一种教派令人生厌；与他们不同的政党之间的斗争没有任何尖刻的言辞；但在纯洁、和平的基督教中，寻求主耶稣基督的怜悯直到永生的羔羊的追随者，可以与快乐结合，就像在一个伟大的共同事业中一样。

博格（Bogue）1799：10

商业和宗教之间的密切关系并没有超越当时主要的传教士精神。1792年，浸礼会牧师威廉·克理（William Carey）明确地表示两者之间存在寄生关系。对于那些以长途跋涉和旅行困难为由反对全球宣教的人，克理指出海上勘探、商业和全球贸易公司的成功（克理也可能会想到东印度公司，即使东印度公司不允许传教士在它的职权范围内工作，克理到达加尔各答时也经历这种情况）："是的，上帝似乎在某种程度上邀请我们参加审判，就像我们所知的贸易公司一样，他们的商业活动遍布这些野蛮人居住的地方。"克理补充道，《圣经》本身"似乎就显现了这种问题"，他认为《旧约》中的一段话暗示着"在教会发展鼎盛时期，在以后的日子里……商业将促进福音的传播"。① 克理发现末世论和天赐动机在贸易和福音派的结合中起到了一定的作用，他宣称圣经权威证明了这种联系与时代有关。

---

① 凯瑞（［1792］1942：67—8）。《圣经·以赛亚书》60：9。

　　然而，将商业和传教活动相互减少是错误的。它们代表了构建东西方关系且平行的文化交流形式。因为它们抓住了现代欧美社会的两个核心价值观：资本主义和信仰，所以它们还是西方殖民计划的核心。资本主义与福音新教教义这两种文化体系都是为了扩张和拓殖而设计的，他们有着将衡量资本主义的发展作为其目标和福祉的直接指标这样相同的发展逻辑。为了做到这一点，需要具备某些相互平行的条件。正如资本主义需要进入市场和货币形式的交换，福音主义需要接近人们，以及具备让他们参与其中的沟通方式。双方都将消费者视为那些可以被说服参与交易的人，他们也都因贸易而繁荣。交换媒介逐渐变成了纸——货币和神圣的印刷品。

　　由于印刷品的销售，资本主义和福音主义在纸面上会重叠。大卫·博格将小册子定义为"神圣真理的精选部分"，这是"传播宗教知识的廉价方式"（Bogue 1799：3—4）。他描述了这种小册子是如何远比面对面进行口头陈述更为有效的，因为口头陈述不需要时间的匀称使用，很容易从听者的记忆中消失。但是这小册子"在一瞬间就被分发出去了；可以随意阅读，也可以随意重复地阅读"（1799：5）。小册子可以在任何场合分发——作为礼物送给那些上门拜访或在街上相遇的人。小册子是进军公共领域的一种重要形式，因为它们"取代有害的出版物"，即"异教的和不道德的"印刷品，以及"道德败坏的歌曲，或愚蠢和邪恶的出版物"（1799：8）。

　　博格面临新教神职人员的挑战，他们坚持认为布道是传播信仰信息的合适媒介。但问题是没有足够的传教士来进行传教。博格对此建议的解决方案是将小册子的文本性模式转化为口头话语，以允许用大量印刷来代替缺失的传教士群体。他和许多同时代的福音派教徒都把印刷理解为一种语言，一种呼吸，一种可以按照自己的方式进行传播的具体化的现实。这种替换很明显是在印刷机取代耶稣主体形象的过程中起作用的（见图4.3）。这也有助于解释小册子有时是有魔力的，并如何在故事中栩栩如生地讲述他们在布道领域所做出的贡献。故事讲述的是他们在没有传教士去过的地方旅行，并使顽固的不信教者或整个村庄皈依基督教（Morgan 2007：32—36）的事情。新教徒将图像与印刷文本巧妙地结合有助于他们取代发言人，或者可以说，这是以一种微妙的融合形式**重塑**了更古老的听觉语言或口头文化，赋予图像一个他们在新教中从未享受过的地位。现代社会视觉的兴起在很大程度上归功于福音派新教。

　　博格大胆地指导小册子的潜在作者以确保他们的努力是"有趣的"。他说，简单说教的文本不仅会让人昏昏欲睡，而且浪费制作这些文本的金钱和劳动。"一定有什么东西能吸引无精打采的人去阅读，而这只能通过娱乐与教学相结合的方式来实现"。（Bogue 1799：11）博格通过将读者带入他所阅读的文本中之方法将读者视为一个快乐的中心。所以博格建议读

103 者成为他所阅读的对话录的发言者之一，"他凭借发现他自己的情感和推理去攻击和辩护：他感觉到他引用的每一个论点、主题在他的头脑中强烈而深刻地固定下来"（1799：11）。博格推荐了一篇既能吸引读者又能给他定罪的具有反射性的散文来代替"一般性的劝诫"："当一个特定的发言指向特定的情况时，它就会回到那个看到他自己描述之人的内心世界并对他的思想造成更强大的影响。"（1799：12）这一切都意味着，要把传统口头发言的公众听众转变为现代印刷文化的私人读者。

　　印刷纸是一种新的精神经济的媒介，传教士在印度使用这种媒介，试图与本土的图像经济相抗衡。当传教士亚历山大·达夫（Alexander Duff，1806—1878）于 1830 年抵达加尔各答时，他和他的苏格兰新教遇到了一个只有在古以色列的圣经记载中才知道的圣像世界。1839 年，他发表了在印度传教的记述，并将加尔各答一年一度的杜尔迦女神节作为引人入胜的第一手描述。他所呈现的是一个关于印度教社会分层视觉经济的惊人写照，而这正是传教士努力的目标：

　　　　当你走在本土城市的街道时，你的目光可能会被那些毫不起眼陈列在那里的圣像所吸引，就像那些最为普通的商品一样。经询问，你被告知在富有的本地人房子里有**日常敬拜**的女神圣像，是用金、银、黄铜、铜、水晶、石头或混合金属制成的。它们就像成为世袭财产的货物和动产一样——从父亲传给儿子，即稳定和永久的传家宝。但除此之外，你还被告知，为了盛大节日的仪式还要准备大量的**临时**圣像……它们可以由干草、棍子、黏土、木头或其他廉价轻质的材料制成，它们可以是任何尺寸的，从几英尺到十英尺、十二英尺或二十英尺高……圣像可能是敬拜者自己制作的，而且制作得很小，原料也很便宜，因此最贫穷的人也可以得到和最富有的人一样的图像。如果当事人不选择自己制作这些圣像，他们也不会有任何损失。这里有大量的职业圣像塑造者。唉！在加尔各答这样的城市，造像工艺是迄今为

止所有工艺中最有利可图、最不可动摇的。①

这一幕让达夫眼花缭乱。只有当他通过工厂的门往里看去见证了视觉生产　104
的过程时，他在印度教视觉经济中犹如困惑的奥德赛一样，在那里，他突
然意识到自己焦虑的根源：

> 在前面、后面、右边、左边——这里和那里，以及每一个地方，
> 你似乎像在森林里被大小不一的圣像、还有成堆的四肢和身体以及各
> 种材料的碎片所包围，其中包括完成的和未完成的——处于先进制造
> 的中间阶段。然而，不仅视觉受到了影响，耳朵也被工人们忙碌使用
> 工具的噪声所侵扰。你走到一旁，站在一个制作车间的门口，惊奇地
> 注视着这个新奇的过程。你们会想起以赛亚书和其他先知书中的一些
> 段落，描述了当时展现在你们眼前的景象……也许你还记得，你曾经
> 认为这种神圣的文字已经过时了。你在本地未曾见过圣像，也未曾见
> 过异教徒的神殿。
>
> 达夫 1840：277

达夫在引用了以赛亚书中的一系列段落来证明他所认为的古代圣像崇拜与现
代印度有着惊人相似之处后，沮丧地宣称圣经的描述仍然适用于今天："如
此夸耀智慧的进步和人类在尘世上的完美；这个时代，充满了变革理性主义
和广泛传播的启蒙主义！啊！在大英帝国最强大的一个省的大都市的中心地
带，如今呈现在你眼前的景象一定会给这种乌托邦式的幻想带来相当大的震
撼！。"（1840：248）但是达夫并没有简单地将福音派在印度的与对启蒙运动
的蔑视相提并论。他接着抱怨道，印度庞大的公共节日体系对英国商人施加
了巨大的限制，因为节日期间所有的港口交通和商业活动都暂停了："除了
玷污英国人的特征和毁灭不朽的灵魂，谁能估计出成千上万的人因为杜尔迦
和其他异教徒节日的不断重现而周期性地消失和消耗呢？"（1840：250—251）
异教徒的崇拜对基督教和商业都是有害的。虔诚的印刷品和英国贸易取代了

---

① 达夫（Duff 1840：246—47）。在最初的重点，一个深刻的研究是关于英国和印度宗
教的冲突，参见彭宁顿（Pennington, B. K.），《印度教是被发明的吗？英国人，印
度人和殖民地宗教的建立》(*Was Hinduism Invented? Britons, Indians, and the colonial
construction of religion*)，纽约：牛津大学出版社（Oxford University Press），2005。

造像的交易。"圣像森林"需要纸浆以制造新教印刷品。

　　这种经济交换是由英国新教徒进行的，他们从皈依者那里收集印度教神灵的圣像，并把它们送到伦敦在帝国首都的伦敦传教士协会博物馆展出。这些被称为"基督教战利品"的圣像被复制到宗教期刊上，如传教士协会出版的《传教士札记》（*Missionary Sketches*）。1819 年 10 月，第七期的封面展示了如毗湿奴（Vishnu）、甘尼萨（Ganesha）、克里希纳

图 4.4　杜尔迦的代表。《传教士札记》（*Missionary Sketches*），1820 年 4 月，第 12 期，封面照片由作者提供。

（Krishna）、湿婆（Shiva）和朱那那塔（Jugganatha）等九个人物聚集在孟加拉。1820 年的期刊以杜尔迦为主题（见图 4.4），而杜尔迦女神节是亚历山大·达夫在加尔各答十年后描绘的。这些神从它们前任主人的供奉和神龛中收集和移除，并被重新部署到一个新的分类系统中。它们从前是圣像，现在是被征服的殖民宗教和被征服文化的战利品。在伦敦展出的珍藏品中，这些物品是基督教文明进步的物质证明，在博物馆的安全玻璃板后面能够看到一个高度受控的与感官接触的信仰世界。

　　附在封面插图上的一篇文章引用了杜尔迦的造像以及对狂热的人群、人类祭祀和献祭寡妇的描述作为"印度人的宗教……是虚假和残酷的混合体"的证据（"印度女神杜尔迦的传说"1820：3）。印度教"毫不犹豫地把舌头伸向石头，把树木变成武装分子"的神圣故事。对传教士协会来说，这种生动的行为比虚构的小说更糟糕："这在浪漫和寓言中可能是允许的，但是最严峻的是现代印度人真的愚蠢到相信这一切都是事实。"（1820：3）在故事的结尾虔诚的印刷经济战胜了虚假的神，并且向读者指出"出版现在的札记，以及类似的书籍，是为了激发你对异教徒的同情和祈祷，以及你为向他们发送福音祝福而提供金钱援助的热情和活力"（1820：3）。福音派似乎坚持认为，如果石头和树木能说话，那么它们只能在传教士的位置上正确地说话，就像带有圣经插图的石版画和带有基督教福音的印刷页一样。

现代性的文化逻辑：超越基督教

　　我们发现，在 19 世纪，在新教徒和受西方影响的佛教及印度教改革者与天主教徒及更具传统思想的印度教徒之间围绕感觉和宗教问题形成了一条广泛的战线。仪式形式、圣像、祷告对象、熏香和特殊服装的使用是两个定义广泛的团体之间引起激烈辩论的话题。印度和中国的传教士通常把土著宗教人士比作罗马天主教徒，并在他们对"异教徒"的批判中引入了类似的谩骂，尤其是在圣像崇拜、熏香、蜡烛的使用和仪式形式的祈祷方面（Pennington 2005：68—69；Reinders 2004：105）。

　　18 世纪 90 年代，当福音传教士进入印度时，他们采用了一种新的态度，一种威廉·克理（William Carey）和他的浸礼会同事们在孟加拉培养出来的强卖模式。这一方法的特点是一种争辩的风格，假定要攻击土著宗教，援引它所称的概念上的弱点和前后矛盾之处，企图在辩论中挑起对话者，从而显示基督教的优越性。这类小册子和布道书是有意在集市和市场、圣地、朝圣地点、寺庙附近或邪教图像旁边推出的。这是人们在日常生活中聚集或经过的十字路口——往往正是土著和西方商人购买商品和做生意的地方。

目前还不清楚传教士的媒体战略有多成功。如果我们想通过转换数量来衡量他们努力的效果，结果是参差不齐的。基督教在今天的印度和中国仍然是一个很小的宗教，尽管它在亚洲生根发芽，但在非洲大陆却获得了更广泛的成功。但无可争议的是，特别是在方法方面，殖民宗教的威望是值得效仿的。例如，斯里兰卡的佛教徒、加尔各答和马德拉斯的印度教徒，以及后来南非和印度的穆斯林，都根据自己的目的调整了传教士的通信技术和策略。① 印刷的教义问答、小册子、教科书，以及后来的广播、电视、卫星和互联网都被用来传播佛教**绝食静坐**、印度教**圣典**和穆斯林的**达瓦组织**。其不仅是为了创造一种关于某个宗教的公共话语，而且是为了创造一种在教学、学习、崇拜、奉献、仪式行为、祈祷和联谊中进行的媒体。殖民地人民的反应各有不同，但通常包括借用西方媒体的做法。19 世纪印度的一些具有象征性的例子将显示出应对的范围及其对宗教和感官文化的重要意义。

拉莫汉·罗伊（Rammohun Roy，1772—1833），孟加拉婆罗门的改革者，被许多印度人视为"现代印度之父"，是一位以西方化为基础的有影响力的改革倡导者。② 在政治、宗教和社会改革方面，罗伊以英国为榜样，孜孜不倦地进行宣传，从事报纸工作、创办出版社，在公众范围内开展他的工作。罗伊引起了正统印度教徒的不满，他们对他谴责圣像崇拜的行为提出了强烈的质疑，并对他参加一神崇拜感到不安。③ 他的回答抓住

---

① 参见斯科特和格里菲斯（Scott, J. S. and Griffiths, G.），《混合信息：物质性、文本性、使命》（*Mixed Messages*: *materiality*, *textuality*, *missions*），麦克米伦（Palgrave Macmillan），2005：137—202。

② 罗伊的英语著作很广泛：参见罗伊（Roy, R.），《拉姆莫汉·罗伊的英语作品》（*The English Works of Raja Rammohun Roy*）纽约：AMS 出版社（AMS Press），1978。关于他作为改革者的职业介绍，见海（Hay, S. N.），《现代印度思想中的西方和本土元素：以拉姆莫汉·罗伊为例》（*Western and indigenous elements in modern Indian thought*: *the case of Rammohun Roy*），《改变日本人对现代化的态度》，（*Changing Japanese Attitudes Toward Modernization*），普林斯顿大学出版社（Princeton University Press），1965。有关罗伊职业生涯的最新研究，请参阅克劳福德（Crawford, S. C.），《抗姆莫汉·罗伊：19 世纪印度的社会、政治和宗教改革》（*Ram Mohan Roy*: *social*, *political*, *and religious reform in nineteenth-century India*），纽约：佳belong书屋出版社（Paragon House），1987。

③ 参见罗姆莫亨的简短的小册子，《一个印度人的回答》，（Roy 1978：201—203）。

了神学空间，在那里他能够与西方一神论者一起进行几年的跨文化崇拜和思考："因为在一神论的崇拜场所进行的祈祷、礼拜和布道让我想起了这个非神论宇宙的无限智慧法则，而不是像牧师一样把他归因于其他创造者或者在权力和其他属性上平等的合作者……"此外，因为"一神论者在每一次诡辩的修正下拒绝多神教和偶像崇拜"（1978：201—202）。

罗伊最终决定把他的努力投入到更具本土特色的事物上，并于 1828 年创立了婆罗门·萨玛（Brahmo Samaj），即梵志会。这是一个致力于崇拜明显的一神论和非物质神的社团。它的社团制度在文字上给人一种包容的，但也是打破传统的印象。该协会的宗旨是提供一个公众集会的场所，在这里"任何雕刻的圣像、雕像或雕塑、雕刻、绘画、图片或任何类似的东西都不得进入……（并且在这里）任何种类或事物的献祭、供物和祭品也是不被允许的"（Roy 1978：216）。宗教改革意味着印度教崇拜的感官制度将发生重大转变。梵志会拒绝"在神灵崇拜中"使用圣像或"偶像"的角色，认为与寺庙崇拜相关的节日是令人厌恶的，并主张严格的一神论是印度教的核心。他改革的所有这些特征都把寺庙崇拜的感官权力转移到了更符合英国一神论的哲学和伦理基础上来。英国一神论也对基督教的仪式和神话进行了同样的解构，从耶稣的生活中剥离出其神迹和圣礼，而这也是基督教一直习惯于理解耶稣的意义所在。

但是人们喜欢他们的形象和他们宗教的多感官实践。他们钦佩宗教教义和民族意识的密切联系。梵志会的拉莫汉·罗伊以及一些在本世纪后期来到印度寻找东方智慧的西方人，比如亨利·斯蒂尔·奥尔科特（Henry Steel Olcott）、布拉瓦茨基夫人（Madame Blavatsky）、安妮·贝桑（Annie Besant），他们试图在神智学会教义中寻求东方智慧，却受到瓦米·维韦卡南达（Swami Vivekananda，1863—1902）的批评，瓦米既是印度改革派传统的产物，也是传统大师室利罗摩克里希纳（Sri Ramakrishna）的信徒。他为在正确的敬拜中使用圣像进行辩护，认为伊斯兰教和新教是唯一拒绝使用圣像的主要宗教（Vivekananda 1973：61）。在"那些鼓吹反对圣像崇拜或被他们谴责为圣像崇拜的改革者"（梵志会的拉莫汉·罗伊以及神智学会，包括奥尔科特、布拉瓦茨基和安妮·贝桑）中，维韦卡南达劝我们要宽容："弟兄们，你们若立志要敬拜神而不顾一切外来的帮助，这样做便可以了，但为什么要去谴责那些不能这样做的人呢？"（1973：460）

在拉莫汉尝试用国际的、不分种族的宗教理想消除地区和种族的独特

108

性的情况下，在维韦卡南达对许多改革措施的批判中，宗教的信仰和种族
重新占据了重要位置。自由主义改革者倾向于将非物质化宗教视为一种思
想和道德理想。尽管维韦卡南达不像后来民族主义者或本土主义者的印度
教民族主义的倡导者一样，但他也很希望将印度教扎根于一个民族之中，
并将这个民族的使命与西方政治国家的命运相对照。当他用性别术语表达
时其目的显然是发自内心的。在发表了谴责神智学会和梵志会的言论后，
维韦卡南达向马德拉斯（神智学会之家）的一次集会发起了挑战：

> 我们变得软弱，这是神秘学和神秘论——这些令人毛骨悚然的东
> 西——会来到我们面前的原因；它们可能蕴含着伟大的真理，但它们
> 几乎毁灭了我们。让你的神经保持紧张。我们想要的是钢铁般的肌肉
> 和钢铁般的神经。我们已经哭得够久了。不要再哭了，像个男子汉一
> 样站起来。我们想要的是一种男性主导的宗教。
>
> 维韦卡南达 1973：224

印度的男子气概是这个国家的灵魂，维韦卡南达想把国家从印度教中外国
自由主义批评家之女性化影响下拯救出来。维韦卡南达渴望印度教的统
一，这并不是指从世界宗教信仰中抽象化的普世宗教。他认为，在这种团
结中，印度民族将找到自己的使命和在世界各国中享有的特权地位。

　　然而，以他们自己的方式，即使是西方知识最渊博的东方宗教崇拜者
也可能同意宗教的外观和感观是至关重要的。例如，保罗·卡卢斯（Paul
Carus）在 1894 年出版了一本名为《佛陀的福音》(the Gospel of Buddha)
的佛经选集，为美国人包装了佛教。他把这本诗集整理成一篇讲述事件
和教义的叙述，意在提醒西方读者要注意关注新约福音书。亨利·斯蒂
尔·奥尔科特（Henry Steel Olcott）以威斯敏斯特教义问答集的形式发表
了《佛教教义问答集》(1881 年)，而卡卢斯有一个更吸引人的想法，即使
用《圣经》故事作为呈现一种陌生传统的模型。[①] 在 1915 年出版的第七版
中，卡卢斯邀请了一位艺术家用图片来说故事，这些图片不是亚洲佛陀而
是高加索佛陀的图像。

　　其结果并不是建立一组新的圣像崇拜，而是要构建易于西方读者或观

---

① 关于奥尔科特的一个权威性治疗，请参见普罗瑟罗（Prothero, S.），《白人佛教徒：亨
利·斯蒂尔·奥尔科特的奥德赛》(The White Buddhist: the Asian odyssey of Henry Steel
Olcott)，印第安纳大学出版社（Indiana University Press），1995。

众理解佛教的视觉桥梁。如果奥尔科特和其他人认为圣像是肤浅、幼稚或精神意识的低级形式而不予考虑，那么卡卢斯则承认他们有能力调解遥远的、外来的、异国的传统，实际上是通过现代化和本土化来使其正常化。美国人在《佛陀的福音》的意象和叙事设计中看到的是他们能认出的东西。这些插图不仅宣传了新的宗教，而且改变了许多人可能接触和感受它的方式。根据一位学者的说法，卡卢斯对佛教的研究促使了他的合作者铃木博士（D. T. Suzuki）将佛教美国化（Verhoeven 2004：46）。插图以自己的方式清楚地说明了这一点。书中展示的其中一个场景是为了纪念耶稣的诞生（见图 4.5）。但是这幅图展示了那迦国王的到来，是为了向年轻的释迦牟尼国王乔达摩·悉达多（Siddhartha Gautama）致敬，后者在后来成为了历史上的佛陀。坐在年轻母亲膝上的婴儿不仅以耶稣的形象打动了西方观众，还传达了基督徒对他们新生的救世主的柔情。这个形象触动了许多西方人内心深处的情感。在非基督徒中，这种形象可能会让佛教感觉不那么亚洲化，而更加高加索化。

图 4.5　奥尔加·科佩茨基（Olga Kopetzky）创作的《幼年的乔达摩·悉达多受到那迦国王的致敬》（*Infant Siddhartha Gautama Receiving Veneration from Naga Kings*）。保罗·卡卢斯（Paul Carus）《根据古代文献编纂的佛陀的福音》（*The Gospel of Buddha Compiled from Ancient Records*），拉萨尔：公开法庭［1915 年］1994 年，第 7 页。公开法庭出版公司。

时代精神：新的宗教运动和物质存在

现代社会呈现出一种受文化市场鼓励的新宗教运动模式，这种模式超越了国家支持的宗教的传统权威。当然，新宗教运动的社会现象并不是什么新鲜事。但文化市场中，没有或基本上没有与官方或国家支持的宗教进行压迫性竞争的私营企业，这意味着各教派需要以更敏锐的眼光来塑造自己，以吸引潜在的参与者。在新的宗教市场中，宗教团体的独特习惯使他们与众不同，从而使他们在社会上引人注目。在日益多元化的社会中，团体能够更公开地发表意见和改变宗教信仰，而不是在当局的监视下运作。他们更公开地宣传穿着和敬拜方式、吃什么或不吃什么、说话的方式，甚至为社区聚会而精心打造的建筑和空间。

想想 18、19 或 20 世纪在北美和欧洲蓬勃发展的群体，以及他们标志性的行为和实践。贵格会（Quaker）的女人们以她们的帽子而出名，男人们以帽子和胡须而出名；震教徒（Shakers）独自生活在他们建造的社区里，并用自己生产的物品装饰；米勒派（Millerites）以其千禧年的印刷图和大量印刷的物品而闻名，如文具、信封、报纸和大幅海报，这些物品表明了他们对耶稣即将回归的信念；摩门教徒（Mormons）建造引人注目的圣殿，成群结队地从一个地方搬到另一个地方，不喝含酒精或咖啡因的饮料；基督复临安息日会（Seventh-Day Adventists），教徒忙于饮食和医疗改革。

在任何情况下的任务都是将信仰作为物质的、感官的实践来交流和践行。信仰是一个人做的事情，对它的感观是做某件事和信教的条件。现代性倾向于将宗教（以及其他一切）置于信徒根据其留住成员或吸引新人的能力之增长或减少的消费领域。服饰、食物、建筑和意象是实践社区的物质和感官手段，是属于社区的，共同感受的，在共同实践的形式和装置中感知世界，产生体现群体目的和感觉生活的物质及感官手段。

第五章 哲学与科学中的感官：从感官到感觉

罗伯特・于特

19世纪上半叶，许多哲学家对正统感官的数量观念提出质疑。例如，西班牙的神学家杰米・巴尔姆斯（Jaime Balmes，1810—1848）认为不排除存在除传统的五个感官之外的感官：

> 在哲学家眼中，感觉现象存在于一种特殊情感产生的过程中，这种特殊的情感是由对一个器官的印象所决定的；并且不管这种情感的顺序如何，也不管影响到什么器官，动物的现象本质上是相同的。区别在于情感的种类以及用哪种器官作为媒介。这种现象的本质并没有改变。如果我们通过感觉理解诸如视觉和触觉之类的不同情感顺序，为什么我们不能包括由其他器官引起的其他印象呢，不管这个器官是什么。
>
> 巴尔姆斯 1856，I: 329

探索新感官在自然哲学中获得了强大的动力。弗里德里希・威廉姆・约瑟夫・谢林（Friedrich Wilhelm Schelling，1775—1854）认为，自然哲学（*Naturphilosophie*）不能从理想中推断出现实，相反的是理想源于现实。自然的力量与现象，例如易怒与敏感解释了实现自然理想结构的形式。在他关于感官系统的论文中，谢林将感官与三个维度（磁、电与化学）相联系。他假设有六种而非五种感官，加上了温觉（*Wärmesinn*）。然而，他的计划不仅仅是依据数量而与传统产生不同。例如，他将气味与电力、触觉与磁力联系在一起。而且，感官的顺序以及它们的组合是非常奇特的：感觉和味觉（＝生物的第一感官），嗅觉和视觉（＝生物的第二感官），温觉和听觉（＝生物的第三感官）。谢林还通过将听觉视为"恰当的人性"（*der eigentliche Sinn der Humanität*）强调其重要性，因为只有通过听觉"理性才能够展示自我"。（Schelling［1804］1860：455）

1802 年洛伦兹·奥肯（Lorenz Oken，1779—1851）发表了一本名为《自然哲学体系的基础概论及所产生相应的感官理论》（*Uebersicht des Grundrisses des Sistems der Naturfi losofi e und der damit entstehenden Theorie der Sinne*）的小册子。这是他一系列著作中的第一部作品，这部作品也使他成为德国自然哲学运动的领袖之一。毫无疑问，他提出的感官进化阶梯受到当时社会思潮的影响，即欧洲的"眼睛人（eye-man）"处于顶层，而非洲的"皮肤人（skin-man）"处于底层（Oken 1831：489）。甚至在 19 世纪之前，许多进化论思想都认为触觉是最原始的感官，在其他感官形式以及对环境的反应产生之前原生动物就已经拥有了这种感官。奥肯提出了一套完整的进化方案，在这个方案中他依据特别的器官（包括感官器官）在其内部所占据的主要位置从而将动物王国划分为若干部分；最初等的是蜗牛和蠕虫，在这些动物身上触觉比在较复杂生物身上起着更微妙的感觉（Oken 1847：417ff）。奥肯还将其他感官加入传统方案中，即认同感（*Identitätssinn*），并且他认为这个对生育很重要。

依据埃卡特·谢勒（Eckart Scheerer）的观点，自然哲学或者"感官的宇宙个性化"这一观点（1995：852）的反响也能在格奥尔格·弗里德里希·黑格尔（Georg Friedrich Hegel，1770—1831）的著作中找到：

> 115
> 因此感官以及理论上的过程是：（a）力学领域的感官——重力、凝聚力及其转变以及热能也是如此；（b）（即将到来的）反冲的感官，（1）空气的特殊原理的感官，以及（2）同样意识到了清水混凝土的中性的感官，以及混凝土中性溶解的反冲时刻的感官——嗅觉和味觉。（c）理想的感官同样是双重的，因为作为自我参考的特殊的时刻对理想是必不可少的，它分为两个无关紧要的规定：（1）对于外部而言，理想的感官是作为外在的表现，比如光，更准确的说光在具体的外部世界中是确定的，比如颜色，并且（2）有机体内在表现的感官也和它表达的一样，声音的感官：有两种即视觉和听觉。
>
> 黑格尔 1970：138，§358

因此黑格尔认为不需要建立新的感官："尽管众所周知有五种感官，并且它们之间多多少少有些区别，哲学上的思考需要证明这种理性的必要性，这就证明了我们抓住感官的瞬间是概念的表现时刻。"（Hegel 1977：167，§401）

黑格尔还提出了感官和其他四个因素之间的对应关系。例如，触觉是"力学领域"的感官，因此与地球和火相关。黑格尔将感官与自然相联系，展示了他对自然哲学的熟悉："感官的一般形式是与自然的物理和化学的确定性相关，而自然哲学必须要证明这种必要性。"（Stone 2012：120）

在黑格尔的体系中，无机自然产生了有目的的活动，例如认知，五种感官在其中起到了重要的作用。他认为主体只有通过这五种感官才能感知事物。这是个极为复杂的过程，因为主体不仅能通过一种特殊的感官感知事物，同时也能够通过其他的感官来感知客体。根据黑格尔的思想，感官的直觉（sinnliche Anschauung）包括被感知事物转变（das Empfundene）为外部事物（Hegel 1971：200，§449 Zusatz），也指艺术作为感官直觉之形式的例子。

在亚瑟·叔本华（Arthur Schopenhauer）开创性的作品《作为意志和表象的世界》（The World as Will and Representation）中，他认为世界有两个方面：一个是我们感觉出来的外部方面，另一个是内在的方面，即我们所希望的世界。正如我们只能通过我们自己的五种感官感知客体，叔本华认为感知的主体和被感知的客体不能分隔开来。这对我们感知的方式有所启示：

116

> 因此，只有在对他们所特有的意愿漠不关心的情况下，眼睛这种感官才能够提供这种多样化和精细数据的理解，从而在我们的头脑中建立奇妙的客观世界，这是因果关系在纯粹的时空观念基础上的应用。正是这种具有色彩感官特征的意愿才能确保它们不受影响，当他们的能量加剧了透明度，就像在傍晚的天空，彩绘玻璃中发光一样，使我们很容易地进入纯客观的、无意志的知觉状态，而这种知觉是正如我在第三本书中所展示的，它是审美的主要组成要素之一。
>
> 叔本华 1887：194，凡德纳比（Vandenabeele）2011

叔本华像黑格尔一样，始终坚持认为有五种感官并且使它们与四种因素相适应。"因此对于坚实（地球）的感官是触摸；对流动（液体）的感官是品尝；对于蒸汽的形式，即挥发性（蒸汽、蒸发）的感官是气味；对

有弹性（空气）的感官是听；对无法衡量（火、光）的感官是视觉"。（Schopenhauer 1887：194）

在《附录和补遗》（*Parerga and Paralipomena*）中，叔本华假设我们每个人都有一个"做梦的器官"，他将其定义为是一种直觉感应的能力，而这种能力被证明独立于感官的外部印象。（Schopenhauer 1974：239）叔本华声称做梦的器官通过我们日常的感官即五种感官以及其他在性质上不同的方式进行感知。

与谢林同时代的人相比，德国哲学家约翰·戈特利布·费希特（Johann Gottlieb Fichte，1762—1814）对外部感官的自然哲学思考予以回避。在1800年他说："我并不会将它们（视觉、听觉、味觉、嗅觉和触觉）当作外部感官，我只有在特殊条件下才会想到外部感官。"（Fichte 1800：107）这就意味着没有外部感官，因为不存在外在的感知。根据费希特"你了解你的视觉、感觉等等，并且这是你感知事物的方式"（Fichte 1800：28），没有这种意识，就不可能去感知。

感官的客观化

正是卡尔·马克思（Karl Marx，1818—1883）将唯心主义从感官哲学中分离出来，并且提出对人类的感性进行唯物主义的处理，通过他的"存在"解释人类的"认知"，而不是像之前那样，通过"认知"解释"存在"。黑格尔对感官的概念——就像他的辩证法一样，马克思站在了它的立场上，而不是之前的立场。可以说，人类所拥有的感官从它产生之日起，就需要由其外在事物所构成："不仅仅是五种感官，也包括所谓的精神感官，实际的感官（意志、爱等等），总之，人类的感官，人类自然的感官由客体和人性的本质所形成。"（Marx 1959：46）根据马克思的观点，这个客体"确定并意识到他（人类）的独特性，于是变成了他的客体：也就是说，人类自己变成了这个客体……因此人类在客观的世界中不仅仅有思考的行为，也有他所有的感官"。（Marx 1959：46）因此这些感官不具备本体论的性质，而是受历史变化的影响："这五种感官的形成是直到现在整个历史的产物。"（Marx 1959：46）

马克思把感官的客观性与人类感官的异化联系在一起。私有财产和资本主义的生产方式创造了一种新的感官，马克思将其称为"占有感"。马克思接受路德维希·费尔巴哈（Ludwig Feuerbach，1804—1872）的有关人类感官异化的批评。但是马克思并没有把这种发展归咎于基督教，而是通过私有财产将其发展与人类劳动的异化联系起来，他遵循着摩西·赫斯（Moses Hess）的概念，即金钱对人类本质的异化影响：

> 因此，私有财产的超然存在是所有人类感官和品质的解放，但是这种解放更准确的说是因为这些感官与品质不论从主观还是客观上都已经变成了人类所有。眼睛变成了人类的眼睛，就像它的客体已经变成了社会的客体，人的客体变成了人为其自身制造的客体。因此感官在实践中直接成为理论家。它们为了这件事而把自己与其联系起来，但是这件事本身是一个与人类和人类自身相关的客体。
>
> 马克思 1959：46

马克思的感官缺失的理论也受到了法国乌托邦主义者查尔斯·傅立叶（Charles Fourier，1772—1837）的作品的影响，傅立叶认为现代文明贬低了感官。（Howes 2003：206）

一种"现实的"感官概念

到 19 世纪末 20 世纪初，基于主观主义理论的感官哲学受到许多评论家的批评，他们相同的特征就是要用"现实的"感官概念取代"生理上的唯心主义"。（Scheerer 1995：860f.）"生理唯心主义"的主要支持者是奥地利哲学家恩斯特·马赫（Ernst Mach，1838—1916）。在众多评论者中，列宁（Lenin，1870—1924）提出了唯物主义而不是主观主义的方法："这些观点不在于从物质的运动中获得感观，也不在于把感观简化为物质的运动，而在于认识到感观是运动中物质的一种性质。"（Lenin 1072：47）

根据谢勒（1995：861）的观点必须要区分现实主义的两种力量。有人提出了自然主义的观点，主张"事物存在于我们自身之外"。我们的感知和想法就是它们的形象。通过实际应用，对这些形象进行了验证，并给出了真假区别。（Lenin 1972：110）根据他们表达的对感官的想法，这个概念提出了对感官的分类。另一个观点被称为"批判现实主义"，因为它宣称感官的质量是"外部事物的条件与特性"。（Riehl 1887，II：79）这个观点的主要支持者是阿洛伊斯·黎尔（Alois Riehl，1844—1924），他想要通过对感知批判的观点取代世界观（*Weltanschauung*）或者"宇宙观"（即个人或集体对世界的解释和互动所形成的想法与观点），这两种哲学潮流都没有改变传统意义上的（五种）感官。

在 20 世纪上半叶，关于感官的讨论很大程度上要归功于埃德蒙德·胡塞尔（Edmund Husserl，1859—1938）的现象学方法，他认为感官是现象词的一部分（Druee 1962；Hopp 2008）。胡塞尔还提出了一种动态的感官概念，即将不同的感官结合成一个连贯的统一体。（Patterson，2007）

最后，从 19 世纪末开始，关于感官本质的哲学论断受到感官生理学的影响也就不那么令人惊奇了。

感官生理学的进步

感官生理学的起源可以追溯到 18 世纪，但是其真正的创始人是约翰内斯·穆勒（Johannes Müller，1801—1858）。"感官哲学完全是穆勒从自然中得出的"（Virchow 1858：24），这句话由鲁道夫·魏尔啸（Rudolf Virchow，1821—1902）所说，他大概是 19 世纪下半叶德国最著名的医生。穆勒在搬去柏林之前在波恩（Bonn）教授生理学，为外部感官寻找一个新的、科学上可证实的个性化的基础，他将五种感官快速转变成传播的数量感官模式，可以通过实验研究，而不需要参考社会或自然哲学的背景。

1826 年，穆勒在视觉比较生理学方面发表了具有开拓性的作品，并提出了"特定感官能量定律"，这一定律尽管形式有所改变，但直到 20 世纪科学家们仍旧在讨论当中。它基于这样一种假设：每一种神经（视觉、听觉、嗅觉等）都有自己固有的特定的能量，而这种能量无法进行进一步的定义。穆勒以视觉为例子。不管视神经受到什么样的刺激（电的、化学的、机械的），后者都将会不可避免的产生亮、暗或有颜色的感官。根据这一理论，并不是刺激都能感受到的，只有特定感官才"可感知"。

《生理学原理》（*Elements of Physiolog*）（第 2 卷，1834—1840）这本书一直被认为是关于基础医学学科的著作，穆勒拓展了他的感官生理学理论，并且以十篇论文的形式对其进行了总结。例如，这来自于其中的第 8 篇：

　　　　的确感官神经最初只能感知到自身的状况，或者感觉中枢对感官
　　神经的情况作出反应。然而，这些感觉神经和身体一样能够反映身体
　　的特征，因为它们在空间中延展，容易受到由热或电的脉冲及化学变
　　化的影响；因此，当它们受到外部因素的干扰时，它们会将外部世界
　　的质量与变化告知感觉，并且也会记录它们自身的变化。这些变化将
　　会根据特定感官的特征和感官能量的变化而变化。

穆勒 1926：222

换句话说，每个感官取决于神经的特定状态。引导到感官中心的并不是传
导到外部对感官进行操作的物体，而是各种感官能量。穆勒并没有准确回
答这些特殊感官的特征是什么。例如，目前还不清楚感官能量存在于大脑
的某些部位还是位于脊髓中（第 7 篇论文）。

　　为了理解"特定感官能量定律"在科学上的历史地位，并解释其在
19 世纪后期研究的巨大影响，我们必须记住当穆勒阐述他的论文时还并120
不知道神经纤维仅仅是神经细胞的延伸，而神经细胞本身则会受到短电
波冲的刺激。相反，人类的神经系统被认为是纤维组织，这个组织将会把
刺激从外部感官器官传递到大脑。对特定感官理论的快速接受不仅仅是
因为它符合对现代技术的理解，而且也为类比论证开辟了道路。在《论
音调的感觉》（ On the Sensations of Tone，1863 ）的最后一个版本中，赫尔
曼·冯·亥姆霍兹（Hermann Helmholtz）写道：

　　　　经常将神经比作电线是不合时宜的。这样的导线只能传导一种电
　　流，不能传导其他电流；可能变强也可能变弱，也可以向任何一个方
　　向移动；它们没有质量方面的差别。然而，根据我们提供的不同的设
　　备，我们能够发送电报、铃声、爆炸地雷、分解水、移动磁铁、磁化
　　铁、光等。**神经也是如此**。

亥姆霍兹 2005：149

近代科学史试图将穆勒及亥姆霍兹的个体感官的严格分离与卡尔·马克思
对感官的区别及感官自主性的主张之间建立相似之处。但是马克思作为一
名哲学家，其重点不在于对感官的科学解释的分离和专门化，而在于在资
本主义社会财产关系中感官的异化。

穆勒的特定神经能量理论，由德国生理学家赫尔曼·冯·亥姆霍兹进行修改和发展，后者可能是 19 世纪下半叶德国最重要的生理学家，他基于自己感官生理学研究的基础，很大程度上关注于听觉。例如，亥姆霍兹假设任何水平的声音认知都相对于耳蜗神经特定纤维的刺激。另外一方面，对颜色的感知只要区分三种神经纤维，它们分别传递蓝色、黄色和红色的认知。他进一步区分了已经提到的品质（三种基本的颜色，高低音）以及所谓的模式（例如对光和声音的感知），他认为这之间没有过渡。这种新的感官品质只是混合了原有基本品质的结果。

121 1893 年，感官心理学家奥斯瓦尔德·屈尔佩（Oswald Külpe，1862—1915）将他已知的感官加在一起，得出了 694 种不同的视觉感官和 150 种颜色的视觉色度；11063 种听觉音调，3 种或者 4 种味觉和触觉以及还不确定数量的味觉感官。几乎同一时期，他英国的同事爱德华·蒂奇纳（Edward Titchener，1867—1927）得出了 32820 种颜色和 11600 种声音，据说这些颜色和声音都是在现存的光学和声学的研究基础上，加之相关感官器官的帮助下区分出来的。（Boring 1977：10）

生理学家厄渥德·赫里（Ewald Hering，1834—1918）试图将亥姆霍兹的感知理论与大脑中产生的某些过程相联系。他认为感官、知觉和认知的所有现象都可以通过研究大脑的生理学来解释。根据赫里的说法，大脑细胞会受到感官神经纤维的刺激，"并且易于依赖脑细胞的容量，还频繁地接受从一个感觉器官到另外一个感觉器官的刺激，或者也会受到这个或那个特定感官神经纤维的刺激，它会发展出一种专门针对这些刺激的特性"。（Florey 1995：885）因此感官历程暗示了人类大脑中的特定部位活动的专业性与个性化。在赫里看来，在整个过程中形成的"感官能量"一点也不亚于"我们个人记忆的器官表达"。因此，他主要关注的是大脑功能和感知的相互作用。通过这些实验，赫里为 20 世纪的大脑研究铺平了道路，他的研究利用生理学和心理学的方法探索大脑的感知和认知机制。

新感官的发现

穆勒的感官生理学要求把物理现象从感知现象中分离出来，这就导致注意力从直觉对象转移到知觉的特定形式上。正如社会学家迪特·霍夫曼·阿克斯海姆（Dieter Hoffmann-Axthelm）所强调的，"这意味着从现在开始，外部感知与内部感知的界限并不重要；因为不管刺激来自何处，所有的事情都是来自于内在感觉"。（Hoffmann-Axthelm 1984：49）所以现在发现新感官的方法已经很清楚了。一种特别的感觉即所谓的肌肉感觉，这并不符合早期的计划，但是现在也能重新被定义。

在 19 世纪初，一些生理学家已经开始试图独立证明肌肉感觉的存在。根据穆勒和霍夫曼·阿克斯海姆的生理学感知理论，之后的生理学家试图通过实验验证所谓"肌肉感觉"这种特有的感觉和感知的存在。例如，他们认为主动或被动的感觉以及位置、重量和存在的感觉都与肌肉感觉相关。另一方面，我们更难确定的是哪些感知导致了这种感觉。最常引用的例子是我们对肌肉各种张力所提供的重量或负荷的大小的概念。恩斯特·海因里希·韦伯（Ernst Heinrich Weber，1795—1878）是第一个对肌肉感官做出相对精准描述的人。他的实验表明这种感知能够让人类区分出几乎察觉不到的沉重程度。韦伯检测肌肉感知的方法是用一块布包裹重物，然后用手抓住打结的一端将重物举起。这种方法是为了阻止触觉或者更准确地说是防止压力影响感知。

尽管经过详尽的调查和检测，19 世纪的许多生理学家仍旧否认这种感觉的存在。格拉茨的生理学家亚历山大·罗莱（Alexander Rollet，1834—1903），总结了他们的观点：

> 这种肌肉感知的活动完全类似于皮肤的压迫感或空间感，或由眼睛视网膜所产生的动作。这就是为什么肌肉存在意义，或者至少依赖于肌肉感知都被不同的科学家所否定，这些科学家把这些感觉的一部分或者全部都归因于皮肤的触觉，或者归因于视觉。
>
> 罗莱 1898：234

然而，那些单独接受肌肉感知理论的人指出在肌肉中存在敏感的神经纤维，（Ernst Heinrich Weber and Charles Bell）或者对肌肉感知有特殊的感觉印象（Wilhelm Wundt）。

新的研究方法和技术

沿用其著名同事穆勒的风格，生理学家弗里德里希·蒂德曼（Friedrich

Tiedemann，1781—1861）在 1830 年发表的一篇评论中指出："当采用
实证主义的方法进行生理学研究时，我们首先尝试着将生物的身体以及
他们的特征与我们的感官相联系，并且通过研究这些感官来研究他们的
外观和实际的表现……我们通过肉眼或借助各种仪器进行观察和实验。"
（Rothschuh 1968：229）例如，在对视觉的研究中，检测眼镜是用来观
察眼睛的深度，也是用来检测角膜曲率的，而分光光度计是用来测定单色光
的强度的。所有的这些仪器都是由赫尔曼·冯·亥姆霍兹在 19 世纪中叶
创造的，这些仪器帮助他进行生理光学和颜色感知方面的实验。

其他的研究和计量方法在 19 世纪逐渐发展和完善。1835 年，不来梅
港市（Bremen）的医生兼生物学家的莱因霍尔·德特里维纳斯（Gottfried
Reinhold Treviranus，1776—1837）发表了他对视网膜的微观调查结果。
这标志着科学和医学史上一个新的研究领域即"微生物学"的开始。
（Schikore 1999：139）在 1834 年，德特里维纳斯的著名的且被广泛引用
的音叉实验给了韦伯一个想法即声音是通过头骨传导到内耳，并被耳蜗接
收，尽管声波是通过空气传到前庭或者是内耳骨迷路的多肉部分。这种反
应催生了在今天仍在使用的检测听力障碍的测试。厄渥德·赫里（Ewald
Hering）发明了一个所谓的用来测量触觉的触觉计。它包括 12 根圆柱
杆，其中只有一根是光滑的，其余的粗糙度不同（从 0.11 微米到 1.0 微
米不等）。实验对象要求指出哪根杆子触摸起来仍旧粗糙。荷兰人昂德里
克·兹瓦德马格（Hendrik Zwaardemaker，1875—1930）发明了嗅觉计，
用来校准各种有味道的物质的感觉阈值。这个简单的装置由两个长度不同
的管子组成，并且它们之间可以相互推动。推动外面的管子前进会露出另
外一个管子的表面，而这个表面带有一种气味。利用这种方法可以很容易
确定一个人的嗅觉是否敏锐。在关于味觉的生理学研究中，以质量优先的
味觉计在很早的阶段就与以数量优先的味觉计相结合。

著名的心理物理学家哥斯塔夫·费希纳（Gustav Fechner，1801—
1887）将一个概念引入感官生理学中，这个在当时新的测量技术的背景下
变得十分重要。通过"刺激阈值"，费希纳指的是刺激产生感官所必须的
强度仍旧是可以感知的。以他命名的方程式表明感官的强度与刺激强度的
对数在成比例增加。费希纳发现光感知的强度与物理刺激的增强是不成正
比的。"差异阈值"是费希纳关于刺激最小差异的术语，它仍能够让感官
强度的差异变得明显。费希纳的方程很快被写入教科书中。在 1878 年出

版的有关心理物理学的导论中指出："为了通过实验确定差异阈值的价值，我们首先可以用一种所谓的可注意到的差异的方式，这种方式的使用和验证程序似乎不需要从数学方面获得进一步的帮助。"（Müller 1878：10）基于费希纳的研究，证明了感官知觉是由一系列不同强度的量级组成，并且这些量级可以测量，所以人类感官在很大程度上是可计算的。

视觉生理学

　　19世纪许多感官生理学领域的革命性的发现都源自视觉感官的调查研究。穆勒提出的视觉理论由亥姆霍兹推广发展，在此背景下，因为很大程度上归因于这个理论即视觉感官不再被视为知识的一种特权形式，而是成为一个非常正常的实验科学探究的对象。

　　如前所述，这个新方法的基本大纲已经在穆勒的著作中提及了。他是

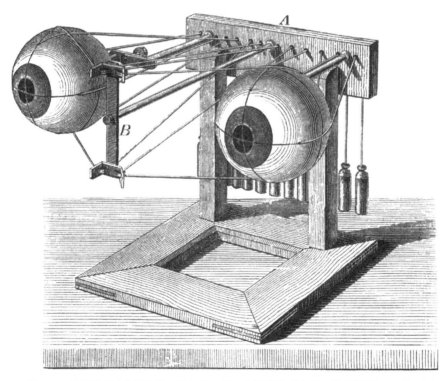

图 5.1　研究眼球运动的仪器。赫尔曼·冯·亥姆霍兹《生理光学手册》（*Handbuch der physiologischen Optik*），莱比锡：沃斯，1866。 125

第一个支持这种具有开创性观点的人，这种观点能够通过实验加以说明："当我们看到东西的时候，我们正在体验视网膜的状态，除此之外，视网膜本身可以说是视觉屏障本身；在休息的时候很暗，而兴奋的时候则很亮。"（Lenoir 1998：104）穆勒认为是有可能通过假设"大脑在某种程度上对神经末梢产生持续的影响即感官神经仅仅是感官器官的过程"来解释思想、大脑和视网膜之间未经研究的合作。（Lenoir 1998：105）后者使他受到了来自亥姆霍兹对"先天论"的谴责，这就意味着穆勒同意这样一种观点即某些思考、行为和感觉的方式是先天的。与穆勒形成鲜明的对比，并且利用自己在眼科方面的研究，亥姆霍兹坚持认为由穆勒所观察到的视网膜的相应位置之间的关系并不是天生的，而是需要学习的，因此容易受到变更和改变。

这种强调经验主义的视觉理论的核心是感官感知的符号学特征，亥姆霍兹在他的《生理光学手册》中阐述了这一原则："我们对物体的看法只能是符号，我们自然而然地学会了用这些符号来调节行为和动作。如果我们学会了正确解读这些符号，我们将能够在它们的帮助下组织我们的行为，使它们符合我们的期望。换句话说，任何感官过程都会如预期那样发生。"（Helmholtz 2000，II：103）这个感官符号学理论在亥姆霍兹的一生中都是一个备受争议的话题，尽管在 19 世纪进一步的研究中证明其在视觉生理学方面是卓有成效的。

亥姆霍兹也是所谓三色视觉理论的共同创始人。他的第一本关于色彩感知的著作出版于 1852 年。这里他又回到了托马斯·杨（Thomas Young，1773—1829）的光谱中红色、绿色和紫色三种基本颜色的观念中，并且将这个理论扩展成三色理论。这个理论认为根据他们混合的方式，上述提及的三种颜色足以产生光谱中的每个颜色。对先天性色盲和所谓的二色性色盲（两色视觉）的研究似乎证明这个三色理论。另一方面，厄渥德·赫里（Ewald Hering）则坚持他自己的"相反的颜色理论"，这个理论认为颜色感知可以分成三对结构成对比的颜色（红 / 绿，黄 / 蓝，白 / 黑）。直到 20 世纪，这两种颜色理论都一直受到争论。（Turner 1994）柏林的神经生理学家奥托·约阿希姆（Otto-Joachim Grüsser，1995 年去世）写道："回顾历史，值得注意的是 19 世纪下半叶的这两个伟大的对手在颜色感知生理学的一个分支中被证明是正确的。"（Grüsser 1996：147）今天我们知道区分颜色也会涉及大脑机制，直到 20 世纪的后 30 年这些机制才成为神经生理学研究的一个重要课题。

听觉生理学

在 18 世纪对听觉器官偶尔会有一些生理学实验，但实验的真正突破发生在 19 世纪上半叶。现代生理学方法的发起者之一是弗朗西斯·马让迪（François Magendie，1783—1855），他是巴黎法兰西学院的教授。马让迪的实验表明外耳道的皮肤特别敏感。他还指出，尖锐的声音会使耳朵疼痛，并将老年人听力的衰退描述为耳蜗神经敏感性退化的结果。

与马让迪同时代的德国著名的医生和诗人杰斯丁尼斯·肯纳（Justinus Kerner，1786—1862），在他图宾根（Tübingen）的老师约翰·海因里希·费迪南德·冯·奥滕里斯（Johann Heinrich Ferdinand von Autenrieth）的监督下，（这个老师本人也是一本著名的人体生理学教科书的作者）（1802），写了一篇关于动物听觉的医学论文，引起广泛讨论。他的同学卡尔·奥古斯特·冯·恩瑟（Karl August Varnhagen von Ense，1785—1858）描述了肯纳的动物感官生理实验如下："肯纳选择了听觉作为他的论文主题，这使他参与了一些新的动物的实验，实验很熟练并且也具有创意，他也尽自己最大的努力避免对动物的伤害。"（Grüsser 1987：69）鉴于 = 现代关于动物实验必要性的争论，肯纳的许多活体解剖实验（例如切除猫的外耳）会让我们充满疑惑。但是必须承认它们具有某种独创性。这同样适用于肯纳发现动物对音高和音调色彩都有反应的实验，而且发现它们的定向听觉因物种而异。

听觉器官的心理学也要归因于穆勒的许多新发现。他对鼓室传导的声音研究是一项重大进展。有一项是他在自己身上做实验时发现的，即如果鼓膜受到鼓室中空气稀薄或空气压缩的极端压力，那么听力就会减弱。

恩斯特·海因里希·韦伯关于内耳功能的研究取得了进一步进展。韦伯没有用动物做实验，而是以声学物理学为基础。韦伯的测验很出名。在这里，实验对象用手紧紧地捂住耳朵。这时他自己的声音比耳朵通畅时大得多。如果只捂住一只耳朵，通过那只耳朵发出的声音要比通过敞开的耳朵发出的声音大得多。在另一篇论文中已经提到的音叉实验也产生了同样的效果。韦伯实际上从早期就确信音叉在听觉缺陷的诊断中起着重要作用。

19 世纪上半叶，人们首次尝试精确测量听力的敏锐度。许多测试装置得以发展，最终怀表作为标准的测听计出现。最广为人知的是现在完全被遗忘的维也纳医生弗朗西斯科·波兰斯基（Franciscus Polansky）所使用的方法。它由一个带有滑动表的杆状装置组成。杆上有一个标记，正常听力的人双耳闭合，杆的末端保持在他的牙齿之间，这就表示他能听到手表滴答的声音。任何偏离该标准的行为都被用来衡量听力下降的程度。据著名的维也纳耳科专家兼耳科史作者亚当·波利泽（Adam Politzer，1835—1920）所说："人们也可以通过大声地说出句子来确定病人的听力是否敏锐。"（Politzer 1967，I：425）波利泽还发明了一种以他名字命名的听力计，至今仍在使用。有了这个装置，敲击一个钢瓶就产生了有节奏的音调，在这个距离上，标准音调仍然可以被听到，以此作为衡量听力敏锐度的尺

128 度。从 19 世纪 50 年代开始，使用耳镜来检查耳道和耳膜。最初的光源是日光，但人工照明（煤气灯和电灯）在 19 世纪末越来越多地被使用。

亥姆霍兹的开创性研究并不局限于生理学领域。他用 7 年写了一本名为《音调的生理基础》(*on the Senations of Tone as a Physiological Basis for the Theory of Music*)（1863 年）的书，成为现代声学的标准教科书。其出发点是他在哥尼斯堡开始的关于神经冲动速度的实验研究。他证明这个速度是一个由物理条件（如温度）决定的变量。

129 他在海德堡完成的物理实验导致了物理学家乔治·西蒙·欧姆（Georg Simon Ohm，1789—1854）对迄今为止未受到挑战的声学定律进行修改，该定律指出，人的耳朵只能接收简单的谐波振动。亥姆霍兹表明几乎所有乐器产生的音调在本质上都是合成的，而且泛音的精确组合是音调色彩的决定性因素。到目前为止，人们还没有怀疑有不能立即听到的泛音的存在。亥姆霍兹还发现具有相同振荡周期的音符相互干扰所产生的浮动节奏是音乐音效的基本要素。他的研究还使他形成了一种听觉共振理论，这种理论在几十年内基本没有改变。此外，他还通过实验证明，元音的泛音是随着口腔的位置而变化的。

物理学家恩斯特·马赫（Ernst Mach，1838—1916）的著作在 19 世纪下半叶出现的众多关于听觉生理学的研究中占据了一个特殊的位置。马赫发现，耳蜗旁边的半规管是感知旋转运动的感觉器官。早在亥姆霍兹之

图 5.2　用来观察声音的振动显微镜。赫尔曼·冯·亥姆霍兹《音调的生理基础》由亚历山大·埃利斯（Alexander Ellis）翻译，伦敦：朗曼出版社，1885。

前，维也纳耳科专家亚当·波利泽就在 1861 年发现了听觉小骨在传递声音时振动。根据他自己的生动描述，他是通过"暴露人类听觉器官的砧锤关节，还将玻璃丝粘在锤骨头上，然后将锤骨头的振动记录在一张覆盖着一层煤灰的纸上"来做到这一点的。（Politzer 1967，II：45）我们还应该提到对听力衰退的研究（例如通过连续的高音调的口哨声）和对所谓的"后感觉"的研究，费希纳将其描述为已经消逝的声音印象的"纪念品"。最后，亥姆霍兹的一些学生进行了动物实验，研究长时间持续暴露在噪声当中对听力造成的损害，这对当时仍然非常新的专门医学学科具有重大的现实意义。

嗅觉生理学

与视觉和听觉的研究相比，18、19 世纪的生理学家对嗅觉缺乏关注。19 世纪，瑞典医生兼植物学家卡尔·冯·林奈（Carl von Linne，1707—1781）将气味分为七种不同的类型（芳香的、有香味的、芬芳的、类似大蒜的、发臭的、令人厌恶的和令人作呕的）仍在讨论中。关于嗅觉的第一部综合性著作出自 1821 年的巴黎解剖学家希波吕忒·克洛奎特（Hippolyte Cloquet，1784—1840）之手。从解剖学和生理学的基础上，克洛奎特在其作品中用了 500 多页来研究气味的性质和分类，以及嗅觉神经和嗅觉条件。例如，关于嗅觉的位置，他写道："从此以后，我们就不再进行猜测。我们可以说，作为一般原则，在人类和大多数脊椎动物中，鼻孔和黏膜确实是嗅觉的所在之处，并且它们为实践这种特定感官力量而运作。"（Cloquet 1820：79）

从克洛奎特对嗅觉神经极其模糊的评论中可以清楚地看出，当时人们对嗅觉生理学知之甚少："黏膜神经表现为两种类型；有些是用来闻东西的，这些是嗅觉神经的分支，或者是第一对，而另一些则负责保存皮肤中的气味。"（Cloquet 1820：173）嗅觉黏膜（嗅觉区域）与普通鼻黏膜的分离直到 19 世纪 50 年代才被实验检测出来，当时出现了几项研究（Seifert 1969：309），其中一篇文章的题目是《被处决男性的视网膜神经节和嗅觉上皮研究》（*Untersuchung des Retinazapfens und des Riechhautepithels bei einem Hingerichteten*），它揭示了实验材料的使用，这在当今被认为是伦理上的制高点。

嗅觉神经纤维与黏膜上皮感知细胞之间的关系长期以来一直是一个有争议的问题，直到后来才在组织学上逐渐明了。马克思·舒尔茨（Max Schultze，1825—1874）在 1856 年发现并描述了嗅觉细胞的微小感知，这种细胞的结构现在已经被现代电子显微镜观察到。

因此，直到 19 世纪下半叶，嗅觉生理学才有了很大的进展。生理学教科书中有关嗅觉的页数开始增加。在鲁道夫·瓦格纳（Rudolf Wagner）1844 年出版的《简明生理学词典》（*Handworterbuch der Physiology*）中，这一观点被删掉了 11 页，而且其中还引用了鲁迪马尔·赫尔曼（Ludimar Hermann，1838—1914）在 1880 年出版的生理学词典中的 62 页内容。1863

年，舒尔茨首次描述了鼻腔黏膜中的嗅觉感受器官。

图 **5.3** 古斯塔夫·耶格尔（**Gustav Jäger**），穿着羊毛套装，旨在抵御污染的气味。 131
古斯塔夫·耶格尔，《灵魂的发现》（*Entdeckung der Seele*），莱比锡：甘特出版社（**E. Günters Verlag**），**1884**。

1886 年，埃米尔·阿伦森（Emil Aronsohn，1863—?）发表了他 132
对嗅觉生理学的实验研究，其中他研究了嗅觉的习惯作用。直到昂德里克·兹瓦德马格（Hendrik Zwaardemaker）在 1884 年发明嗅觉计，这个领域的研究才得到发展。用了兹瓦德马格的嗅觉计，终于可以测量嗅觉的敏锐程度了。他的新方法使费希纳的灵敏度阈值比例增加定律能够应用于嗅觉。

使用鼻镜检查鼻孔的诊断始于约瑟夫·切尔马克（Joseph Czermak，

1825—1872）。切尔马克在 1858 年著名的《维也纳医学周刊》(*Wiener Medizinische Wochenschrift*) 上发表的一篇文章中介绍了这种新方法。这个仪器由一根双管组成，它可以同时使舌头保持扁平。19 世纪 60 年代以后，医生们也越来越多地使用漏斗形的镜子来检查鼻咽。19 世纪后半叶，所谓的"心理测时法"在威廉·冯特（Wilhelm Wundt，1832—1920）创立的生理心理学学科中发挥了作用。生物学家古斯塔夫·雅格（Gustav Jäger，1832—1917）——或是"灵魂嗅探器"（Weinreich 1993），正如他的批评者所知道的那样，相信它的方法也应该被用来研究嗅觉。在一个高级计时器的帮助下，雅格研究了很多气味对神经系统的影响，雅格的神经分析，用他自己的话说，是这样进行的："我在吸入气味前后连续两次测量，然后取平均值并进行比较。如果第二个数字比第一个数字低，说明我的神经兴奋性由于吸入而上升；如果第二个平均值更大，那就意味着我的兴奋性降低了。"（Kaufmann 1984：31）他对自己和小白鼠进行了足够的实验，结论似乎毫无疑问："影响嗅觉的短暂物质会加速时间，或者换句话说是增加兴奋感，另一方面，不愉悦的情绪会对感情产生阻碍和压抑。"（Kaufmann 1984：31）

　　虽然在 19 世纪的后半时期的科学界存在着很大的争议，但雅格的嗅觉理论却为整个世界所熟知，因为它为一种以身体除臭为导向的卫生学提供了基础。

味觉生理学

133　　在 18 世纪末 19 世纪初的生理学手册中，味觉或多或少被当作嗅觉一样敷衍了事。亚里士多德（Aristotle）区分了七种不同的味道（甜、酸、咸、苦、辣、浓、涩）。1751 年，卡尔·冯·林奈（Karl von Linné）和阿尔布雷特·冯·哈勒（Albrecht von Haller，1708—1777）分别发现了 11 种和 12 种不同的口味。然而，在 19 世纪上半叶，这个数字有时急剧下降。具有实验思维的生理学家最初只承认两种口味：甜味和苦味。因斯布鲁克（Innsbruck）的生理学家马克西米利安·冯·文施高（Maximilian von Vintschgau，1832—1902），在自己研究的基础上，并为赫尔曼关于味觉的书《生理学手册》(*Handbuch der Physiologie*)(*Manual of Physiology* 1880）写了条目，得出结论：只有四种基本的味觉，即甜、咸、苦和酸。

20 多年后，这 4 分制被普遍接受。直到 20 世纪生物化学家才证明第 5 种味觉变体的存在：鲜味。

在那些日子里，味觉通常是用糖浆、奎宁、一种普通盐的浓缩溶液和极稀的盐酸或乙酸来测试。1825 年，威廉·霍恩（Wilhelm Horn，1803—1871）发表了一本关于味觉生理学的早期著作，让我们得以一窥 19 世纪早期科学家所遵循的已经非常系统化的程序：

> 我用刷子蘸上液体物质或晶体，早上起床后，冲刷完我的口腔，喝了一杯水，我把它涂在镜子前的我的舌头几个乳头状突起上。我可能比其他人更容易做到这一点，因为我舌头中间有很多乳头状突起，它们和其他的是分开的。然后我涂上软腭和口腔的其他部分，接着写下实验的题目。在把这种物质涂在另一种乳头状突起之前，我用水漱口……我和公正的朋友们重复了这个实验，我们得到了同样的结果。
>
> 霍恩 1825：83

定性检测通常被认为是足够的，但用定量方法测试味道（味觉）后来也被引入。

我们之前提到过的柏林生理学家约翰内斯·穆勒，他主要对味觉神经感兴趣，并且知道霍恩对乳头状突起的不同敏感度的实验演示。和他之前的阿尔布雷特·冯·哈勒和查尔斯·贝尔（Charles Bell，1844—1916）一样，他得出结论即舌头上这些乳头状的小疣状物实际上是味觉器官。直到 1867 年，马克思·舒尔茨的学生古斯塔夫·施瓦尔贝（Gustav Schwalbe，1844—1916）和瑞典人奥托·克里斯蒂安·洛温（Otto Christian Lovén，1835—1904）发现了味蕾，但它们的确切数量在相当长一段时间内仍是个谜。直到 1906 年，解剖学家弗里德里希·海德里希（Friedrich Heiderich，1878—1940）才证明，一个乳突最多含有 508 个味蕾，而最小的只有 33 个味蕾。1892 年，生理学家路易斯·肖尔（Lewis E. Shore）证明，舌头对味道的敏感度不仅在某些区域要高于其他区域，而且还会随着感知质量的变化而变化。

134

触觉生理学

第一个对触觉进行系统实验研究的生理学家是恩斯特·海因里希·韦伯，之前已经提及过。他对这个课题的兴趣纯粹是实用主义的："对触觉以及皮肤和肌肉的共同感官的精确研究是特别有趣的，因为没有任何其他感官能提供如此多的实验和测量机会，且不给我们自己带来风险。"（Weber 1905：1）韦伯从一开始就意识到这一领域实验工作的困难，在早期阶段就意识到"纯粹的感官并不能告诉我们产生感官的神经在哪里受到刺激"，以及"所有的感官最初只是刺激我们意识的条件。尽管这些刺激可能在质量和程度上有所不同，但它们并不能使我们立即意识到空间关系"。（Weber 1905：10f）

韦伯开始他的实验时，对皮肤精细的结构了解还很粗略。虽然已经认识到皮下神经纤维末梢的大片状小体（帕西尼小体）对感知振动的至关重要，但它们作为受体的功能仍存在争议。所以韦伯继续认为皮肤的热感和压力感是一回事也就不足为奇了。直到 19 世纪 80 年代，瑞典的马格努斯·哥斯塔夫·布里克斯（Magnus Gustaf Blix，1849—1904）和德国的阿尔弗雷德·戈德施耐德（Alfred Goldschneider，1858—1935）才通过电刺激皮肤的微小区域，证明了皮肤的感受包含温度和压力点。

"感觉圈"是韦伯对皮肤高度敏感区域的术语。他认为它们的解剖学基础是皮肤神经，并将一根特殊的神经分配给一个或多个圈。他还注意到，当他把一对圆规的针尖放在皮肤上时，在一定的距离之外，这些刺痛不能作为两种不同的感官来体验。这标志着一种现象的发现，这种现象在 19 世纪末被马克斯·冯·弗雷（Max von Frey，1852—1932）描述为"皮肤空间阈值"，他是莱比锡著名实验生理学家卡尔·路德维格（Carl Ludwig，1816—1894）的学生。直到 20 世纪 60 年代，生理学家还在使用韦伯的圆规来测量手的不同部位的敏感度。

我们已经提到韦伯对压力感的开创性探索，这创造了以他的名字命名的"最小可觉差"定律（韦伯定律）。正如我们所看到的，韦伯拒绝了一种特殊的表皮温度传感器的想法，但这并没有阻止他寻找对冷热更敏感的区域。所谓疼痛感，也可以局限于皮肤，其作用相对较小，因为他把疼痛和"常识"结合在一起，后者是不可能在科学上获得准确的信息。

　　韦伯在皮肤感官生理学方面的成就得到了许多医学和科学历史学家的认可（Bueck-Rich，1970）。他著名的论著《触感与常识》（*Der Tastsinn und das Gemeingefühl*）（*The Sense of Touch and the Common Sense*，1846）不仅包括皮肤生理学领域的重要研究成果，而且对一般的感观生理学也有促进作用。"刺激阈值""温觉""同步空间阈值"等术语，要么是韦伯首先创造的，要么是以他的实验命名的，这些术语在如今的生理学研究中仍然使用。

　　19世纪末，韦伯的皮肤感官理论中有很多问题没有得到解答或者根本没有考虑到。这些问题最终由维尔茨堡（Würzburg）生理学家马克斯·冯·弗雷给出了答案，我们之前已经提到过他了。1894年，他证明了痛点的存在。接着，他在压力感官之外增加了第四种感觉：温暖和寒冷。一年后，他发现这四种感官或模式都有自己的器官。例如，所谓的"克劳塞德科尔本"（即克劳塞氏球状小体，Krause's corpuscles）负责寒冷的感觉。这是一种敏感的感受器，由一个圆形或椭圆形的小体和内置的神经线组成，位于表皮。

　　在他的实验中，弗雷构造了一个简单的装置，使他能够对皮肤施加微小的刺激。它由一系列不同硬度的刷子组成，这些刷子被固定在带有密封蜡的可移动棒上。这种仪器在生理学研究中被普遍称为"弗雷刷（Frey Brush）"，用于定位痛点并确定其阈值。19世纪80年代，切萨雷·隆布罗索（Cesare Lombroso，1836—1909）在未经同意的情况下对男女囚犯进行的实验表明，这种疼痛测量仪器如何应用于非人道和科学上存有质疑的调查上。隆布罗索写道："罪犯对文身这样痛苦而危险的手术的偏好使我得出结论，像许多疯子一样，罪犯对身体疼痛的敏感度比普通人低。"（Becker 1998：473）这位意大利精神病学家兼犯罪学家试图通过一系列的生理实验来证实这一理论，该理论认为职业罪犯的身体敏感度较低。为了测试实验所用豚鼠的反射反应，他将针头插入豚鼠体内，并对它们进行电击，肯定给它们留下的不仅仅是不愉快的感觉。

　　19世纪的实验感官生理学的特点是根据感官形态来定义感官。与早期相比，现在已不再是将个体感官列举出来和分类，而是各种各样的感官知觉。将触觉重新解释为一种由许多不连续的感觉（压力、热、冷和疼痛）组成的皮肤感官，可以被认为是典型的。19世纪主要的感官生理学家所开发的方法和仪器产生的结果至今仍然有效，尽管它们与传统的感官概念很难相容，并促进了感官的分离。

致　谢

本章的部分内容已在罗伯特·朱特（Robert Jütte）的《感官史：从古代到网络空间》（*A History of the Senses：From Antiquity to Cyberspace*）一书中发表，这本书由德国人詹姆斯·林恩（James Lynn）翻译，由英国剑桥政治出版社和马萨诸塞州的马尔登出版社出版，版权所有是罗伯特·朱特，经由出版商的许可。

第六章 医学上的感官：
视觉、听觉以及嗅觉疾病

大卫·巴尔内斯

19世纪初，西方医学发生了一场感官的革命，开启了一个激进的感官经验主义时代。传统权威及其详尽的理论体系不再可信。只有病人身体上的直接感受，才能产生可靠的医学知识。一个世纪后，医学创新的前沿正从对身体的直接观察转向通过机械仪器对身体现象进行测量并用图形表示。本章追溯了医学在认识论方面的轨迹以及与之相伴而行的公共健康卫生的发展，在这一发展的过程中，专家和非专业人士同样依靠他们的感官（特别是嗅觉）来表示城市环境中危害健康的存在及程度，即使他们最终是在实验室才寻求到对这些危险的确认和解释。

"打开几具尸体"：比沙（Bichat）医生和病例解剖学

1800年，西方医学面临的最大挑战是如何观察身体内部。在过去的几个世纪里，解剖尸体使解剖学发展成为医学研究的一个分支，但直到1800年，尸体的静态结构才提供了人体的健康和疾病的动态过程。关键的突破发生在巴黎，在那里，革命后的剧变和以医院为基础的医生教授（和他们的学生）的广泛联系，使临床研究能够以前所未有的规模进行。数千名患者的尸体在患病期间和死亡后都可以进行调查。这个结果就来自著名的巴黎临床学院（Ackerknecht，1967）。

帕多瓦大学（University of Padua）的乔瓦尼·巴蒂斯塔·莫干尼（Giovanni Battista Morgagni）在1761年提出，疾病在体内有"席位"，尸体解剖时某些可见的病变组织与患者在患病期间经历的病理过程相对应

图 6.1　微观视角：19 世纪末细菌学家罗伯特·科赫（Robert Koch）在他的实验室里
工作。保罗·德·克鲁伊夫（Paul de Kruif），《微生物猎人传》(*Mikrobenjäger*)，苏黎世：
奥雷尔·费斯利（Orell Füssli），1927。

（Morgagni 1769；Nicolson 1993a；Reiser 1993a）。在泽维尔·比沙（Xavier Bichat）的带领下，巴黎的临床医生们把莫干尼的论文变成了一个成熟的研究项目，并最终创建了一个新的医学专业：病理解剖学。他看到**身体内**疾病的真实本质时所感到的兴奋，甚至在传统的学术医学枯燥的文章中也炫耀着说："一大群受人尊敬的医生的推理是如何微不足道。"他大声说道："这些检验不在书中，而是在尸体上！……如果你不知道疾病在哪里，观察有什么用？ 20 年来，你一直在床边对心脏、肺和胃部的疾病做了记录，所有这些都只是一种混乱的症状，这些症状与其他任何疾病都无关，只会给你带来一系列不连贯的现象。"答案很简单："打开几具尸体，你立即就能驱散仅凭观察而无法驱散的黑暗。"[①] 据说，仅在 1801 年至 1802 年的冬天，比沙就解剖了 600 具尸体。第二年夏天，30 岁的他去世了（Ackerknecht 1967；Bichat 1801, 1：xcviii—xcix）。他的同事们继续宣扬尸检的好处，以及病变与症状的相关性，来自不同国家的他们的学生把这种"解剖-临床综合"带回自己的国家。病理解剖学蓬勃发展，使死板的教师使用它作为一个窗口进入活体（Maulitz 1987；Risse 1997）。

自 17 世纪以来，显微镜就一直存在，但在 1830 年左右光学设备质量的改善产生了持续清晰的图像之前，它在医学上几乎没有什么用处。从那之后，从活体组织和体液中检测病理变化的迹象，医生可以根据结果采取行动，而不必等到病人死亡。根据鲁道夫·魏尔啸（Rudolf Virchow）在 19 世纪 50 年代和 60 年代的开创性工作中，通过加强医生的观察，显微镜还将病理学本身的位置从器官（莫干尼）、组织和细胞膜（比沙）转移到了细胞层面，而细胞才是疾病发生的真正源头。通过这样做，它使医生在解释疾病时拥有了特殊性和差异性，也使他们能够区分疾病过程，这些过程可能在肉眼看来很相似，但需要不同的治疗方案或预测不同的结果（LaBerge 1994；Maulitz 1987，1993）。

140

雷奈克（Laënnec）的喜悦：感官经验主义的典范

在 1816 年值得纪念的一天，巴黎内克尔医院的何内·雷奈克（Rene Laennec）检查了一位有心脏病症状的肥胖年轻女性。通常，他的诊断过

---

① 所有的翻译都是我自己的，除非另有说明。

程包括以下几个步骤：用手感觉心跳；叩诊或轻拍胸部，听由此产生的声音；并将他的耳朵直接贴着病人的胸部，从而使他能够同时听到和感觉到心跳。这些技术都提供了有用的信息，但也都有严重的局限性。这位病人尤其让雷奈克感到困惑：心脏和皮肤之间厚厚的一层脂肪使得前两个步骤毫无用处，而她的年龄和性别使得第三个步骤无法使用。当医生回忆起他在看孩子们玩耍时注意到的一些事情时，他的灵感就被激发了：在管子的一端制造钉子划过的微弱声音，而在另一端却可以清楚响亮地听到这个声音。雷奈克迅速卷起一捆纸，一头放在病人的胸前，另一头贴着他的耳朵。这就是第一台听诊器（Voilà）。雷奈克听到年轻病人心跳的热情，与他的导师比沙对验尸的热情如出一辙："我很惊讶又满意，因为我听到的心跳比直接用耳朵更清楚、更清晰。"他立刻明白了其中的含义：不仅仅是心跳，胸腔的所有表象现在都可以向医生说明它们的性质和紊乱（Laennec 1819，1：4—8）。

141　　雷奈克是第一个承认自己欠前辈们很多债的人，尤其是维也纳医生利奥波德·奥恩布鲁格（Leopold Auenbrugger），他在50年前就开创了叩诊技术。但是叩诊和直接听——诊断和听诊——都需要亲密的接触，这让医生和病人都感到不安。听诊器在放大声音的同时消除了这个障碍，雷奈克的创新激发了人们广泛的热情。小心地触摸和专心地听，这两种方法打开了胸腔，以便仔细和训练有素的医生进行调查。心音的性质和节奏，胸膜和心包液的容积和流出量，呼吸和声音的变化，肺部的咯咯声——所有这些现在都可以详细诊断。事实上，雷奈克被迫发明了一系列词汇"罗音""颤抖""杂音""胸语音""支气管音""羊鸣音""鼾音"，来描述与各种疾病状态相关的声音（Ackerknecht 1967；Duffin 1998；Jacyna 2006：42—45；Laënnec 1819；Nicolson 1993b：139—140；Reiser 1993a：828—832）。

　　雷奈克的英语翻译称赞这位法国人"打开了一扇窗户，通过它我们可以看到胸腔里面事物的状态"（Jacyna 2006：42—43）。隐喻的选择传达了当时视觉在感官的首要地位，但医生从未忽视听觉和触觉的价值，尤其是在诊断中。听诊器催化了19世纪医学实践中一种新医疗实践的发展：常规的、系统的、身体检查。到了20世纪早期，它包括了各种各样的仪器和机器，但最基本的形式是包括了脉诊、触诊、叩诊和听诊。视觉上评估病人一直很重要，现在也依然如此，但触觉和叩诊现在可以告诉医生疾病

的根源在哪里。听病人的话可以告诉一个主观的事实即病史和症状，这是
以前所有医学的基础——但是现在没有感觉、视觉、听到的疾病的症状重
要：如小结、杂音、咯咯声和病变。医生的接触总是带着一种潜在的不得
体的意味，但它逐渐成为一种不可或缺的科学知识的收集手段（Nicolson
1993a：818—819；Porter 1993；Reiser 1993a：832—833）。

　　特别有两个例子说明了 19 世纪早期的解剖学所带来的令人兴奋的可
能性——临床综合为内科医生们的展现。 首先是肺结核的诊断（当时被
称为"肺结核"或"肺痨"）。许多疾病引起咳嗽、咳痰和发烧。雷奈克注
意到一部分有这些症状的病人表现出他所说的"胸音"，这是一种用听诊
器听诊时声音似乎直接从胸腔的某个特定位置发出的现象。在尸检中，雷
奈克发现每一个患有肺结核的病人肺部都有严重的病变：

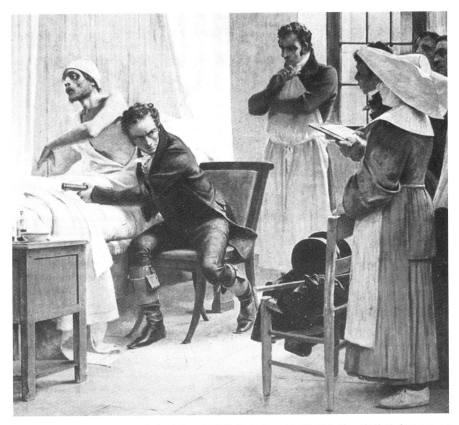

图 6.2　医学听诊：雷奈克听诊一名肺结核患者，由西奥博尔德·查特兰（Théobald
Chartran）在公共区域所拍。

> 在两百多例肺结核患者当中，我在（用听诊器）检查了他们的肺部的状况后，对他们的身体也进行了检查，在我遇到的所有病例中，没有一例在肺的某些部位不存在溃疡性的腐烂，而在这些部位上，心音不正的现象已经清楚地表现出来了。

> 雷奈克和福布斯（Forbes）1821：300，引自赖泽 1978：30

临床医生注意到：患有咳嗽、咳痰、发热和体重减轻等症状的患者，可诊断为肺痨。

"水肿"的例子也显示了症状、体征的密切相关性，还可以显示出尸检的损伤。这个术语指的是体液积聚导致身体各个部位软组织肿胀的一系列情况。水肿并没有局限于某个特定的器官，尽管一些医生注意到，当一些水肿患者的尿液被加热时，会产生一种叫做"白蛋白"的不透明白色沉淀物。1827 年，伦敦盖伊医院（Guy's Hospital）的理查德·布莱特（Richard Bright）通过仔细观察和对比，证明了患有水肿并伴有白蛋白尿的病人，在验尸时肾脏会以一种特有的方式萎缩。布莱特附和雷奈克说："我还从来没有检查过一个水肿病人（尿蛋白）在肾脏中没有发现明显的紊乱。"一种独特的综合征，后来被称为"布莱特氏病"诞生了，找到了它的"位置"，并建立了一种鉴别诊断的方法（Bright 1827，1：2；Reiser 1978：128—129）。

在听诊器问世几十年后，进一步的感官辅助补充了基本的身体检查，并帮助使其成为一项正常的、预期的医疗实践元素。在 19 世纪 50 年代，检眼镜和喉镜打开了眼睛和喉咙的内部，以供医生观察。在 19 世纪 60 年代，新的探测镜可以观察病人的胃、膀胱、直肠和阴道。一些医生和病人对这些可以说是不雅的侵犯身体的行为犹豫不决，但他们是在与当前的医疗历史背道而驰；看到活体内部的诱惑太大了，简直无法抗拒。1868 年，妇科先驱 J. 马里昂·西姆斯（J. Marion Sims）坚持认为，礼貌的检查是应该得到尊重的，只要检查是"带着一种适当的细致感，带着一种庄严、认真的决心去发现真相"就行（Sims 1869, quoted in Reiser 1993a：832—833）。

这些仪器或技术都没有直接提高治疗的效果，但这不是重点。他们使医学更具体、更明确，因此也更科学，从而提高了医生的权威，最终提高了其专业地位。几十年过去了，没有引进任何有效的新治疗方法，但诊断创新的支持者没有被吓倒。治愈不是他们唯一的目标，也不是他们病人的普遍期望。人们普遍认为治疗效果会在适当的时候得到回报，但这一结果并不是医学新的科学特性的前提条件（Lachmund 1998）。在实践中，通过诊断技术来扩大感官并没有在 19 世纪彻底改变医学治疗。

"展示"与"观察"：从英勇的治疗到对医疗的怀疑克制　144

泻药、利尿剂、催吐剂、发汗剂、化痰剂——19 世纪早期医学治疗的基础，是由用来刺激排泄的物质构成的。泻药让你大便，碳酸钾的酒石酸盐让你小便，吐根让你呕吐，氨水的醋酸盐让你出汗，美远志根让你咳嗽黏液（Bigelow 1822：20—23）。当然，柳叶刀会让你流血。直接观察到的身体反应是治疗机制。如果你看不见、听不见、闻不到或感觉不到它在工作，那它就不工作了。输出越多，感官证据越明显，效果就越好。这就是"英勇"（这一术语被用来指一种普遍具有侵略性的治疗方法，以及具有特别强大效果的特殊疗法。）医学的精髓（Rosenberg 1977）。

尽管到了 1800 年，对抗疗法医学文献很少明确提及体液，盖仑式的基本观念认为维持生命体液平衡的健康就如同不平衡或者造成障碍的疾病一样，这种观念在 19 世纪下半叶在医学知识和实践方面不断加强。医生和病人同样共享这个框架，这验证了流式诱导治疗——无论是大剂量还是温和剂量——双方都能看到、听到且闻到结果（Rosenberg 1977）。同样重要的是，病人可以**感受**到排泄的过程——这是必要的生理变化——作为一种直接的生理感觉。

在整个 19 世纪，吸入各种气味强烈的物质的装置，例如松脂、松节油或焦油蒸气——是医生工具箱中的固定装置。这种感官的强度肯定对治疗的效果起了一定作用，就像药物引起的排泄一样。然而，吸入疗法并非基于治疗气味或感官刺激的系统原则。相反，它们似乎来自被广泛认为具有治愈作用的环境的联系，包括森林中的空气和海上航行（在海上航行中，海洋中的空气混合着用于船舶建造和维修的焦油气味）（Clark 1834；Crichton 1817；Potter 1896）。

1836 年，一位医生写道，当腹泻是由于肠膜受到刺激而引起时，"首先应使用温和的泻药，必要时应反复使用"（Dunglison 1836：253）。在当时的医学语言中，"展示"一种药物就是用这种药。治疗是一种仪式性的

145 表现，其有效性在于观察其管理和对其行动方式的感知。这个展示在某种程度上更为有效，它模仿了一个自然的愈合过程。排便是身体对某些疾病的自然反应；有时，身体需要帮助才能产生必要的效果。因此，在这些疾病中，需要使用泻药。此外，这种治疗还有一个额外效益。排泄通常会产生视觉、声音、肌理和气味的物质，这些物质可以提供有关身体内部状况的线索（Rosenberg 1977）。

在 19 世纪中叶，随着一种新的治疗怀疑论的盛行，"英勇"一词变成了医学界的一个嘲笑用语。植物医学、顺势疗法和水疗的从业者谴责了对抗疗法的严酷性，从而在医疗市场上站稳了脚跟。与此同时，巴黎医院有大量的病人可供研究，这让皮埃尔·路易（Pierre Louis）得以发展他的"数值方法"，该方法对疾病实体进行集体的定量描述，并评估各种治疗方案的疗效。路易把经验论的统计精神传给了他的许多法国和外国学生，这引发了人们对传统疗法的怀疑。在这一点上仍旧存在着误解；路易对放血的定量研究实际上并没有表明放血的做法是无用的或是有害的，而且经常使用的术语"治疗虚无主义"极大地夸大了 1850 年后普通医生不愿干预病人疾病的程度。然而，英勇主义的日子屈指可数了，而巴黎式的经验论至少应该为它的消亡负上一些责任。到 19 世纪中叶，放血疗法已几乎从常规做法中消失，许多药物的常规剂量也有所下降。法国医学观察协会（Société Médicale d'Observation）的名字中有一个讽刺意味，该协会是路易为推广他的数值方法而创立的：他观察的是病人的总体数量，而不是个人处于痛苦和排泄状态下的身体。他对定量观察的狂热追求，为直接感官观察的衰落埋下了种子，而这曾作为医学治疗的基石（Ackerknecht 1967；Rosenberg 1977；Warner 1986，1987，1998）。

所谓的"巴黎学派"对 19 世纪的医学影响很深。单独考虑它的各种创新是有误导性的：它的最终力量在于其累积效应。在比沙的指导下，雷奈克成为一名热心的医生和验尸医生，事实上，他对胸部疾病的杰作因其临床与病理的相关性而闻名，而不是他引入听诊法和听诊器。而路易则以教授病理解剖学和身体检查以及他的数值方法而闻名。巴黎学派严谨、怀
146 疑的经验主义确立一种新的探究精神，而它的临床技术革新了诊断的艺术和科学（如果不是治疗）。

比沙、雷奈克和路易的医学是以医院临床为基础的，这在他们的学生和其他同行中产生了强烈的共鸣。他们并非孤军奋战，许多法国以外的研

究人员和研究机构的重大创新也都值得称赞，但他们在时间和地点上的集中体现了在医学领域弥散着一种激动和兴奋的气氛，而这似乎是一个新时代的开端。在19世纪中叶，这位杰出的医生能够看到、听到和感觉到病人身体里的疾病，这是他执业的核心。他寻求客观的迹象，并知道症状可能会误导人。但是，如果他从个体病人身上进行过多的概括，那么感官也是如此；他知道通向真理和进步的道路是通过对大量病例进行系统的、定量的观察而得来的。

感知公共卫生危害：贫民窟和疾病浓雾

在19世纪早期，临床医学的感官转变到公共卫生领域没有对应的部分，很大程度上是因为公共卫生总是停留在感官知识的基础上。几个世纪以来，眼睛、鼻子和皮肤在不健康的地方和人群的看法观念方面，至少与理论体系一样重要。然而，随着19世纪城市化对人类景观的改变，以及随后的医学实验室革命，深刻而持久地改变了专家们感知和评估潜在健康危害的方式。起初，科学家和医务人员强调了城市肮脏的景象、声音、气味和感觉，并且他们动员了公众舆论支持卫生改革。从19世纪80年代开始，随着细菌学革命动摇了医学知识的基础，专家们向实验室寻求有关公共卫生的真相，就像他们在临床医学中所做的那样。他们还试图说服普通民众加入他们的行列，怀疑感官的直接证据，但并没有取得成功。

从19世纪30年代开始，英国、法国和其他工业化国家的资产阶级观察家们带着极度的恐惧注视、聆听、闻和感受他们伟大文明孕育的城市地狱。医疗改革家、道德家、记者和小说家都沉浸在厌恶的共同感觉的节日中。生动的感官描述不仅向读者传达了愤怒和危险，而且至关重要的是向观察者本人发出了疾病存在或即将来临的信号。

在唤起人们对肮脏的恐惧方面，没有人比得上狄更斯（Dickens）。在《雾都孤儿》（Oliver Twist）中的雅各布岛的贫民窟是"那么小，那么脏，那么狭小，空气似乎太脏了，甚至连他们居住的地方也很肮脏"。有一些"木制的房间从泥泞中伸出来，好像要掉进去——就像有些人做的那样；肮脏的墙壁和腐烂的地基，一种令人厌恶的贫穷的面貌，到处都能看到污秽、腐朽和垃圾的可憎迹象"（Dickens 1993：332）。狄更斯在《博兹札记》（Sketches by Boz）还写道："破旧的房子的破烂窗户上贴满了破布和纸：

147   图 6.3   恶臭和肮脏：伦敦的雅各布岛。爱德华·沃尔福德（Edward Walford），《新旧伦敦》（*Old and New London*），伦敦：卡塞尔（Cassell），1880。

每个房间都通向一个不同的家庭，在很多情况下甚至是两到三个家庭……到处都是污秽……衣服干了，脏水从窗户里流出来了。"这种肮脏的小屋
148   所累积的感官效应，与居住在其中的人的因素——或者似乎常常是人类的因素——混合在一起："十四、十五岁的女孩，头发乱蓬蓬的，光着脚，穿着白色的大衣，几乎是她们唯一的遮盖物；所有年龄的男孩……男人和女人，穿着各种各样又脏又破的衣服，懒洋洋地躺着，骂人、喝酒、抽烟、斗嘴、打架、骂人。"（Dickens 1994: 183）难怪发烧总是出现在这些贫民窟里。社会批评家和卫生改革家们坚持认为肮脏的住所和疾病之间存在联系，爱德温·查德威克（Edwin Chadwick）在 1842 年发表的具有里程碑意义的报告，这个报告以一项大规模的全国性调查、数百页的例子和

当地的证词为支撑（Chadwick 1843）。

在英吉利海峡对岸的法国，人们重复着同样的话：黑暗、潮湿、拥挤、肮脏。杰出的内科医生兼保健医生路易·李尔·维勒莫（Louis-René Villermé）领导了对工业社会日益恶化的底层问题的探究，正如 1850 年他对法国城市工人阶级住房状况的谴责：

> 每个家庭只有一个小、低、黑暗、潮湿的房间……通常位于街道以下或是阁楼上，冬天寒冷，夏天闷热，除了几英尺外的一堵阴暗的墙外看不到别的东西；在泥泞、狭窄和不健康的道路上，房屋倒塌成废墟，破旧的地板和楼梯上覆盖了一层湿滑的污垢！幸运的是……那些没有必要去面对……肮脏的小床上只有一张草垫和破烂的毯子，混杂着不同年龄和性别的人，堆积在一起，互相压在一起。
>
> 维勒莫 1850：245—246

我们可能不知道无数类似的哀叹中有多少直接反映了观察者的身体感官，又有多少只是公式化的重复，但最终的效果是一样的：对贫穷、拥挤和污秽的条件反射、集体的感官反应。"离开巴黎一年以后，巴黎看上去多么丑陋啊！"散文家德尔芬娜·德·吉拉尔丹（Delphine de Girardin）用他的笔名劳内子爵（Vicomte de Launay）大声呼喊道。"在这阴暗、潮湿、狭窄的走廊里，人是怎么窒息的啊！成千上万的人在黑暗中忙碌地生活着，就像沼泽地里的爬行动物一样。"（Chevalier 1973：152）

远处的景色也好不到哪里去。社会主义改革家亨利·勒库图里尔（Henri Lecouturier）在蒙马特高地上凝视巴黎时，发现自己"突然感到恐惧"：

> 人们不愿意冒险进入这个巨大的迷宫，在这个迷宫中有上百万的人互相挤在一起，那里的空气被不健康的毒气污染，有毒的云几乎遮住了太阳……一群憔悴多病的人永远挤在这些街道上，他们的脚踩在阴沟里，他们的鼻子受了感染，他们的眼睛被每一个街角最讨厌的垃圾所激怒……也有两个人不能并排走的小巷，那里有污水和污泥的阴沟，在那里，每天都有发育不良和憔悴的居民死亡。
>
> 希瓦利埃 1973：155—156

149

"毒云"既是一种隐喻，也是一种致命的物理现实。内科医生克劳德·拉雪兹（Claude Lachaise）将其描述为"一种非常明显的雾霾，它是由城市中大量的人和动物呼出的气体，以及地面上潮湿和泥泞的地毯蒸发形成的……街道"。拉雪兹补充道："人们可以看到巴黎的气息"这种比喻性的说法，实际上是真实的（Lachaise 1822：46）。一位城市健康检查员表示："毫无疑问，在天气最好的时候，从远处就能看到挂在城市上空的一团云，那么多有毒气体会影响巴黎的健康。"（Lachaise 1973：46）

威廉·法尔（William Farr）承认伦敦上空同样笼罩着致命的云，法尔是负责总登记办公室（General Register Office）人口统计数据收集工作的流行病专家：

> 这种疾病——由二百万人的呼吸中、从露天下水道和污水坑、坟墓和屠宰场中产生的烟雾——不断地保持着，并正在发生变化；在一个季节里，霍乱流行，在另一个季节里流行性感冒流行；有一段时

图 6.4　污秽与发烧："霍乱国王的宫廷"，庞奇（*Punch*），1852。

间，孩子们会得天花、麻疹、猩红热和百日咳；在另一段时间里，发热也会产生。

"就像死亡天使一样，"法尔继续说道，"它在伦敦上空盘旋了几个世纪。"但是他坚称：卫生立法有权驱散"有毒气体"，并将"阳光、纯净水、新鲜空气和国家健康"分配给受灾城市（Farr 1847：xvii）。感官体验、审美判断、道德、政治、统计和医学在19世纪中叶的卫生改革运动中融为一体。维勒莫、法尔和他们的同事们观察远处的病雾，同时近处则是肮脏、拥挤、工人阶级的棚屋。他们的感官和科学总是保持一致的说法。

疾病的气味

"就城镇的卫生条件而言……所有的气味，如果是强烈的，都是急性疾病，最终我们可以说，通过抑制系统使其易受其他原因的影响，所有的气味都是疾病。"（Chadwick 1846：651）垃圾、污物、黑暗、混乱和拥挤的裸露的身体都使人看了不舒服。争吵、咒骂的声音冲击着耳朵。而皮肤，这个极其敏感的器官，却对空气本身的质量有反应——潮湿、停滞、粘腻、令人窒息。然而，受19世纪城市化伤害最严重的感觉器官却是鼻子。数以百万计的农民工涌入如雨后春笋般出现的工业和商业中心，使自中世纪以来扩张相对较小的城市基础设施不堪重负。随之而来的大量尸体和排泄物淹没了这些城市的重要组成部分，并产生了一种不可忽视的恶臭。

有时，城市的气味爆发成全面的危机。① 这件事发生在有文化的、发生改革的和开明政府的首都时，人们发出了强烈的抗议。1858年6月的热浪造成了伦敦的困境。当时，伦敦人的排泄物通过下水道直接流入泰晤士河。十年前，正是由于担心臭气和疾病的传播，当地政府才巧妙地终止了

151

---

① 以下的叙述和分析改编自巴尔内斯（Barnes, D. S.），《伦敦和巴黎大恶臭时代面临的感官危机》(*Confronting sensory crisis in the Great Stinks of London and Paris*)，《肮脏、恶心与现代生活》(*Filth: Dirt, Disgust, and Modern Life*)，明尼苏达大学出版社（University of Minnesota Press），2005。巴尔内斯（Barnes, D. S.），《巴黎的大恶臭及与污垢和细菌作斗争》(*The Great Stink of Paris and the Nineteenth-century Struggle Against Filth and Germs*)，约翰斯·霍普金斯大学出版社（Johns Hopkins University Press），2006。明尼苏达大学出版社和约翰霍普金斯大学许可大家使用这些作品的一部分，在此深表感谢。

污水池系统，在污水池系统中，每栋住宅楼下面都有坑或容器收集居民的排泄物。在这种旧的卫生制度下，工作人员定期把污水坑里的东西倒进手推车里，运到或多或少比较远的地方。实际上，新系统最终将问题从大都市（每座住宅楼）的多个点转移到了一个中心位置：泰晤士河。下水道在不同的地方排入河中，包括伦敦市中心（伦敦的大部分供水都来自这里）。即使在最好的时期，一些观察家也担心饮用水的安全，并警告可能发生流行病；如果泰晤士河的水位显著下降，危机就会来临（Halliday 1999；Porter 1995：262—265；Thompson 1991）。

1855 年，笨拙分散的地方卫生当局系统被首都公共事务委员会取代，旨在通过公共工程"更好地管理大都会"。董事会的首要议程是"污水问题"（Porter 1995：262—263）。然而，资源不足以及政府与董事会之间的官僚争权夺利，阻碍了任何真正的进展，直到 1858 年初夏，事情才有了进展。

长时间的干旱使泰晤士河处于异常低的水位，而六月的高温使泰晤士河里的东西发臭。如果当时的描述可信的话，其结果是灾难性的——不是一种逐渐发展的、令人不快的感觉，而是一种毁灭性的，甚至是丧失能力的攻击。民众怨声载道。一份报纸中宣称："这真的不是开玩笑的事情，成千上万人的生命依赖于它。""议会大厦中充满了恐惧。"另外一个议员说道。恶臭令人无法忍受；需要做些事情；政府和卫生当局有责任立即采取行动。此外，气味不仅威胁到敏感的神经，还威胁到公众的健康。在这些问题上人们的意见几乎一致。但是，在关键问题上却难以达成一致。在整个辩论过程中，媒体反复追问："我们该怎么办？"[1]

大恶臭爆发一个月之后，当时下议院的领袖本杰明·迪斯雷利（Benjamin Disraeli，他称泰晤士河为"阴暗的池"）提出了一项议案，即要给首都公共事务委员会资源和相对自由的权力去进行大规模的污水治理。迪斯雷利的议案在议会上顺利通过；根据《泰晤士报》的报道："六月的恶臭……是大都会卫生部所做的，正如孟加拉兵变为印度政府所管理的那样。"那些始终就对国家重大支出或政府对地方事务的任何重大干预怀有敌意的议员们也站到了一起，仿佛被这种强烈的嗅觉折磨弄得晕头转向。《大都会地方管理修正法案》："修改和修正《大都会地方管理法》并

---

[1]　参见《标准》（*The Standard*），1858 年 6 月 15 日和 17 日，以及《晨间新闻》（*The Morning News*），1858 年 6 月 26 日和 30 日的匿名文章。

在很大程度上要扩大其权力，净化泰晤士河和大都会主要排水系统。"这项法案仅在提出后的 18 天即 1858 年 2 月就成为了法律（Halliday 1999：73—75；Porter 1995：263；Sheppard 1998：284）。在危机时刻，嗅觉胜过政治。

新的《反臭法》授权首都公共事务委员会及其总工程师约瑟夫·巴泽尔杰特爵士（Joseph Bazalgette）进行了一项大规模的下水道建设计划，该计划最终于 1875 年完成，耗资 650 万英镑。巴泽尔杰特修建了 83 英里的污水管道，由数百英里长的小型污水管道供水，这样，伦敦的垃圾就可以在涨潮时被排入下游很远的地方，并被无害地运到海里。巴泽尔杰特方案的核心是泰晤士河堤岸的建设，此外还美化了伦敦的河堤，并在查理十字街（Charing Cross）和夏恩步道（Cheyne Walk）创建了新的公共公园。大多数历史学家一致认为，巴泽尔杰特的成就是卫生设施和城市设计的胜利，预示着一个受益于现代公共工程的新时代的到来（Halliday 1999；Inwood 1998：433—435；Porter 1995：263—264；Sheppard 1998：280—284）。

22 年后的夏天，轮到巴黎了。臭味和抗议同样强烈，但结果却截然不同。作为拿破仑三世皇帝（Emperor Napoleon III）和首都奥斯曼男爵（Baron Haussmann）实施的大规模重建计划的一部分，巴黎在 19 世纪 50 年代和 60 年代也进行了大规模的下水道建设。然而，巴黎的新下水道（不像巴泽尔杰特的下水道）排出了**除人类尿液和粪便以外**的各种垃圾。巴黎的人体排泄物继续通过污水坑和**污水**处理人员进行清理，他们清空了污水坑，并把里面的东西运送到位于城外的几家废物处理厂。

1880 年夏天，邻居们反复抱怨，关闭了其中一家工厂。倒闭迫使污水公司在北部、东部和南部郊区的剩余处理厂要倾倒更多垃圾。据称，部分剩余废物被直接排入巴黎的下水道（巴黎卫生委员会 1881：158—159；巴黎市议会 1880，2：239）。在炎热的七月里，巴黎内部开始出现对难以忍受的气味的抱怨（巴黎市议会 1880，2：148）。8 月份抗议活动加剧，尤其是在首都中北部地区。居民在 8 月份的第三周抱怨道，"恶臭的气味"在整个城市蔓延，尤其是晚上，正在"熏臭"他们的社区。① 到了月底，这种气味几乎成了巴黎新闻界每天都要报道的新闻。从 8 月下旬到 9 月下旬，再到 10 月初，臭气成了一种全面的公众感官，不仅是私人的烦恼和

① 参见《世纪报》（*Le Siècle*）的一篇匿名文章，1880 年 8 月 21 日。

抱怨，而且是公共政策、官方辩论和充满敌意的指责对象。

在当地卫生委员会断定这种气味令人不快但无害后，中央政府在9月下旬介入了这场争论，当时农业和商务部长任命了一个由11名成员组成的蓝丝带小组来研究这种气味，并建议采取补救措施。特别值得注意的是，其委员会中的杰出成员是路易·巴斯德（Louis Pasteur）和巴斯德·勃罗亚德尔（Paul Brouardel）。在1880年，巴斯德已经是在全国（国际）著名的人物，他的名声在后来几年继续提升，勃罗亚德尔是他在医学界的坚定盟友，也是巴黎医学院的公共卫生和法医学教授，以及19世纪晚期法国所有公共卫生问题的杰出权威（巴黎卫生委员会1881：5—6；Léonard 1981：252—254，292—295；Murard and Zylberman 1996：198—203）。

委员会审议了9个月，确定了一系列详尽的地点和做法，作为恶臭的潜在或实际原因。更重要的是，这个享有盛誉的委员会发现："这些气味……会对公众健康造成威胁"。实际上，法国科学和医学的官方声音虽然承认恶臭可能无害，但在这次事件中却站在了潜在危险的一边，并选择公开表明自己的立场（巴黎卫生委员会1881：13—23）。

这一裁决在有关巴黎卫生基础设施的辩论中引起了广泛共鸣。四年前，市议会通过了一项备受争议的政策"全部排入下水道"（"tout-à-l'égout"），根据这项政策，巴黎所有的人类排泄物最终都将通过下水道排出，最终进入巴黎下游的塞纳河，进入河岸的污水处理厂。为了让"全部排入下水道"成为现实，城市里的每一栋建筑都必须连接下水道系统。此政策1894年才获得议会的批准，直到1914年，成千上万的建筑物仍然没有连接。

154　　　1880年的大恶臭使这个问题成为全国关注的焦点，争论双方的拥护者都指出，这场危机是他们争论的迫切证据。"全部排入下水道"的支持者将恶臭的产生归咎于笨重的污水处理系统产生的难闻气味，他们认为处理人类排泄物最安全、最简单的方式是通过水循环而不是蓄积水。然而，反对者怀疑水量和下水道的坡度是否能够达到要求，并警告说，如果实施了"全部都排入下水道"，巴黎的街道下面随时会有排泄物流出，这可能会使其成为一条永远的疾病河流（Guerrand 1983；Jacquemet 1979；Reid 1991：58—65，79—83）。巴斯德和勃罗亚德尔站在医学和公共卫生细菌革命的最前沿，与反对者站在同一阵线。他们引用了最近的研究，这些研究表明伤寒和炭疽（1880年，这两种疾病是少数几种已被确定为特定致病微生物的疾病）等疾病可以通过散发恶臭来传播。他们认为"全部排入下水道"太危险了。与之相反，他们说服委员会倡导建立一条从巴黎到大海的密封管道，完全与下水道系统分离，用于疏散人类排泄物（这个项目的高昂费用和令人怀疑的可行性使它仍然是一纸空文）。嗅觉危机因此停滞不前，反而加速了"全部排入下水道"的运动。

从表面上看，伦敦和巴黎的巨大恶臭给了我们一些明确的教训：第一，常识和决心导致了结果；第二，争吵不休的猜测和审议只会导致无所作为，未来又会有大大小小的恶臭。然而，仔细解读官方和公众对这两场危机的反应，就会发现其中存在潜在的相似性。在这两种情况下，气味都令人无法忍受和恶心，不管是字面上还是隐喻方面，也都令人作呕——也就是说，据说这些气味导致了严重的疾病和恶心。在这两个城市，非专业人士和医务人员都确定了具体的受害者，他们都曾患病，甚至被恶臭杀死，比如伦敦的一名船工和巴黎的四名下水道工人。两个城市的人民都要求政府采取紧急行动，并对政府当局没有迅速和坚决地采取适当措施表示失望和愤怒。

这两种恶臭的主要区别在于由此产生的卫生政策：伦敦新建了大规模的下水道系统，而巴黎却无所作为。两个国家在地方和国家层面上的政治权力和经济利益的分配有助于解释不同的轨迹，正如伦敦（泰晤士河）的气味来源于一个清晰可辨的源头，而巴黎的气味则广泛地从许多地方散发出来。但是，一个令人惊讶的因素也可能导致了法国人无法就一个解决问题的办法达成一致：那便是科学的进步。

人们可能会认为，将特定微生物确定为特定疾病的病因，将彻底终结臭气传播疾病这一极**不具体**的观念（后来的观察人士认为，这一观点极不科学）。然而在1880年，情况却并非如此。毕竟，巴斯德、勃罗亚德尔和他们的盟友们认为，如果已经证明伤寒是由细菌引起的，而且研究表明，这种疾病是由通风不当的污水坑散发出的恶臭气味传播的，那么就有理由认为这些散发物中含有细菌。如果是这样的话，那么通过下水道（直接连接到巴黎抽水马桶和街道）疏散伤寒患者排泄物的计划将带来不可估量的灾难。大众厌恶和健康警告的压力实际上同时向相反的方向推进。1880年，恶臭的强度和持续时间，新科学产生的可怕警告，以及由此产生的恐惧，增加了辩论的利害关系，使双方的立场都更加强硬。即使每个人都同意现状是不可接受的，但现在每一个可能替代方案中都隐藏着新的微小的危险。知识使人麻痹。

155

"并不是所有恶臭都杀人，也不是所有东西都能去除恶臭"：
一种卫生细菌学的形成

在 1880 年，巴斯德-勃罗亚德尔委员会不遗余力地强调了一个重要观点：**有一些——并不是所有**的气味都对人类健康有伤害。委员会认为，这一主张的两种因素都应当得到重视，但是（同等重要的是）一些气味实际上是有害的。报告表明委员会知道有些人可能会很难接受强烈的恶臭是无害的："非常难闻的气味，对人的嗅觉极其有害，但对身体无害，但是无臭的气味却恰恰相反，可能是非常危险的。"（巴黎卫生委员会 1881：23）委员会的这句话使人想起一句诙谐的格言（出自著名的兽医科学家和巴斯德的盟友亨利·布利），经常用来传播细菌理论的信息："不是所有发臭的东西都能杀死人，也不是所有东西都能除臭（*tout ce qui pue ne tue pas*, *tout ce qui tue ne pue pas*）。"这句关于新公共卫生的格言，外行人很容易理解，其强调了细菌学研究健康和疾病的新方法，并清楚地把它的科学性质同毒气的旧理论区分开来。从现在开始，只有接受过新医学训练并利用实验室方法的专家才能对什么是安全的、什么是不安全的、什么是无害的、什么是危险的作出判断。

随后几十年的经验表明医生和卫生当局两者都展示了这个口号的力量和局限。随着越来越多的微生物被确定为各种疾病的原因，以及细菌实验室证明经过检测的细菌能够在大量的样品、物质和特定的场合中存在，作为健康仲裁者的受过科学训练的医生们的位置不容置疑。与此同时，普通大众——甚至许多医生——也不可能接受难闻的或有味道的物质，可能是无害的（Barnes 2006：138—139）。感官的证据不可能这么容易反驳。任何一门学科，如果公然违反了文化上公认的感官规范，那么就没有任何意义。在 19 世纪中叶，细菌时代以前的卫生改革者们曾深入到城市贫民窟中，他们明白这一点。

在几十年的时间里，实验室与感官之间的对抗所产生的结果，并不是其中一方战胜了另一方，而是一种双方都同意的和解。"卫生细菌学"认可了早期细菌学改革者的担忧——特别是把污秽、污染及不道德——和细菌相联系，并且通过细菌学的语言将他们纳入一个以细菌为中心的新细菌学中，它重点关注与潜在患病身体和身体物质接触的危险，用以检测特

156

定微生物的存在，并承诺会通过科学实验控制它们（Barnes 2006：133—139）。在一个多世纪后的今天，卫生细菌学的综合研究仍然伴随着我们，污秽和道德的侵犯仍然会引起疾病（就像他们一直以来的那样），但只有科学能告诉我们如何和为什么：只有科学才能识别、解释和治疗疾病。实验室和干净的生活可以一起阻止它。这是 1830—1850 年公共卫生运动和1875—1900 年细菌革命的共同遗产。

诊断技术和解读身体

19 世纪接近尾声时，医生不断寻求可靠、标准化的数据，从中获得诊断或者治疗的知识，从而产生了新的技术，而不是扩大医生的感官范围（例如听诊器或者喉镜），最后通过将身体现象转化成数字和图形来绕过它们。随着病理解剖学的兴起，许多医生寻求一种系统、科学的方法，将疾病过程与包括体温和循环在内的基本生理机制的变化联系起来。在 1850 年至 1920 年间为实现这一目标而开发的仪器中，医用温度计和血压计尤为值得注意。

简单的热感觉提供了诊断中最常见和最基本的感官使用的基础。当皮肤摸起来热，或者病人感到发烧时，就是发烧。相当精确的温度计在 18 世纪初开始广泛使用，但直到 19 世纪 60 年代后才进入常规医疗实践。一些医生怀疑温度计读数的准确性，不管怎样，这仅仅是数字；一个有经验的医生的手不仅能感觉到热量的多少，而且还能从其他的特征方面分辨出"辛辣"或"刺激性"的热量。此外，在比沙之后，疾病越来越局限于单个器官和组织，温度等现象似乎是次要的（Reiser 1978：110—116）。

但最终，对人体研究的科学精确性、标准化和量化的追求推动了温度计融入临床医学中。1857 年，莱比锡的卡尔·温德利希（Carl Wunderlich）在一篇论文中敦促医生为病人保留每日体温记录，许多人都注意到了这一点。一位美国医生被温度计产生的客观数据说服了：

> 仅仅将手放在病人身上所获得的信息是不准确和不可靠的。如果想要计数脉搏而不相信每分钟的跳动次数的判断，则更需要通过热量测量仪确定动物的体温。众所周知，病人对温度的感觉是错误的；当他接触到另外一个物体的表面是冷的时候，他有可能会有热的感觉，**反之亦然**。
>
> 弗林特（Flint）1866—1867

157

科学观察员更喜欢精确的数值，而不是对脉搏或温度的估计。在 1868 年，温德利希的一篇论文即《关于疾病的体温：医用温度测量法指南》（*On the Temperature in Diseases*），其中基于将近 25000 名患者和数百万的温度表度数，使其很快成为一项标准的参考著作（Reiser 1978：115—117）。

158   从古至今，脉诊就一直是诊断的支柱，在盖伦（Galen）的命令下，医生们学会了用他们训练有素的手指来感知脉搏的一系列特征。一些人计算节拍的频率，而另一些人则认为单纯的数字是原始和没有信息量的。雷奈克则警告他的同事不要把脉搏作为血液循环或心脏状况的指标。1835 年，朱尔斯·赫里松（Jules Hérisson）发明了"血压计"（源于希腊语 *sphygmos*，"脉动"），把每一次脉搏跳动都变成玻璃管中上升和下降的水银柱，从而得出了脉搏的大小、持续时间和频率的"读数"。该设备获得了一些追随者，但 19 世纪 50 年代发展起来的"脉搏描记器"通过将脉搏描记为印刷在纸上的波动的一条线，从而激发了更多的热情。这种新型追踪设备的支持者将脉搏模式与临床症状联系起来，声称他们仅靠听诊能比医生更早地发现心脏和血管的缺陷。他们还可以定量地测量他们使用的药物的效果。在 19 世纪的最后 25 年中，连续设计的"血压测量仪"使用充满水或者空气的橡胶球来压迫动脉，而操作人员在动脉下面感受和听脉搏；然后，机器测量使脉搏消失所必需的压力（收缩压）和使脉搏完全消失的较低压力（舒张压）。1912 年，所有被马萨诸塞州总医院收治的病人都使用血压计测量最大和最小血压（Evans 1993；Reiser 1978：95—106）。

          1896 年，威廉·康拉德·伦琴（Wilhelm Roentgen）发现了"X 光"技术，该技术可以拍摄人体内部的照片，它改变了医疗实践，在此之前或之后几乎没有其他创新。在发明宣布的最初几天，全世界的报纸和杂志都对这一发现表示欢迎；在一年内，这一发现成为了上千篇文章和四十九本书的主题。很快，在许多医院都能找到 X 光机。到 1920 年，在宾夕法尼亚和纽约的医院，超过 20% 的成年病人和超过 80% 的骨折病人接受了 X 光检查。除了骨折，新的图像比叩诊和听诊更早、更准确地显示心脏和肺部的异常（Howell 1995：103—168；Reiser 1978：68）。X 射线代表了 1900 年前后新诊断技术的模糊性。一方面，它产生的不仅仅是一个数字，而是一个视觉图像，只有当一个受过训练的观察者能够看到人体解剖的病理变化时，这个图像才有意义。敏锐的眼睛，临床经验和敏锐的判断可能
159   意味着正确和错误的诊断之间的区别。另一方面，随着医疗实践在 20 世

纪初变得越来越专业化，读 X 光片的任务越来越落在技术人员和其他非医生身上。通过提供身体内部更清晰的图片，它们开始侵蚀医生的经验、敏锐和触觉的价值。

体温计、血压计、X 射线和其他技术从医疗实践的中心推动了医生的感官和病人身体之间的直接接触。现在呈现在医生面前的是身体的图像，而不是真实的东西。数字和图表而非主观地去解释健康和疾病状态之间的差异越来越大。机器和设备标准化诊断程序和临床知识，使它们更客观、更容易和更广泛地传播，也更可靠。但它们也破坏了医疗实践中艺术而非科学的那部分，那部分以经验和判断而非精确来确立权威。许多医生在不断变化的认识论中感觉到危险，并对这种变化提出抗议。一位英国医生警告说，依靠血压计，"我们的感官会变得贫乏，临床敏锐度也会下降"。费城一份关于使用 X 射线的早期报告嘲笑了这样一种观点，即 X 射线"将永远能够，取代由一个平衡良好、经验丰富的头脑引导的触觉"。护士成了"医生的眼睛"，与技术人员一起承担了许多与新技术相关的任务。由于专业知识和专业技术的实用性受到质疑，医生们担心自己会变成纯粹的机械师。医学院开始训练学生，用一位美国医生的话说："把重点放在精密仪器上，而不是放在检查人员的眼睛、耳朵或手上"（Evans 1993：800—805；Howell 1995：108；Reiser 1993a：842，1993b：271；Sandelowski 2000）。

在评估 20 世纪初医学知识和实践的变化时，必须防止技术决定论的诱惑。正如听诊器的发明是出于听力的需要而不是听诊器的出现使听力有了需求，医学上对精确性和标准化的渴望先于温度计、血压计和 X 射线，并使之进入医学实践成为可能。医生寻求对疾病的掌控，发现它在很大程度上不在于治疗或有效的治疗或预防措施，而在于解释能力——表征、测量和量化身体现象和疾病过程的能力。在 19 世纪上半叶，专业技能掌握在医生训练有素的感官中；在 1900 年，在机械化的展示中发现了它。

致　谢

感谢 2012 年 6 月宾夕法尼亚大学教师参与者们为这一章的编写提供的帮助。

第七章　文学中的感官：工业和帝国

尼古拉斯·戴利

本章将探讨在跨越浪漫主义、维多利亚时代和现代主义文学形成过程中，不同时期文学中感官的作用。尽管如此，这段时期仍有明显的连续性，因为这三种形态都是通过现代化和日益内生的帝国主义对感官体验的改变而作出反应的。时间和空间的新概念、新景象、新声音、新口味、新气味和新的触觉世界，伴随着这些发展，并在文学作品中折射、合并和理论化。在这一时期的开始，浪漫主义至少在一定程度上是蒸汽时代对旧经验世界的感知破坏的一种反应。并试图在自然世界的感官沉浸中为真实的诗意自我找到一个基础。近年来，人们认为诗人独特的感知能力在远离现代生活中得到充分的体现。19世纪晚期的作家在相当大的程度上保留了这种对现代性的看法，不过也有一些人试图适应蒸汽时代的新体验世界。到20世纪初，一些现代主义者仍然拒绝工业和大规模城市生活的景象和声音，而另一些人，尤其是未来主义者似乎想要进入第二次工业革命洁净

的机械路线，从而逃离人类混乱的东西。帝国在文本中有时是一个模糊的存在，通过收入、食物和编织物的数据流来表示。有时，它对人的感官世界更具持久性、变动或颠覆性，就像查尔斯·狄更斯的小说《艾德温·德鲁德之谜》(*Mystery of Edwin Drood*，1870)中的鸦片一样。在整个这段时间里，阅读本身作为一种实践越来越深入到日常生活中，原因有很多：文化水平的提高；更便宜的书籍和报纸；描绘城市环境的文本日益增多；以及新照明技术的传播。

浪漫主义

通常认为，浪漫主义诗人具有（通常是他的）洞察力，类似于一个儿

图 **7.1**　亨利·威廉·皮克斯吉尔所绘的威廉·华兹华斯的肖像画。藏于国家肖像画廊。

童或非西方主题的特征，塞缪尔·泰勒·柯勒律治（Coleridge）说，他必须有"一个野蛮的阿拉伯人在寂静的沙漠中倾听的耳朵，一个北美印第安人追踪敌人足迹的眼睛"（McSweeney 1998：3）。但是他也与被认为是自然界象征的精神现实相协调，体现与这个世界完全融合的一刻，成为像拉尔夫·瓦尔多·爱默生（Ralph Waldo Emerson）一样，"一个透明的眼珠……什么都没有"这样的间隔是威廉·华兹华斯（Wordworth）的"时间点"，艾米莉·迪金森（Emily Dickinson）的"天堂时刻"（McSweeney）1998：29）。浪漫主义的这两条原则——感性的敏锐和与自然世界的亲近——暗示了浪漫主义诗歌与工业革命成果之间的鸿沟。然而，有些诗歌试图弥合这一鸿沟，使工业不仅仅是一种明显的缺失。华兹华斯的《蒸汽船、高架桥和铁路》试图将诗意与蒸汽时代丑陋、嘈杂、难闻的机器调和起来。最终，这首诗表明，我们必须超越新技术的丑陋外表，去发现"灵魂是什么"，而这正是人类驾驭自然的力量，这些新事物可能在感官上没有吸引力，但它们是大自然的第二代产物：

> 尽管所有这些美都可以被否认，
> 在你粗糙的面容里大自然拥抱着你，
> 人类艺术中她是合法的后代……

华兹华斯 1972：47

华兹华斯甚至购买了铁路股票（Warburg 1958：27），但当蒸汽动力开始侵入他心爱的湖区时，他的态度就不那么温和了。晚期的铁路十四行诗给人一种新的感觉，即新交通技术对与自然的宁静之美相协调的生活和文学的独特性。在《肯德尔和温德米尔铁路》（*The Kendal and Windermere Railway*）中他试图让群山自己睁开眼睛，竖起耳朵，直面它们所面临的难看的、嘈杂和吵闹的威胁："听到那哨子声了吗？"敦促它们分享他对侵略者的"应得的蔑视"。

在人们不太熟悉的作品中，埃比尼泽·艾略特（Ebenezer Elliott）的《蒸汽，一首诗》（*Steam, A Poem*）也被称为《在谢菲德的蒸汽》（*Steam at Sheffield*），它于1833年首次出版，是一次罕见的尝试，试图捕捉蒸汽的声音、景象和节奏：

哦，这里有一种美妙的和谐

巨大的蒸汽发出狂风暴雨的音乐

混杂着咆哮、跺脚和嘶嘶声

火焰和黑暗……

艾略特 1804：91

尽管如此，对于艾略特和华兹华斯来说，蒸汽动力仍然是一种可怕的东西，既能唤起欢乐，也能唤起恐惧。在 19 世纪的大部分时间里，这仍然是一种令人不安的态度：新技术无疑是富有成效的，但它们折磨着作家的感官，仍然是焦虑的根源。

当浪漫主义诗歌放弃蒸汽世界而转向田园风格时，浪漫主义或哥特式小说却在探索不同的感官领域。大体而言，我们可以看到哥特式对感官和犯罪的关注——包括对谋杀、强奸、酷刑和乱伦的描写——也是由现代化产生的，就哥特风格而言，它为这种行为和欲望提供了一个可读性的借口，而这些行为和欲望日益受到现代国家和公民生活的限制，以及与理性观念高度不相容的情感状态（Halttunen 1998：78—83）。就像情感文学（亨利·麦肯齐［Henry Mackenzie］的小说《性情中人》[The Man of Feeling，1771］就是一个著名的例子）一样，哥特式文学从对疼痛和身体的新观点中汲取能量。宏大的暴力小说像马修·路易斯（Matthew Lewis）的《僧侣》（The Monk，1796），在小说中，一个受人尊敬的僧侣，吸毒、强奸、谋杀安东尼娅，后来证明是他亲妹妹，因此，它被认为是情感文学作品中冷酷无情的孪生兄弟，在这些作品中，人物学会了感受他人的痛苦。以活埋、折磨和饥饿的形式来占有感官和超越感官是哥特式小说的主要内容。这些小说的读者效应暗示了一种崇高的变化，或许在埃德蒙·伯克（Edmund Burke）的《关于崇高与美的哲学探究》（A Philosophical Enquiry into the Origin of Our Ideas of the Sublime and Beautiful，1757）中没有完全预测到。

165

伴随现代文明进程，人们的行为和态度在地理上产生了更多的变化，这并不是影响浪漫主义文学的唯一力量，法国大革命及 1798 年爱尔兰起义的暴力行为，为我们理解身体处于疼痛与极端的感官状态提供了背景。我们也不应该忘记全球殖民背景：例如，马修·路易斯（Matthew Lewis）拥有并参观了西印度群岛的奴隶庄园，在那里，强横的暴力、强奸和酷刑被认为是现代商业的组成部分，这种商业使人与商品相互交织；他的《一位西印度资本家的日记》(*Journal of a West India Proprietor*)于 1834 年他去世后出版。直到 1833 年，英国殖民地才宣布奴隶制为非法，直到 1848 年，法国殖民地才宣布奴隶制为非法，美国是 1865 年。从这个角度来看，1848 年的一些畅销小说保留了哥特式的暴力和犯罪主题，这也许并不奇怪（Williams 1986：2）。在英吉利海峡对岸，哥特式在泰奥菲尔·戈蒂耶（Theophile Gautier）等人的作品中始终徘徊，而在大西洋的另一边，哥特式风格在霍桑（Hawthorne）和梅尔维尔（Melville）的作品中一直延续到 19 世纪。哈丽耶特·比彻·斯托（Harriet Beecher Stowe）感伤的废奴主义小说《汤姆叔叔家的小屋》(*Uncle Tom's Cabin*，1852）将感性文学和哥特式文学结合在一起，产生了巨大的影响。《汤姆叔叔的小屋》是 19 世纪最受欢迎的书籍之一，在这部小说中，汤姆叔叔被野蛮地鞭打，场面令人揪心。

　　19 世纪初同样见证了一个对现实世界进行虚构的展示，小说强调的是理性而不是感性，强调判断而不是感觉，强调行为而不是行动。我们通常认为简·奥斯丁（Jane Austen）的小说没有任何鲜明的感性特征。她笔下的人物大多在井然有序的家庭环境中生活自如，几乎没有什么细节描写。但在《曼斯菲尔德庄园》(*Mansfield Park*)，我们可以更清楚地感受到是什么支撑着这样一个宁静的世界。范妮·普莱斯（Fanny Price）是在与家人分开的情况下长大的，她开始把这所大房子里舒适的环境当作自己真正的家。当她回到朴次茅斯（Portsmouth）的父母家时，她突然明白了它的优点。在那里，她发现自己"处在封闭和嘈杂的环境中，糟糕的空气、难闻的气味取代了自由、清新、芬芳和翠绿"。（Austen［1814］2003：401）被孤立的范妮被置于一种令人厌恶的地位，并且在没有钱的情况下养成了上流社会的习惯。她似乎并没有质疑这样一个事实：新鲜和翠绿是富有的精英阶层所独有的。托马斯·伯特伦爵士（Sir Thomas Bertram）在西印度群岛（West Indian estate）的庄园所产糖的甜味，维持了曼斯菲尔德岛（Mansfield）的好味道，内部的自由是一枚硬币的正面，而奴隶制则是反面，对此，她似乎也不太担心。

　　而他们同时代的背景和优雅的环境可能会说服人们，与奥斯汀相比，19 世纪 20 年代和 30 年代的英国银叉小说更接近哥特式。就这些小说中的反英雄人物而言，他们都是弗里德里希·席勒（Friedrich Schiller）的《罗贝尔之死》(*Die Rauber*，1781）中浪漫主义的反叛英雄的直系后裔。然

166

而，在本杰明·迪斯雷利（Disraeli）的《薇薇安·格雷》(*Vivian Grey*, 1826）和爱德华·布尔沃（Edward Bulwer）的《佩勒姆》(*Pelham*）等小说中，或者《绅士历险记》(*The Adventures of a Gentleman*, 1828），主人公更可能是一个戴着羊皮手套的享乐主义的花花公子，而不是强盗。小说生动地再现了**上流社会**的语言和服饰风尚，其轻快的节奏和对"真实的人、真实的俱乐部、真实的商店和真实的商人"（Cronin 2004：38）的再现，使这些小说成为当时的畅销书。小说的叙事节奏是对现代生活的无情漩涡的一种自觉反应：正如凯瑟琳·戈尔（Catherine Gore）所言，"蒸汽机发明的速度似乎需要相应的叙事、对话和话语的快速性"（Cronin 2004：41）。但是布尔沃的《佩勒姆》不仅捕捉到了转型期社会的情感结构，还促进了人们对新奇事物的渴望，佩勒姆使黑色外套（与蓝色相反）成为时尚，因此，有点自相矛盾的是，在后来佛鲁吉尔（J. C. Flugel）所谓"伟大的男性对颜色的放弃"过程中发挥了一定作用。自诩的时髦和自我短暂表现的执着，既吸引了人们的注意，也引来了喝彩。正如理查德·克罗宁（Richard Cronin）所指出的，托马斯·卡莱尔（Thomas Carlyle）的《旧衣新裁》(*Sartor Resartus*, 1833—1834）是对银叉小说中崇拜外表和衣着的抨击。我们将看到，享乐主义英雄在 19 世纪末以一种新的形式重新出现，他就是奥斯卡·王尔德（Wilde）笔下的道林·格雷（Wilde's Dorian Gray），这个名字意在让人想起迪斯雷利笔下的维维安·格雷。

维多利亚时代

1840 和 1850 年代的工业小说试图向读者介绍一种新的政治面貌，并为结构性政治问题提供象征性的解决方案。但它们也是对城市景观和新生活方式的介绍，这些新生活方式和新工厂一起如雨后春笋般涌现，在这种程度上，他们扩展了小说的描写范围，至少展示了一部分新兴工业工人阶级的感官世界，包括他们的所观、嗅觉、听觉和纹理，然而，在很大程度上，叙述的重点不是工厂，而是主人公、雇主和工人的家庭生活上。例如，伊丽莎白·盖斯凯尔夫人（Mrs. Gaskell）在《玛丽·巴顿》(*Mary Barton*, 1848）的第一章向我们展示了工人阶级们整洁的家，但随着故事的发展，这个可敬但脆弱的家庭世界只能描述曼彻斯特穷人最糟糕的境况。第六章有一个特别吸引人的段落，我们的叙述者采用了一种更为亲密的第二人称的声音，带我们和约翰·巴顿（John Barton）以及他的朋友威尔逊（Wilson）来到达文波特的地下室：

> 你从肮脏的地方往下走了一步，来到了一户人家住的地窖里。里面很黑，窗玻璃很多都破了，里面塞满了破布……这气味太难闻了几乎可以把那两个人熏倒。他们开始穿过这片漆黑的地方，看到三四名小孩子在潮湿的砖地上打滚，街道上死气沉沉的湿气从砖上渗出来。
>
> 盖斯凯尔［1848］1998：66—67

令人窒息的恶臭、黑暗和脚下的污物——这种令人难忘的经历，为第一批读者留下了令人震撼的印象，他们原以为这种恐怖在哥特式小说中才会有。这一章又进一步说明了这一点，接着我们马上看到了灯火通明的街道，然后是卡尔森家（Carsons）的豪华住宅，磨坊主的舒适生活与巴顿家族和威尔逊家族交织在一起。在一个著名的段落中，正是那些闪闪发光的橱窗使约翰·巴顿（John Barton）陷入了对富人和穷人截然不同的生活的沉思：

> 穿过满是灯火通明的店铺的街道，真是一幅美丽的景象；煤气灯是那么明亮，商品陈列比白天生动得多，在所有的店铺中，从阿拉丁的魔法水果花园到拿着紫色罐子的迷人的罗莎蒙德（Rosamond），药剂师的店铺看起来最像我们童年的故事。巴顿没有这种联想，他感到了那些装饰华丽、灯光明亮的商店和阴暗地窖之间的对比。

约翰·巴顿对这些令人愉快的街道上看似快乐的行人感到愤怒，但盖斯凯尔的观点在一定程度上是"你无法读懂那些每天在街上从你身边走过的人"（70），真实的城市生活是以不透明为特征的，没有小说能够提供全景式和跨阶层的描述。维多利亚时代商店橱窗对商品的盲目崇拜，让城市里的行人面对视觉、嗅觉和触觉的恐惧时毫无头绪，而这种恐惧仅仅来自橱窗里的一个角落。

正是弗里德里希·恩格斯首先在工业城市探索了这种特殊的拜物形式，曼彻斯特的城市迷宫是其作品《英国工人阶级的状况》（*Condition of the Working Class in England*）中的一大特色，1845 年以德文出版，但直到 1886 年才在美国以英文翻译出版，1892 年才在英国出版。在他的爱尔兰工人阶级伙伴玛丽·伯恩斯（Mary Burns）的带领下，恩格斯游览了曼彻斯特，其描述让我们对其概况大致掌握，"那些拥有强壮的胃和虚弱神经的富有男人和女人眼睛中隐藏着痛苦和肮脏，这是对他们财富的补充"。恩格斯的叙述在两种观点之间摇摆：一种观点认为，这种不可预见性是蓄意计划的一部分；另一种相反的观点认为，这些欺骗性的表象是经济力量的意外产物。虽然他对城市肮脏的经济原因提出了严厉的批判，但他毫不犹豫地描绘了一幅比盖斯凯尔的画更生动的画面，描绘了由此导致的人性的退化：这不是工人阶级反抗的景象，甚至不是一种行动。他注意到人类住所旁边有猪圈，产生的空气"被腐烂的动植物所污染"（92）以及"尿液和粪便的污水池"（88）。他引用詹姆斯·凯（Dr. James Kay）博士的报告，特别地唤起了人们触觉上的恐惧，一种道德上的污秽是伴随着身体方面的："经常发生的情况是，整个爱尔兰家庭挤在一张床上"（101）；有些穷人收留寄宿者，"很多男女寄宿者同已婚夫妇同床睡"（102）；其他的寄宿房屋是"犯罪的焦点，是对违背人性行为的反抗场景"（102）。只是一个"身体退化的种族……在这样的环境中，道德上和身体上都退化到兽性"（100）。正如我们将看到的，这与查尔斯·狄更斯的观点并没有太大不同，他认为犯罪滋生于城市中被忽视和看不见的角落：只要我们能看得清楚，这种恐惧就可能消散。

　　类似的可见性和社会不透明问题困扰着 19 世纪上半叶的文学和戏剧，并在此后长期存在。有时，我们所追求的似乎是一种视觉掌控的形式，它能使城市和城市人群变得透明，同时让观众远离任何过于直接地暴露在街道的嗅觉和触觉的东西。这与视觉在这一时期的特权地位是一致的，也与其他感官威胁到社会距离的瓦解相一致（Classenetal. 1994：3—5，166；Flint 2000）。埃德加·爱伦·坡（Edgar Allan Poe）的《芸芸众生》（*The Man of the Crowd*，1840）揭示了侦探小说中观测仪力量的起源，它希望把城市里的人群分散开，从而使大众仅仅通过凝视就能理解。模仿尤金·苏畅销小说《巴黎的秘密》（*Mystères de Paris*，1842—1843）的许多"神秘"小说取得了非凡的成功，这也可以看作是想让这座城市之黑暗变得可见的一种愿望，并且这不仅是存在着一些跨阶级的观察癖。苏的小说迅速传遍整个欧洲、美国和澳大利亚，激发了一系列作品的问世，保罗·泰尔（Paul Thiel）的《柏林之死》（*Die Geheimnisse von Berlin*，1844），G. W. M. 雷诺兹（G.

169

W. M. Reynolds）的《伦敦的奥秘》(*The Mysteries of London*，1846），内德·邦特莱因（Ned Buntline）(E. Z. C. 贾德森 E. Z. C. Judson)《纽约的神秘与苦难》(*The Mysteries and Miseries of New York*，1847—1848），唐纳·卡梅伦（Donald Cameron）的《墨尔本生活之谜》(*The Mysteries of Melbourne Life*，1873）(Knight 2012）。

但神秘并不是近年来视觉想象的唯一方向，查尔斯·狄更斯的《董贝父子》追溯了铁路对英国的影响，叙述者呼喊着某种神奇的力量，让我们透过视觉穿透城市的不透明，并向我们展示城市中被忽视的部分是如何滋生且最终将吞噬一切的犯罪和罪恶的：

> 哦，多么希望有一个善良的灵魂，用比故事中瘸腿的恶魔更有力、更仁慈的手，把屋顶拆掉，向基督徒们展示他们的家园中有什么黑暗的形状，当毁灭天使的随从队伍在他们中间壮大！因为只在一个晚上就可以看到那些苍白的幽灵从我们长期忽视的场景中浮现出来。

> 狄更斯（Dickens［1846—1848］1997: 623）

"瘸腿恶魔"通常与阿斯莫德斯（Asmodeus）联系在一起。阿斯莫德斯是阿兰·勒内·勒萨日（Aline-Rene Lesage）1707 年讽刺城市小说《致命的博伊图》(*Le Diable boiteux*）中出现的超自然力量的代表。但在《董贝父子》一书中，铁路似乎就是这样一种神奇的视觉力量的保证，因为它穿过伦敦的贫民窟时，现代化的灯光照亮了城市的黑暗角落。他在小说的第 6 章中指出，图德尔（Toodles）一家居住的工人阶级社区充斥着"粪堆、垃圾堆和沟渠"（65），到第 15 章时，这些令人讨厌的杂物已被铁路的粗陋活力所清除："那片可怜的荒地，就是从前堆放垃圾的地方，被吞没了，取而代之的是一排排的仓库，堆满了丰富的商品和昂贵的商品……新的街道……在街道内部形成城镇，创造了属于他们自己且健康的舒适和便利"（213）。时间本身现在是基于铁路的原则："甚至铁路的时间也是用时钟来观察的，就好像太阳自己也屈服了。"（214）这个干净、繁荣、准时的城市空间是狄更斯对成功工业城市的幻想。

当然，如果把狄更斯对现代化城市的想象当成现实，那就大错特错了，在许多方面，维多利亚时代城市行人的感官体验与 18 世纪甚至更早的时期并没有太大的不同。动物仍然拥挤在街道上，它们的噪音和排泄物增加了城市生活的听觉、嗅觉和触觉维度，因为它们的存在也使城市生活成为可能，即使处于供应链短缺的时代。除了偶尔出现的马来作为交通工具外，这种街头动物在文学作品中是不存在的，往往以狄更斯《荒凉山庄》(*Bleak House*, 1852—1853) 中的人物乔 (Jo) 这样的清洁工来表示，直到像安娜·塞维尔 (Anna Sewell) 的《黑骏马》(*Black Beauty*, 1877) 这样的人道主义叙事才将它们置于舞台的中心。前工业化世界的其他方面也依然存在：在广告业将销售推向一个更直观的领域之后，传统的街头小贩仍在叫卖他们的商品，弗朗西斯·惠特利 (Francis Wheatley) 在18世纪90年代的一系列作品中捕捉到了这些呐喊——"楼下有牛奶""甜甜的中国橘子，甜甜的中国""草莓，鲜红色草莓"，这些作品在整个19世纪被大量复制。但也许他们最引人注目的记忆是克里斯蒂娜·罗塞蒂 (Christina Rossetti) 的《小妖精集市》(*Goblin Market*, 1862)，它把街头的叫卖声变成了妖精们邪恶的呼唤 (Norcia 2012)：

> 来买我们果园的水果，
> 来买吧，来买吧，
> 苹果和温柏树，
> 柠檬和橙子，
> 丰满香甜的樱桃，
> 西瓜和覆盆子。

> 罗赛蒂 (Rossetti) 1993：71

尽管约翰·皮克尔 (John Picker) 的作品《维多利亚时期的声景》(*Victorian Soundscape*) 有助于恢复它们的视觉，或者更确切地说，恢复它们的听觉，但19世纪文学的这种声景还是相对被忽视了。皮克尔明确指出，19世纪的文学作品是在城市噪音的背景下创作的，同时也是在狄更斯、丁尼生、威尔基·柯林斯等人支持的控制街道噪音运动的背景下创作的 (Picker 2003：61)。街道上的哭泣者、教堂的钟声、城市里的动物，以及许多其他来源的噪音都是造成城市噪音的原因，而狄更斯和他的同行作家的愤怒主要集中在流动的移民音乐家，存在竞争关系的文化制作人，他们勉强把家里的墙壁弄得像个脑力劳动的地方。这是一个有益的提醒，那些为我们提供过去感官景观窗口的作家们，也在努力让我们回忆雅克·兰西埃（Jacques Ranciere）所说的视觉的分布（Ranciere 2004）。

狄更斯等人一直担心伦敦是一个存在问题的社会空间，但总的来说，英国小说在19世纪50年代初之后发生了变化，在接下来的几十年里，一种不同类型的国内文学占据了主导地位。一方面是情感小说，探索家庭生活的阴暗面，另一方面是乡土小说。在这些小说中，用雷蒙德·威廉姆斯（Raymond Williams）的术语来说，就是对更"可知"的地方社区的细节描述取代了对新兴城市的生动描述。然而，这些小说也在自身的结构中记录了现代性的进程。例如，在艾略特的小说中，科学观察的语言——光学和声学——贯穿在叙述之中，为个人知识必然的局限性提供了引人注目的象征。正如约翰·皮克尔所指出的，艾略特在1870年出版的《米德尔马契》（*Middlemarch*）中著名的"沉默背后的咆哮"（Eliot［1874］2000：124）只是她的小说中引用当代声音发现技术的段落之一，涉及从麦克风的紧急放大技术，到赫尔曼·冯·亥姆霍兹对共振的解释（Picker 2003：82—100）。

就其本身而言，这部情感小说很少因其所描绘感性细节的世界而引人注目。威尔基·柯林斯（Wilkie Collins）的《白衣女人》（*The Woman In White*，1859—1860）和《月光石》（*The Moonstone*，1868），以及玛丽·伊丽莎白·布雷顿（Mary Elizabeth Braddon）的小说《奥德利夫人的秘密》（*Lady Audley's Secret*，1862）更多地关注动作和神秘，而不是丰富的背景或感官体验。然而，这些悬疑小说标志着一个新的时代，悬念对读者有着特殊的且持续发展的身体影响。在这方面，它们遵循哥特式小说的轨迹，也对读者的身体和思想产生影响。这部情感小说与当代情感剧有着密切的联系，在这部剧中，所有观众的兴趣都集中在特定的"情感场景"上：引人入胜的动作场面，往往是在最后一刻的拯救，与生动的现实背景形成鲜明对比。这些戏剧中最成功的是迪翁·布希高勒（Dion Boucicault）的《科琳·鲍恩》（*The Colleen Bawn*，1860），它以水中救援而闻名，而他的《天黑以后》（*After Dark*，1868）中描绘了的铁路救援是借鉴了奥古斯丁·戴利（Augustin Daly）的《煤气灯下的铁路救援》（*Under the Gaslight*，1867），并且将城市描绘成罪犯的天堂是借鉴于阿道夫·菲利普·丹讷里（Adolphe Philippe Dennery）和尤金的《巴黎波希米亚人》（*Les Bohemiens de Paris*，1843）。铁路救援成为大众娱乐历史上模仿最多的场景之一，并一直延续到电影时代，恶棍把某人留在铁轨上，使其失去知觉或被绑住；火车冲向无助的受害者，但是当火车飞驰而过时，男主角或女主人公及时赶到，与受害者一起滚到安全的地方，作为一个象征性的场景，它表明，真正的人性在某种程度上与技术不一致，或许与现代性本身也不一致。与此同时，这类场景运用了一种舞台技巧，将工业时代所要求的专注程度变成了一种愉快的娱乐——观众们正在接受一种感官的工业训练（Daly 2004）。

在 19 世纪的最后几十年里，城市的景象、声音、气味和结构又回到了英国的阿瑟·莫里森（Arthur Morrison）、乔治·吉辛（George Gissing）和克拉伦斯·鲁克（Clarence Rook）的贫民窟小说中，以及在大陆和美国的自然主义中，重新成为人们迫切感兴趣的话题。到本世纪末，一代犯罪学家和科学家也使许多人相信，犯罪行为确实是体现在身体上的，可以从头骨、耳朵的大小和形状，以及额头的角度观察到。切萨雷·龙勃罗梭（Cesare Lombroso）是《洛莫犯罪》（*L'uomo ente*, 1876）一书的作者，他的作品说服了许多人相信这种视觉幻想的真实性（Pick 1993：109—152）。在这种解读下，城市不再是那么充满现代性的主要场所，更多的是往事徘徊在一个危险的幸存者之地，只有现代法医学才能通过一种新兴的视觉和触觉生物识别技术——颅测量、法医学摄影和指纹识别——来控制那些低级的原始类型。从布莱姆·斯托克（Bram Stoker）1897 年的《惊情四百年》（*Dracula*）到约瑟夫·康拉德（Joseph Conrad）1907 年的《秘密间谍》（*The Secret Agent*）（Pick 1993：155—175），这样的噩梦贯穿了 19 世纪的流行文学风格。象征主义者、颓废主义者和自然主义者的文学实验，包括试图利用"较低"的感官，被马克思·诺尔道看作是这种堕落的犯罪行为的高级文化等量物，证明了现代文化的病态本质（Classen 1998：118—120）。

19 世纪 40 年代的社会冲突，以及"看到"社会整体的意愿，在爱德华·摩根·福斯特（E. M. Forster）1910 年的《霍华德庄园》（*Howards End*）中以另一种形式出人意料地回归。工业工人不见了，取而代之的是不断壮大的文员队伍，在福斯特看来，这支队伍由知识分子（施莱格尔家族）、资本家（威尔科克斯家族）和工人（伦纳德·巴斯特）组成。想要透过工业城市的浑浊，以一种新的形式，去作为一种连接的意愿，这不仅要了解精神生活和工作世界的关系，还要了解帝国的幕后世界，威尔科克斯（后来还有施莱格尔）就是从这个世界里赚钱的。第 18 章告诉我们："稳定且又完整地看待现代生活是不可能的。"（Forster［1910］2000：

173 138）小说中的玛格丽特·施莱格尔（Margaret Schlegel）拥有视角上的特权，她能看到事物的全貌。福斯特将这种能力与《霍华德庄园》的乡村隐居联系在一起，这是威尔科克斯（Wilcoxes）一家暂时拥有的田园诗般的生活，但小说的结尾是属于一个男孩，他的母亲是施莱格尔（Schlegel），父亲是巴斯特（Bast）。除非我们享受我们在过去这片土地的慢节奏，否则我们无法理解现在，这似乎是这个结局的一个信息。尊贵的威尔科克斯就没有这样的顾虑；他们几乎闻不到玫瑰花的味道，因为他们都患有花粉症，喜欢开着他们那又吵又臭的车在乡间小路上开得飞快，在玛格丽特以令人作呕的速度驾车穿越英国乡村的一段话中，福斯特的哲学视野与汽车世界的脱节显而易见："她看着风景，它像粥一样起伏融合，目前它是凝结的，他们已经到了。"（169）但福斯特也意识到小英格兰庄园主义的局限性，这不是《曼斯菲尔德庄园》（*Mansfield Park*）：小说中鼓励我们要像玛格丽特那样，她拥有良好的品味和社会视野，就像《霍华德庄园》一样，是依赖于殖民开发所获得的财富，而这一次不是基于糖的甜度，而是第二次工业革命所需橡胶的弹性和防水性能。

我所追寻的反工业的思路只是 19 世纪繁密文学结构中的一条。例如，在英吉利海峡或者拉芒什海峡对岸，一种与现代生活截然不同的接触出现在查尔斯·波德莱尔（Charles Baudelaire）的作品中，他以城市街道为素材，就像他的现代生活画家贡斯当丹·居伊（Constantin Guys）一样。波德莱尔认为，现代艺术家必须沉浸在现代生活中，他将其与街道和人群的感官世界联系起来。正如侦探小说所暗示的那样，人群不是一种可以驾驭的东西，也不是舞台情节剧中那种异化的形象，但艺术家可以从中汲取巨大能量。对沃尔特·本杰明（Walter Benjamin）来说，波德莱尔最引人注目的创新是他试图将现代的震撼体验融入诗歌（Benjamin 1968），在 1861年的《一个路人》（*Aune passante*）中，波德莱尔捕捉（文字上）到了现代稍纵即逝的美，表现为一个身穿丧服的女人从他身边走过，而城市的交通噪音在他耳边呼啸（"在我周围的喧嚣的街道上尖叫着" Baudelaire 1968：181），他从她那双天蓝色的眼睛里看到令人悲痛的"稍纵即逝之美"，眼睛里充满狂风暴雨。在这里，城市的匿名性并不是作者所反对和抨击的东西：城市的视觉世界充满希望，它允许人们对生活、对爱的无尽幻想，这

在一千个陌生人的眼中闪现。这并不是田园牧歌的想象，而是大自然，带
着它的天空和风暴，已经凝结在一个陌生女人的身体里。波德莱尔对街
头生活的感性拥抱，以及与其感官对应的思想，在 19 世纪后期的法国象
征主义者的作品中再次出现，——史蒂芬·马拉美（Stéphane Mallarmé）、
保罗·魏尔伦（Paul Verlaine）、亚瑟·兰波（Arthur Rimbaud）——以及
俱乐部的诗歌（Classen 1998：111—112）。

　　在以英语为母语的世界中，最接近这种感官表征的转变是我们通常
称之为"唯美主义"的运动组合。然而，这种趋势的最奇异的成熟期直
到 19 世纪的最后一个季度才出现，唯美主义的起源可以在更早的时期
看到，例如，拉斐尔前派（Pre-Raphaelites）的思想和实践，沃尔特·佩
特（Walter Pater）的散文，詹姆斯·艾伯特·麦克尼尔·惠斯勒（James
Abbott McNeill Whistler）的作品。19 世纪 80 年代，当奥斯卡·王尔德
（Oscar Wilde）出现在伦敦的舞台上时，他对"美之崇拜"的普及已经打
下了很大的基础，对那些认为艺术和文学应该更多地关注道德而非感官之
人的敌意在早期也很明显。以托马斯·迈特兰（Thomas Maitland）为笔名
的罗伯特·布坎南（Robert Buchanan）在他的文章《肉欲诗派》(Fleshly
School of Poetry）中抨击了但丁·加布里埃尔（Dante Gabriel）的**诗歌**
（1870 年），以及阿尔吉侬·斯文本恩（Algernon Swinburne）、威廉·莫里
斯（William Morris）等人的作品，指责他们对感官有一种"亚宁尼生风
格"（sub-Tennysonian）的痴迷，他怒斥，他们的使命是：

　　　　歌颂"美"是诗歌和绘画艺术的独特且最高的境界，断言诗歌的
　　表达比诗歌的思想更伟大，这是通过推断身体比灵魂更伟大，声音
　　高于感觉；诗人要适当地发展他的诗歌才能，就必须是一个知性的雌
　　雄同体的人，对他来说，白天黑夜的事实都消失在美学术语的漩涡
　　中了。

　　　　　　　　　　　　　　　　　　　　　　　　　梅特兰 1871：336

罗塞蒂被挑出来进行谴责：指责他对性的颂扬中显得"肮脏"；他的作品
被认为是为了表现感官享受的本身，没有任何精神和知识上的酝酿。在某
种程度上，布坎南的批评模式是一种图像化的：他认为，罗塞蒂的绘画是
一位熟练的色彩画家的作品，缺乏对线条和透视的控制，不像一位更有

智慧的艺术家，诗歌也大同小异。但罗塞蒂也被指责过于"痛苦地自我克制"，用词过于矫揉造作，押韵也过于做作。同样矛盾的指控在19世纪90年代针对王尔德笔下的道林·格雷（Dorian Gray），最终在1895年针对王尔德（Wilde）本人。

图 7.2　纳达尔所绘查尔斯·波德莱尔画像。美国国会图书馆。

虽然唯美主义有着复杂的起源，但沃尔特·佩特在《文艺复兴史研究》（*Studies in the History of the Renaissance*，1873）中的研究可以被看作是文艺复兴运动的圣经。佩特的文艺复兴不是一个艺术的历史时期，而是一系列从12世纪到18世纪的艺术品和历史事件，这些作品表现出一种特殊的情感，其中一部分是对男性美的欣赏，是对艺术形式的一种享受。佩特坚决反对拉斯金（Ruskin）的道德批评，支持马修·阿诺德（Matthew Arnold）的中立批判，他向读者保证，我们要问的问题是，一篇文章，一幅画，或者任何其他的经历，对我来说，这是什么，这对我有什么影响？在一个瞬息万变的世界里，我们的目标不应该是寻求智慧，而是为了体验本身而享受体验："不是体验的结果，而体验本身就是目的。"（Pater［1873］1986：151）。佩特对文艺复兴的非凡"结论"不仅激发了一代人对艺术与生活关系的新概念，而且激发了他们对生活本身的新态度。它的确激起，要将**"及时行乐"**和一个激进的呼吁结合起来，即向世界开放我们的思想和感官（152）：

> 多彩的、戏剧性的生活给我们带来了数不清的激动人心的时刻。我们如何才能从他们身上看到所有我们以最敏锐的感官所能看到的东西呢？我们如何才能迅速地从一个点走到另一个点，并始终凝聚在一个焦点上，这焦点是以最大生命力且最纯粹的能量聚集起来？……永远用这种坚硬的宝石般的火焰来燃烧，保持这种狂喜，这就是人生的成功。在某种意义上，我们甚至可以说，我们的失败在于形成习惯：因为，毕竟，习惯是相对于一个模式化的世界而言的，而与此同时，只有眼睛的忽视，才能使任何两个人、事物、情况看起来相似。尽管所有融化在我们的脚下，我们很可能会抓住任何高雅的热情，或者对知识的任何贡献，似乎是通过提升水平，让精神得到片刻的自由，或者任何感官的刺激，奇怪的染料，奇怪的颜色，奇怪的气味，或者艺术家手中的作品，或者一个朋友的脸。

佩特声称"一切都在我们脚下融化"，这既表达了他的信念，即在现实方面时间的有限性，也表达了他对事实的信念，即观察对象本身处于不断变化之中，尽管很难不与马克思和恩格斯的"一切固定的东西都烟消云散了"的理论联系起来，这是从资本主义经济动态破坏性的角度来将不稳定的事实历史化。无论如何，我们可以追溯到佩特激进的印象主义，以及他对感官体验的狂热崇拜，始终贯穿于19世纪最后25年的文学作品中，甚至一直延续到20世纪：例如，在乔伊斯（Joyce）对年轻艺术家斯蒂芬·迪德勒斯（Stephen Dedalus）的追忆中，这种狂热依然存在。

　维多利亚晚期有大量的诗歌体现了佩特的观点。欧内斯特·道生（Ernest Dowson）的《我一直按自己的方式对你忠诚，西纳拉！》（*Non sum qualis eram bonae sub regno Cynarae*）为我们提供了一个熟悉的例子：

> 我忘却了许多，西纳拉，都已随风飘逝，
> 抛散的玫瑰，人群中乱抛的玫瑰，
> 狂舞，为了把你苍白、失落的百合忘记；
> 可是我凄凉无伴，为旧日的恋情而心烦，
> 是的，无时无刻不是漫长的跳舞：
> 我一直按自己的方式对你忠诚，西纳拉
>
> 道生（Dowson 1962：58）

说话者试图沉浸在感官的狂欢帝国中——红色的嘴巴，疯狂的音乐，浓烈的酒——但却被一种更古老的爱情所萦绕，这种"失落的百合"比情爱更暗示死亡。它有佩特式的阴暗，但也有我们所联想到堕落的深暗颜色；这里有对强度的赞颂，但也是一种病态，这在佩特的**文艺复兴**中并不明显，这种唤起复杂心理状态的冲动，以及对难以言表之事物的暗示，提醒着我们，英语文学在那个时代并不是孤立存在的。道生可能借鉴了佩特，但他也提到了波德莱尔早期的作品，以及当代法国的象征主义。

我们在奥斯卡·王尔德的《道林·格雷的画像》（*Picture of Dorian Gray*，1890）中看到了对佩特"结论"的更直接的改编。王尔德笔下的道林以恶魔的交易而闻名，他将人类衰老的过程转移到自己的画像上，但道林只有通过充分享受生活，享受自己作为情人、美丽物品收藏家、鸦片爱好者和杀人犯的感觉，才能从这种安排中获得全部价值。在最终毁了这幅画像，也毁了自己之前，他甚至享受着自己的懊悔。就像佩特一样，这幅画赋予了那些爱着他者之人一种对事物世界的特殊敏感性。小说中最引人注目的段落是第 11 章，部分基于王尔德对大英图书馆中神秘收藏家知识的阅读。例如，在这里，道林已经投身于香水和异国乐器的研究之后，成了一名宝石鉴赏家。

> 他常常要花一整天的时间，把他收集的各种石头在他们各自的箱子里一堆堆地搬来搬去，比如在灯光下会变成红色的橄榄绿温绿柱

石，带着银丝般线条的金绿宝石，开心果色橄榄石，玫瑰粉色和酒黄色的黄玉，火红的红玉，上面有颤动的四色星星，火红的肉桂色宝石，橙色和紫色的尖晶石，紫水晶和它们交替的红宝石和蓝宝石层。他喜欢太阳石的红金，月亮石的珍珠般洁白，还有乳白色蛋白石上破碎的彩虹。

178

王尔德［1890］1998：144

当然，这是一段在不同层面上都起作用的文章，它向我们展示了道林品味的不断更新，以及他试图通过所围绕的对象来扩展对主观的限制，这些物品充满了他对收藏家的爱。但对读者来说，它提供了感官散文诗的体验乐趣：语言上的新奇、丰富而陌生的词语，可以在脑海中或舌头上滚动。这个静态的章节在某种意义上，正如杰夫·布川（Jeff Nunokawa）所说，"实际上是难以读懂的"，它也唤起了一种渴望的凝视，以及这种凝视的一系列对象，这些对象很容易从维多利亚时代小说的道德典范中逃脱出来（Nunokawa 2003：147）。

王尔德并不是单单从佩特身上得到灵感，最明显的其他来源是若利斯·卡尔·于斯曼（Joris-Karl Huysmans）的《逆流》（*A Rebours*，1884），有时被认为是"黄皮书"。于斯曼小说的主人公德·埃森特斯（Des Esseintes）厌倦了都市的放荡生活，在巴黎郊外的丰特奈（Fontenay）获得了一所房子，从此遁世隐居。此后，他致力于重新进行智力和感官实验，沉浸在他最喜爱的艺术家和作家的作品之中，其中包括波德莱尔、魏尔伦和马拉美。他种植有毒植物（像纳撒尼尔·霍桑的拉伯西尼医生［Rappaccini］），涉足香水行业，甚至创造了一系列高度风雅的晚餐，一套全是白色，一套全是黑色。在他对香水的研究中，他认为香水的历史遵循着文化史的大致轮廓：

它的历史是一步一步跟随着法语发展起来的。路易十三的香水风格，由那个时期的珍贵元素——鸢尾粉、麝香、麝香猫和桃金娘的水组成，已经因安琪儿的名字广为人知——香水——但这还不足以表达那种相当粗俗的骑士风度的色彩，圣亚曼的某些十四行诗为我们保留了当时原始的色彩。然后，在第一帝国的冷漠和无情之后……香水界追随维克多·雨果和戈蒂埃，前往太阳之国寻找灵感……它继续发展……加入对中国和日本事物的崇拜……仿照日本竹冈的花束，将薰衣草和丁香混合在一起，产生龙葵的香气。

若利斯·卡尔·于斯曼（Huysmans［1884］1987：120—121）

　　　图 7.3　拿破仑·萨洛尼所绘奥斯卡·王尔德画像。美国国会图书馆。

这里有一种幽默的感觉，而这在道林·格雷的哥特式小说中是不够的，但 180
除此之外，人们很容易就能看出王尔德借鉴了多少。于斯曼也期待王尔德
从感官沉浸的类别中走出来，以及对艺术和文化凌驾于自然之上的颂扬，
转向对性本质有更广泛的认识。而《逆流》并没有体现王尔德小说中那种
全男性的三角恋爱关系。但在其他方面，它更明确地表达了主人公的性取
向，以及肉体上面的乐趣。在第 9 章中，德·埃森特斯（Des Esseintes）
回忆起他与乌拉尼亚小姐（Miss Urania）的短暂关系，一位美国马戏演员
（大概是以亚大·门肯［Adah Menken］为原型），她在表演中表现出来的
男子气概吸引了他："他被一种明确的欲望攫住了，想占有这个女人，渴
望她就像一个患了萎黄病的女孩追逐一个笨拙残酷的人，因为这个人的拥
抱能把她的生命挤出来。"（111）遗憾的是，事实证明，她在私生活中表
现出令人失望的女性气质。他发现某一天，他和街上遇到的年轻人在一
起，感到更加满意。他与这个嘴唇像樱桃一样的年轻人建立了一种"不
信任的关系"。（116）"他从来没有屈服于这种令人愉快或更严厉的利用，
他从来没有冒过这样的风险，他也从来不知道满足与痛苦这样交织在一
起。"（116）道林的作品中不会出现这样明确的段落，尽管如此，评论家
们还是认为这是一部带有"不健康"倾向的小说。于斯曼的书成为了道
林·格雷的圣经，这也提醒我们，维多利亚晚期唯美主义最引人注目的方
面之一，是将书本身独立地作为感官对象。近年来，设计与出版的完美结
合，出版的书籍包括引人注目的杂志《黄皮书》(The Yellow Book, 1894—
1897)、《长青》(The Evergreen, 1895) 和《松子》(The Acorn, 1905)，
以及由塔尔文·莫里斯（Talwin Morris）、查尔斯·里基茨（Charles
Ricketts）和威尔·布拉德利（Will H. Bradley）设计的书籍。

如果 19 世纪 80 年代和 90 年代见证了新浪漫主义的主导地位，以
及对丰富感官诗歌的颂扬，那么在 20 世纪初，作家们受到了一系列相
互重叠、相互竞争的新"主义"的启发，如未来主义（Futurism）、旋涡
主义（Vorticism）和印象主义（Imagism）等，它们都是文化复兴运动
的代表，有时需要新的感官层次（Classen 1998：126—131），未来主义
歌颂速度和机器之美所带来的喜悦，印象主义似乎代表了一种新古典
主义，摒弃了押韵俱乐部（Rhymers Club）一代的华丽辞藻，而倾向于
一种更简洁、不那么主观的方法。美国诗人希尔达·杜利特尔（Hilda
Doolittle）的《山林仙女》(Oread, 1914) 以庞德（Pound）的模式首次出

现在旋涡学杂志《爆炸》(*Blast*)上，但没有标题，这为新方向提供了一个很好的例子。在 6 行简短的句子中，它以一种特殊的力度传达了它的信息：

181
> 翻腾起来吧，大海——
> 把你的松针翻腾起来，
> 把你大堆的松针
> 向我们的礁石泼过来，
> 把你的绿色向我们身上猛掷吧，
> 用枞叶的漩涡把我们覆盖。

杜利特尔［1914］2010

19 世纪 90 年代诗歌的百合花和玫瑰是消失了，但这并不是说诗歌没有了感官吸引力："旋转""投掷"和"冷杉"吸引着人们的耳朵，就像它希望抹去大海与陆地、自我与他人之间的界线一样，吸引着人们的心灵，并暗示着一种类似于性的海洋包围感。但是，意义的简练和浓缩，以及对继承下来的诗歌词汇的排斥，都表明一种非常顽固的想要使其新颖的思想。先例中包括古典模式，而且可能还有亨利（W. E. Henley）的作品，他的长诗《住院》(*In Hospital*, 1889) 以同样的方式展示了强有力的意象、联觉效果，以及对传统诗歌修辞的不耐烦，亨利的诗，通常采取的是自传，通过把医院体验作为中心，他似乎很期待 20 世纪诗歌中较为暗淡的一面，尤其是艾略特的作品：没有高贵的主题，被人戳来戳去，在一个没有活力的环境中痛苦地生存着，成为一个典型而非特殊的形象。

印象主义在小说中永远不太可能成为一股强大的力量，小说中印象主义的一般倾向是"包容"而不是"压迫"。海明威直接受到庞德和他的形容词"剪刀"的影响，可能是个例外，但在大多数情况下，现代主义小说仍然是一种包容的形式。尤其如此，当然，马塞尔·普鲁斯特（Marcel Proust）的七卷本《追忆逝水年华》(*Remembrance of Things Past*, 1913—1927) 是一扇通往巴黎美好时代感官世界的窗户，还有詹姆斯·乔伊斯（James Joyce）他的《尤利西斯》(*Ulysses*, 1922) 是一本真实的百科全书，记录了 1904 年 6 月都柏林的日常生活。

普鲁斯特（Proust）的代表作其中之一是对意识体现的探索，叙述者在品尝"娇小的玛德琳"时不由自主地回忆："在人们死去之后，在事物破碎和分散之后……，事物的气味和味道像灵魂一样长久保持着平衡，提醒着我们……在其本质中，那微小的、几乎摸不到的一点一滴中，蕴藏着永不改变的记忆的巨大结构。"（Proust 1934：36）但即使在玛德琳插曲之前，也鼓励我们去思考记忆和感官之间的关系，我们的叙述者经历了记忆的"突然爆发"，这给他一种不去分析的时间错位感，就像当我们看到一匹马奔跑时，我们把它身体的连续位置从生物镜上分离出来一样（6）。正

182

图 7.4　威尔·布拉德利设计的书籍封面，公共版权。

如萨拉·达尼乌斯（Sara Danius）（Danius 2002）所指出的，这段引文说
明了普鲁斯特对感知的观点在多大程度上受到当代视觉技术的影响，他的
例子与其说让人想起生物显微镜，不如说是让人想起艾蒂安·朱尔斯·马
雷（Etienne-Jules Marey）的摄影实验。但是普鲁斯特并没有把记忆的工
作原理与马雷的分析摄影联系起来，而是似乎在暗示，当分析冲动被抑制
时，记忆是最强大的。

在乔伊斯的《尤利西斯》中，对现在的描述同样要追溯过去，但乔伊
斯的主题更多的是城市而不是记忆。他早期的作品《青年艺术家的肖像》
（*A Portrait of the Artist as a Young Man*，1916）已经上演了艺术与街头的邂
逅。在半喜剧的最后一章，斯蒂芬（Stephen）和他的朋友林奇（Lynch）
从他们的大学走了一条迂回的路线到国家图书馆，在此期间，斯蒂芬试图
解释他的新托马斯主义（neo-Thomist）关于美的观点。但当他们散步时，
他那一本正经的谈话被街上的喧闹声打断了，"一辆满载着旧铁器的长
途汽车……用刺耳的金属轰鸣声盖过（他的）演讲的结尾"（Joyce 1976：
476）。乔伊斯而不是斯蒂芬意识到，即使是最详尽的艺术理论也有其弱
点，因为在这个令人分心的时代，城市体验带来了巨大的压力。在随后的
作品《尤利西斯》中，史诗流浪英雄布鲁姆（Bloom）重生，作为都柏林
代言人，也是波德莱尔笔下艺术家的翻版，一个拥有千变万化的意识且
将街道内化的艺术家。小说的中心人物是他，而不是斯蒂芬，在他的脑
海中，都柏林的风景、噪音、气味、味道和结构都是他的作品。乔伊斯
对小说的最初设想是每个部分都应该有自己独特的身体器官——比如塞
壬（Sirens）情节中的耳朵（Ellmann 1983：436）——但是小说超越了这
种僵化的方式，而且其感官的取向遵循下列特征：斯蒂芬停留在不可避免
的有形形态上，试图通过艺术家冰冷的眼睛来观察世界，而布鲁姆对世界
的探讨更直接、更有形。似乎是为了重申这种对意识体现的承诺，在小
说的最后一段，视角发生了变化，我们可以看到布鲁姆妻子莫莉的想法，
甚至比她的丈夫更欣赏感官帝国。（女性更依靠"身体"而不是"心灵"
来感受的说法应该提醒我们，先锋派文学并非不受当时性别意识形态的
影响。）

在乔伊斯身上，我们看到了一种实验现代主义形式的尝试，**尤其**是做
感觉的判断，展示了意识的化身，并且破坏了眼睛的特权。当然，在这
些努力中，他被认为超越了礼仪的界限，超越了文学的界限。《尤利西斯》

是一本对某些人来说太过贴近感官的书，1933 年，法官约翰·M. 伍尔西
（John M. Woolsey）宣布，《尤利西斯》可以在美国出售，他认为，虽然它
的影响是"有点令人作呕，但没有任何地方有催化作用"（Ellmann 1983：
667）。然而，到那时，文学的本质和文学与感官之间的关系已经有了全面
的调和。但这个故事属于本系列的下一卷。

184

第八章 艺术和感官：从浪漫主义到未来主义

康斯坦斯·克拉森

1800 年至 1920 年期间，感官在艺术中的角色是引起人们强烈兴趣的主题。阐述了关于艺术感性本质的新理论，尝试了通过艺术来表现和参与感官的新实验，重新发现和想象了旧的美学模式。这些对艺术感官层面的令人兴奋的研究是由哲学和科学的发展以及诸如摄影和新技术所推动的。他们也被性别、阶级和种族的意识形态所渗透。

感官相互关系的概念在 19 世纪后半叶获得了艺术上的突出地位，在感官史上尤为重要，这将成为本章的中心重点。由于这一概念与艺术的相互关系密切相关，因此将在这里探讨广泛的艺术形式。首先要解决的社会学问题是：这些关于感官和艺术的新思维方式在多大程度上暗示了对社会的新思考方式？

眼与手：分裂的艺术

18 世纪末至 19 世纪，视觉艺术和手工艺之间产生了裂痕（Shiner 2001）。艺术从车间脱离出来，油漆和画布等许多更像工艺的准备工作都委托给了技术人员。这种裂痕具有重要的感官意义，因为它加强了绘画与视觉以及手工艺与触觉的联系（Ree 1999：353—363）。由于视觉通常被认为是一种比触摸更高贵的感官，因此绘画的地位得到了提升。相比之下，触摸被认为是无美感的、物质性的，这有助于将工艺品排除在"精美"艺术之外。许多工艺品都生产于 19 世纪的工厂，这一事实也导致了工艺品地位的下降。

浪漫主义运动促进了绘画与视觉控制之间的联系，将艺术家的理想提升至一个高瞻远瞩、高人一等的天才。相比之下，"脚踏实地"的工匠似乎只需要熟练的技巧。浪漫主义也强调了艺术的超越性、非物质性。艺术越被概念化为一种非功能性的、纯粹的审美活动，相比之下工艺品就越显得物质化。虽然现代观赏者对一幅画最理想的做法是凝视它，但许多手工艺形式的手工使用似乎使他们扎根于由物质价值和身体需求构成的"粗糙"世界中。浪漫主义对色彩和情感的强调（尤其是在尤金·德拉克洛瓦［Eugene Delacroix］的作品中）在某种程度上混淆了画面，因为这些可以被视为更感性而非知性的吸引力。然而，浪漫主义者可以宣称，他们在艺术中使用色彩和表达情感，并不是作为目的本身，而是作为精神状态的指标，并作为摆脱传统约束的艺术自由的标志。

一旦视觉艺术和工艺品之间的这种划分被确立，它就很容易被调整以帮助区分感知到的社会差异。由于眼睛与自由及"监督"的概念相联系，而手与服务及体力劳动的概念相联系，有远见的艺术家的社会地位上升，而灵巧工匠的社会地位下降。

在更广阔的层面上，视觉艺术被认为是一个以欧洲为主的领域，这和视觉与理性的联系以及西方所谓的优越的知识造诣是一致的。相比之下，非欧洲人（尤其是土著民族）的审美实践往往与手工艺品和触觉相结合。席勒（Schiller）在《审美教育书简》（*On the Aesthetic Education of Man*）一书中提出了这一观点的早期版本："只要某人仍然是一个野蛮人，他就只靠触觉来享受……要么他根本没有上升到能看见东西的水平，要么他根本就对它不满意。一旦他开始通过眼睛来享受，对他来说，视觉获得了自身的价值，他在审美上就已经是自由的了……"（1982：195）视觉艺术也被认为是男性的领域。事实上，只有一种活动是完全被女性接受的，那就是所谓的"女性工作"。这类工作集中在烹饪、缝纫、清洁和照料——与"较低"的触觉、味觉和嗅觉相关的活动。那些有佣人做家务的妇女可能会从事另一种改良版的妇女工作，例如刺绣。不过，这种女性化的工艺仍然与第二等级的感官联系在一起（Barker-Benfield 1992）。值得注意的是，许多 19 世纪妇女的肖像画很少显示她们正在缝纫的东西——这被认为不具有审美价值的。这是一个亲密的且被认为是快乐的家庭生活场景。因此，妇女的工作属于手工的触觉领域，而不是艺术的视觉领域。

这并不是说绘画对女性是完全禁止的（的确，浪漫主义有助于女性手工艺的琐碎化，但它也通过强调个人的独创性和超越性，鼓励一些女性打破常规，以艺术家的身份展现自己）。事实上，艺术被上流社会的女性以一种次要的方式作为消遣，这在上层社会是可以接受的。然而，对于他们应该尝试什么和能够取得什么成果，有一些理解上的限制。人们认为，与油画相比，粉彩提供了一种更柔和、更淑女的画质，而小尺寸的图画或微缩画则被认为比大型作品更合适。

图8.1 "妇女的作品"：19世纪爱尔兰钩针花边。塞缪尔·戈登伯格（Samuel L. Goldenberg），《花边的起源和历史》（*Lace, its Origin and History*），古登堡项目电子书38973。

188   至于题材方面，则是具有广泛视野或戏剧范围的作品，应避免以家庭题材为主，或如卢梭（Rousseau）所说，对"树叶、水果、花朵和布料"的描绘（Parker 1986：124）。就像女性的手工作品一样，这样的女性艺术作品可以被描述为有品味或显示出一种微妙的触觉，但并不能体现伟大艺术所必需的远见卓识的天才思想。事实上，无论妇女做了什么，根据这一范式，最终仍是生产妇女的工作，因为她们总是处于性别和感官鸿沟的劣势（Classen 2005a）。

对视觉艺术价值的强调渲染了艺术品和博物馆之间袖手旁观的趋势。在17世纪和18世纪的博物馆，参观者经常处理展出的收藏品。这种处理方式不仅仅是因为"粗鲁的举止"，甚至也不是为了与一件稀有收藏品建立亲密的联系。人们普遍认为，在提供有关博物馆物品的基本信息时，触觉补充了视觉（Classen 2005b）。

19世纪，随着博物馆对公众开放程度的提高，出于对保护的考虑，以及希望工人阶级的参观者与文化"珍宝"保持一种尊重的距离，博物馆禁止人们触摸文物。然而，到了这个时候，一件艺术品的所有重要知识都可以通过视觉了解，已经非常普遍，以至于人们不再认为触摸在博物馆中起着任何有效的作用（Candlin 2010：ch.3）。

　　与此同时，随着艺术博物馆发展成为一个特殊的审美观赏场所，音乐厅作为一个独立的审美倾听的特殊场所出现了（Kivy 1997）。传统上，音乐是为特定的社交场合演奏的，无论是婚礼、舞会还是宗教庆典，通常都伴随着舞蹈。在 18 世纪和 19 世纪，在类似于上述讨论的影响推动下，音乐开始被概念化为一种艺术形式，需要纯粹的听觉沉思才能得到适当的欣赏。因此，它脱离了它的社会功能和舞蹈，并在音乐厅中表演，从而促进了单一感知听觉的沉思。因此，从民歌到非西方音乐，这些仍然是一种融入社会环境的音乐形式，在审美上被认为是低劣的，由于它们与"较低"的味觉、嗅觉和触觉的联系，通过诸如吃饭和跳舞等结合在一起的活动而被拉低。

　　因此，视觉艺术和手工艺的分离是艺术和感官更大范围分裂的一部分。这反过来又与对社会按阶级、性别和种族划分的关注相一致。它也符合现代城市生活中日益重要的专业化程度和分类程度的要求，在这种生活中，音乐厅、艺术画廊、影院、餐馆或工厂等活动都被分开，并在专用空间中进行。

印象和符号：绘画，雕塑，以及装饰艺术

　　19 世纪艺术的特点是寻找新的表现形式和表现对象。这种探索的一个结果是，本世纪后半叶的许多画家致力于记录街道和乡村的自然生活，而不是专注于静物、历史场景或画室肖像。据说这些新画家"试图描绘行人的行走、动作和熙熙攘攘，就像他们试图描绘树叶的颤动、水的涟漪和阳光普照的空气的振动一样。"（Duranty［1876］2002：23）这种对描绘印象的强调使参与其中的艺术家被称为印象派画家。

　　摄影的发展，呈现了新的记录方式和与视觉世界的联系，激发了人们对新的视觉展现方式的兴趣。19 世纪中叶，它激发了人们对现实主义绘画风格的兴趣，这种风格旨在客观地表现日常生活，古斯塔夫·库尔贝（Gustave Courbet）的绘画就是一个例子。虽然摄影本身的写实性会使写实的绘画方式显得有些肤浅，但绘画比黑白摄影更能表现色彩。

　　摄影的另一个内在特点是它能在胶片上定格运动。这使得目光停留在短暂的瞬间。通过剪裁，照片也将人们的注意力吸引到发生在场景边缘的动作上，以及为主题设置框架的新方法上。摄影的这些方面对艺术的影

响在当时的许多作品中都得到了体现，比如埃德加·德加（Edgar Degas）
的"生活片段"绘画，画中人物被夹在中间，被画面边缘切断。甚至摄
影的"缺陷"——模糊、曝光不足——也影响了人们艺术观察的新方
式。例如，在克劳德·莫奈（Claude Monet）的卡普辛大道中（*Boulevard
des Capucines*［1873—1874］），散步的人被模糊化从而来暗示着运动
（Howard 1997：207，参见图 8.2）。

　　心理物理学的研究进一步提高了视觉表现的艺术兴趣。这样的研究表
明，视觉"自然"地将世界看作是一种"彩色拼接"，而不是一个离散物
体的集合。

　　　图 **8.2**　克劳德·莫奈的《**卡普辛大道**》，**1873—1874**。谷歌艺术项目。

许多印象派艺术家，包括卡米尔·皮萨罗（Camille Pissarro）、保罗·塞尚（Paul Cézanne）和乔治·苏拉特（Georges Seurat），都探讨了这一想法，他们选择在作品中强调颜色的并列而不是轮廓。

印象主义虽然承认艺术家的主观性在绘画中的作用，但由于过于强调身体感受而受到批评。对于那些希望描绘内在世界而不是外部世界的人来说，象征主义运动以其对神秘和单一状态的探索，为想象提供了更多的空间。在19世纪的艺术运动中，研究感官的历史学家对象征主义特别感兴趣，因为它阐述了感官对应的概念，并与唤起全面的感官体验密切相关。

在激发人们对感官对应的兴趣方面，浪漫主义发挥了重要作用，因为它在促进艺术与手艺以及视觉与触觉分离的同时，也促进了艺术与音乐的相互关系，进而促进了视觉与听觉的关系。事实上，音乐作为艺术中最无形的——因而也是最卓越的——对于绘画来说是一种浪漫主义的典范模式。这一点后来被沃尔特·佩特（Walter Pater）概括为"所有的艺术都在不断地追求音乐的状态"这一论断（1888：140）。

在这一发展过程中，一个关键的人物是画家尤金·德拉克洛瓦（Eugene Delacroix），他不仅赞美音乐的优点，而且他自己的作品被他的同时代的许多人视为"绘画音乐"。例如，查尔斯·波德莱尔在谈到德拉克罗瓦的作品时宣称，"他的那些美妙的色彩和弦常常使我们梦想到一个音乐的和谐和旋律，而我们在看过他的照片后留下的印象通常是音乐的。"（1981：137）

这种音乐和绘画之间的比较，是因为浪漫主义作曲家和画家往往以相同的文学或传奇来源为基础。因此，德拉克洛瓦和作曲家赫克托·贝利奥斯（Hector Berlioz）都创作了基于《罗密欧和朱丽叶》（*Romeo and Juliet*）、《哈姆雷特》（*Hamlet*）和《浮士德》（*Faust*）等主题的作品。一些19世纪的画家采用了音乐模式，其中一个著名的例子是詹姆斯·惠斯勒（James Whistler），他给他的画起了诸如《黑色与金色的夜曲》（*Nocturne in Black and Gold*）和《白色第一交响曲》（*Symphony in White, No. 1*）这样的名字。

讨论音乐与绘画、听觉与视觉之间的相互关系，唤起了人们对所有感官如何相互关联的兴趣。最有魅力的作家是查尔斯·波德莱尔，他在他1857年的诗歌《书信》（*Letter*）中宣称"香水、颜色和声音相对应"。感官对应这一概念的支持不仅来自当代科学对感官之间相互联系的研究，也来自神秘主义传统，这些传统认为特定的感觉——颜色、音符、气味——

　　图 8.3　1876 年古斯塔夫·莫罗（Gustave Moreau）的《莎乐美在希律王面前跳舞》（*Salome Dancing Before Herod*）。

是通过混合感官的链条联系在一起的（当时许多艺术家都喜欢用大麻做实验，这或许也有助于人们对混合感官的兴趣）。

感官对应，特别是视觉和听觉之间的对应，这些观念在 19 世纪后期对欧洲艺术有着广泛的影响。随着视觉表现领域越来越多地被摄影和魔术灯笼及其他光学装置所产生的幻影所控制，艺术感官的边界提供了使艺术具有关联性的新方法。

在象征主义的例子中，交叉的感官参照使艺术家能够创造沉浸式的、梦幻般的图像，这些图像将感官描绘成通往精神实现的途径。

法国艺术家古斯塔夫·莫罗（Gustave Moreau）的作品很好地说明了丰富的感官意象和具有象征意义的神话题材的运用。例如莫罗最著名的绘画《在希律王前舞蹈的莎乐美》（*Salome Dancing Before Herod*，1876），在这幅精细的画作中唤起了纹理、气味和音乐的感官，其色彩就如同在发光的亮点及烟雾的阴影中清洗过一样。（见图 8.3）。

与莫罗相比，荷兰-印尼艺术家扬·托罗普（Jan Toorop）的风格更加单一，但对神秘寓言和感官丰富性表现出了类似的兴趣。后者有时将声音、气味和触感的联觉融合，转换到视觉领域。在他的《三个新娘》（*Three Brides*，1893）一书中，钟声发出了厚重的声音，这些声音变成了天使的头发，仙袍像香一样旋转（见图 8.4）。图中的新娘，被托罗普描述为"一种熏香"，被玫瑰和香味吞没，正在转化为香味（Goldwater 1979：252）。

她的一侧是一位圣洁的新娘，正在聆听天使抚摸她手臂时的喃喃细语；另一侧是一位邪恶的新娘，她拿着一碗血，无视天使向她伸出的手。这幅画中所有的幻象，只有邪恶的新娘看着观众。她那专注的凝视传达着一种与灵性的融合紧密相连的心灵：她感觉不到天使般的触摸，听不到天国的音乐，闻不到神圣的芬芳。

由于他对身体和感官的纠缠，托罗普在运用视觉艺术传达非视觉情感方面比他同时代的大多数人更进一步。然而，许多 19 世纪末和 20 世纪初的艺术家，从象征主义者到拉斐尔前派，在他们的作品中唤起了非视觉的感观。这一趋势的一个显著标志是这一时期描绘香味的画作数量。这种嗅觉暗示在带有神话或神秘主题的绘画中尤为常见，它们可能暗示着神秘的其他现实。例如，弗里德里希·桑蒂斯（Federick Sandys）的《仙女摩根》（*Morgan le Fay*，1864）、埃德加·马克森斯（Edgar Maxence）的《丛

193

194

图 8.4　1893 年扬·托罗普的《三个新娘》(*The Three Brides*)，布里吉曼艺术图书馆。

林之魂》(*The Soul of the Forest*，1898)、费尔南德·赫诺普夫（Fernand Khnopff）的《香》(*Incense*，1898)、约翰·沃特豪斯（John Waterhouse）的《玫瑰之魂》(*The Soul of the Rose*，1908) 和玛格丽特·麦克唐纳（Margaret Macdonald）的《三种香水》(*Three Perfumes*)。

　　与绘画相比，在雕塑领域中，我们发现多感官美学思想的影响要小得多。事实上，波德莱尔在一篇名为《为什么雕塑是无聊的》的文章中指出，雕塑的触感具象性使其对"农夫"和"原始"的审美情趣产生了共鸣，但对现代艺术批评家来说却不是那么敏感（1981：97—101）。尽管当时许多重要的雕塑家，包括乔治·弗雷德里克·瓦兹（George Frederic Watts）、奥古斯特·罗丹（Auguste Rodin）、卡米尔·克劳德尔（Camille Claudel）、莱奥纳多·比斯托菲（Leonardo Bistolfi）和乔治·米妮（George Minne），都被象征主义者的理想迷住了，感官对应的概念似乎在他们的工作中没有明显的作用。德国艺术家马克斯·克林格（Max Klinger）是一个例外，他有兴趣把绘画和雕塑结合起来，并把两者与音乐结合起来。1902 年，克林格用大理石和青铜制作的彩色贝多芬雕塑构成了维也纳对贝多芬的致敬的核心。（展览会包括一幅由古斯塔夫·克里姆特画的《贝多芬饰带》[Beethoven Frieze] 和一场贝多芬第九交响乐第四乐章的演奏，由古斯塔夫·马勒 [Gustav Mahler] 指挥。）然而，总体来说，雕塑家的交叉感观实验被认为是为了描绘视觉、触觉和动觉体验。后者的突出例子包括：罗丹的《吻》(The Kiss，1889) 和克劳德的《海浪》(The Wave，1897)。

　　然而，如果说雕塑在新美学中被边缘化了，那么装饰艺术就发挥了重要的作用。这在一定程度上是因为 19 世纪后期强调所有艺术之间的相互关系。也由于当时对东方和古董工艺品的迷恋。此外，与早些时候把手工艺品描绘成物质主义和功利主义不同的是，19 世纪末和 20 世纪初的新浪漫主义促进了手工艺品在精神上的丰富，而不是"没有灵感的"机器制造的产品。由于这一发展，将一幅画与一件工艺品相比较不再被认为是贬低。的确，当象征主义作家于斯曼与莫罗的《莎丽美》(Salome) 进行比较——"里面什么都有：马赛克，珐琅制品，艾伦肯花边，耐心的刺绣历史……"——他认为这是高度赞扬（1883：136）。

　　对应用艺术的兴趣逐渐复兴，这在艺术和手工艺运动以及新艺术中得到了特别的体现。这种工艺与艺术的融合可以被看作是触觉美学复兴的信号，即与手工艺相关的感观。然而，要使手工艺达到某种"艺术"的地位，就需要将它们概念化为具有创造性视觉的产品，而不是"单纯"的手工制品，它们的视觉价值需要被强调，而不是强调它们的触觉品质。当工艺成为艺术时，它就变成了视觉艺术。例如，龚古尔（Goncourt）兄弟试图通过提醒人们注意他们的绘画品质来促进对装饰艺术的欣赏。一个罐子被描述为"画布上有趣的素描"，屏风上的"小画"表现着"无形的亮色"，刺绣体现了一幅画的"光线和对比色的微妙效果"。手工艺品被提升到艺术的地位，因为它"承载着无形的、绘画般的效果、稀有而复杂的视觉感受"（Silverman 1992：32—34）。尽管对手工艺有了新的评价，但眼睛和手之间的审美分歧并没有被克服。

感官表演：音乐、舞蹈和戏剧

　　理查德·瓦格纳（Richard Wagner）是最杰出的浪漫主义作曲家，他关注感官的相互作用。在他的"音乐剧"中，瓦格纳将音乐、诗歌和戏剧与灯光、服装和风景所产生的视觉效果结合起来。在作曲时，他用香水来刺激自己，他的作品本身也充满了对香味的借鉴。（有人认为，在瓦格纳的作品中，气味是通过三和弦和颤音来表达的，Weiner 1995：205—206。）

瓦格纳在《王者之心》(*Tristan and Isolde*，1859) 的结尾将这些不同的感觉带到了联觉的高潮，伊索尔德演唱着她混合的感知："那是和风的波浪吗？它们是有奇妙声音的波浪吗？他们如何膨胀，围绕着我旋转，我该呼吸吗，我该倾听吗？我要不要喝下去，潜入水底？散发着甜甜的香气？"（Weiner 1995：201）当瓦格纳被许多 19 世纪的艺术家崇拜时，这些巧妙地结合感官的尝试具有很大的影响。

克劳德·德彪西（Claude Debussy）试图把自己从音乐上与瓦格纳区分开来，但对艺术和感官的相互作用保持着类似的兴趣。他创作了对象征主义文学作品的音乐阐释，例如他的"交响诗"《牧神午后序曲》(*Prélude to the Afternoon of a Faun*，1894)，这是根据马拉姆（Mallarmé）的一首诗改编的，并且他的极具感染力的"抒情戏剧"《佩利亚斯和梅丽桑德》(*Pelléas and Mélisande*，1902) 改编自莫里斯·梅特林克（Maurice Maeterlinck）的戏剧。虽然德彪西主要是一名象征主义者，在他的作品中，他试图通过音乐的媒介来实现这一点，但是他和印象派一样着迷于描绘光线的绚丽效果（Vallas 1976：207）。

乐谱本身可以由作曲家和艺术家来用图画说明。一个突出的例子是《勃拉姆斯幻想》(*Brahms-Phantasie*，1894)，一个勃拉姆斯的乐谱集，由克林格做插图说明。埃里克·萨蒂（Erik Satie）在他的题为《运动与娱乐》(*Sports and Amusements*，1923) 的异想天开的乐谱和插图集中继承了这一传统，将视觉诗歌的体裁（其中一首诗的视觉形状是意味深长）扩展到了音乐记谱法中。

20 世纪初的许多作曲家，如亚历山大·斯克里亚宾（Alexander Scriabin）、尼古拉·里姆斯基·科萨科夫（Nikolai Rimsky-Korsakov）和阿诺尔德·勋伯格（Arnold Schoenberg）等，都把特殊的颜色与特定的音符和琴键联系在一起。为了表达这种对应，人们做了各种各样的尝试，试图创造出一种实际上可以真正"演奏"的颜色，但技术上的困难无法完全克服。尽管如此，"在 1837 年至 1925 年之间，有 300 多件作品是为"彩色器官"而创作的……"（Miller 2002：70）。其中最著名的是斯克里亚宾的不和谐交响乐《普罗米修斯"火之诗"》（*Prometheus：A Poem of Fire*，1910）。

利用同样的联觉原理，一些勇敢的象征主义者进一步想象了由气味或花香组成的"音乐"作品。在《逆流》（*Against Nature*）中，于斯曼在论证的基础上提出，"与那种分离声波或用各种颜色的光线照射视网膜的艺术相比，一种选择芳香气味的艺术，其存在就再正常不过了"，让他的主角尝试创建嗅觉和味觉的艺术作品（2009：93）。一部真正的嗅觉作品，名为《16 分钟的日本之旅》（*A Trip to Japan in Sixteen Minutes*），于 1902 年在纽约的一家剧院演出了 16 分钟，以唤起东方气息的香水为特色（Babbitt 1910：182；Bradstreet 2010）。

与音乐相对的传统是舞蹈，人们认为舞蹈的最高形式是芭蕾。然而，伊莎多拉·邓肯（Isadora Duncan）和洛伊·富勒（Loie Fuller）等象征主义舞者的舞姿和服装，脱离了古典芭蕾的常规。关于她的舞蹈风格与音乐的关系，富勒说："音乐是耳朵的快乐；我愿把它画成图画，使它成为赏心悦目的东西。"（Fleischer 2007a：16）富勒明确地将舞蹈的动感体验置于其视觉表现之上。事实上，她的表演吸引人的部分原因在于她使用了创新的灯光和发光服装（见图 8.5）。

197

图 8.5　弗雷德里克·格拉瑟（Frederick Glasser）所绘的洛伊·富勒肖像，公共版权。

其他舞者，尤其是露丝·圣·丹尼斯（Ruth St. Denis），则寻求更广泛的感官吸引力。在她的作品《达拉》（Radha，1906）中，她扮演了一个印度教偶像的角色，来到一座香火缭绕的寺庙里。通过一系列的舞蹈，展现了拉达探索感官的乐趣。珠宝象征着视觉，钟声刺激着听觉，花环唤起了嗅觉，一杯酒，一种味道，以及拉达对手的亲吻，都传达着她对触觉的觉醒。拉达沉浸在这些感官印象中，昏倒了，然后又变成了一座雕像。这部作品（部分灵感似乎来自康狄拉克［Condillac］对一座充满活力的雕像的感观沉思）以其明显的感性诱惑着观众，但以其外在的信息安慰了观众——对感官控制和精神超越的需要。

198　　　象征主义剧场为结合了舞蹈、诗歌、音乐和艺术的多媒体演出提供了一个重要的舞台。作者创作带有强烈象征主义元素的戏剧，包括莫里斯·梅特林克的《佩利亚斯和梅丽桑德：盲者之歌》（The Blind: Pelleas and Melisande），奥斯卡·王尔德的《莎乐美》（Salome），加布里埃尔·邓南遮（Gabriel D'Annu）的《圣塞巴斯蒂安的殉难》（The Martyrdom of St. Sebastian）和奥古斯特·斯特林堡（August Strindberg）的《鬼魂奏鸣曲》（The Dream Play, The Ghost Sonata）。尽管这些剧作家的作品各不相同，但他们都创新地运用了感官象征主义。声音和沉默，运动和静止，光明和黑暗，甚至气味都可能被赋予和说话一样的重要性。演员本身往往被认为是象征价值的体现，而不是刻画个人角色。为了强调这一点，他们有时会躲在纱帘后面或戴着口罩。

　　　艺术家兼诗人保罗-拿破仑·勒纳尔（Paul-Napoleon Roinard）的《歌之歌》（Song of Songs）是象征主义戏剧中以其感官的复杂性而引人注目的一部作品。在这个旧的改编中，元音、音乐、动作、色彩和香水被协调起来，通过所有可能的渠道来表达精神恋爱的主题。感官的交叉结合首先强调的是元音，以元音 I 和 O 开始，D 大调音乐，明亮的橘色灯光，白色紫罗兰的香味。除了观众的悲悯之外，一切都很和谐。当 1891 年该剧上演时，象征主义舞台工作人员向观众喷洒香水时，他们不停地打喷嚏和大笑。也许需要一种更微妙的技术来喷洒香水，或者巴黎的公众还没有具备去欣赏气味诗意的潜力（Flisher 2007b）。

　　　这个时期的许多艺术家都受到鼓舞去将感官和艺术联系起来，这是通过**整体艺术**的理念或者完整的艺术作品实现的，19 世纪中叶，德国作曲家理查德·瓦格纳将其推广开来（Roberts 2011）。瓦格纳将古希腊悲剧视为音乐与戏剧的结合物。另外，小说家于斯曼认为天主教仪式提供了审美融合的原型（Huysmans 2011）。音乐评论家列昂尼德·萨巴纳耶夫（Leonid Sabanayev）描述教堂的感官时写道："我们听不到那里的音乐（唱歌，钟声）吗？看不到造型动作（跪着，牧师的仪式），闻不到气味（香），看不到灯（蜡烛，灯）和绘画吗？所有的艺术在这里都是一个和谐的整体……"（Miller 2002：71）从象征主义的角度来看，宗教仪式也具有精神意义的优势。整体艺术的另一个典范来自日本歌舞伎剧场，在它的风格化和暗示性的感官象征主义，以及它的音乐和舞蹈的结合方面，似乎与象征主义剧场并驾齐驱。

　　有许多形式可以使整个的艺术作品概念化。瓦格纳可以把他自己的音乐、诗歌和戏剧融合为一种美学的整体。德彪西被瓦格纳作品所排斥，他认为自然世界应该在审美交融中发挥作用："空气，树叶的运动，还有花的芬芳，将与音乐神秘地结合在一起，从而将所有的元素带入如此自然的和谐之中，以至于它似乎成为每一个元素的一部分。"（Vallas 1967：11）基于德彪西等人对象征主义的批判，康定斯基（Kandinsky）认为，对于瓦格纳来说，**整体艺术**只关心外在表现的统一，而理想情况下，它应该传达内在的"精神"对应（1994：261）。康定斯基在他的"彩色戏剧"中展示了整体艺术的版本，其中最著名的是《黄色的声音》（*The Yellow Sound*，1909）。这个没有情节和对话的戏剧以彩色编码的"舞蹈-图片"序列，配以管弦乐和合唱伴奏，旨在唤起观众的情感和精神共鸣。

　　康定斯基的戏剧不断创新，与此同时，俄罗斯作曲家亚历山大·斯克里亚宾（Alexander Scriabin）也在构思最具雄心的整体艺术作品。斯克里亚宾计划让所有感官和艺术参与到他称之为《神秘物质》（*Mysterium*）的伟大作品中，"把整个人体变成一个美感的共鸣体"（Schloezer 1987：84，255—256）。舞蹈编排包括眼神、眼睛的动作、手的触觉、令人愉悦的香水和辛辣的烟味、乳香和没药的气味。香柱会成为风景的一部分。灯光、音响效果和不断变化的灯光效果会渗透到演员和观众中，每一场都有数千人（Bowers 1969：253）。这既是一种宗教仪式，也是一种艺术表演，这位神秘的作曲家打算在印度的一个特别选定的地方演奏这首曲子。1915年斯克里亚宾去世时，《神秘物质》还处于初级阶段，但它的概念化说明了一个完整的艺术品是如何"完整"的。

空间的感官：建筑的集合体

　　与音乐、戏剧一样，建筑通过整体艺术的创作构成了一个涉及多种感官的关键领域。就建筑而言，创造一个整体的工作意味着监督和整合建筑的外部和内部设计，并经常考虑到景观美化和种植。

200

　　由于18世纪和19世纪哥特式建筑的复兴，中世纪的大教堂或修道院是建筑师的重要灵感来源，甚至在整体艺术概念开始流行之前，他们有兴趣创造一个全面的美学和"精神化"的环境。19世纪上半叶，我们可以在普鲁士建筑师兼舞台设计师卡尔·弗里德里希·申克尔（Karl Friedrich Schinke）的作品中看到这一点，英国建筑师奥古斯塔斯·普金（Augustus Pugin）也参与了议会大厦的设计。方特希尔修道院（Fonthill Abbey）是这一时期建筑、装饰和景观综合最全面的大型例子之一，它是一座私人住宅，由其所有者威廉·贝克福德（William Beckford）和建筑师詹姆斯·怀亚特（James Wyatt）在19世纪初设计。

　　贝克福德以欧洲南部的中世纪修道院为自己家的建筑原始模型。（英国的先例可以在贺拉斯·沃波尔［Horace Walpole］的新哥特式草莓山住宅，虽然贝克福德将其贬称为"哥特式捕鼠器"；Bright 1984：38）。随着威尔特郡的方特希尔修道院的建立，贝克福德希望创造一个与修道院相对的世俗修道院，它将激发浪漫的幻想，并为他自己和他的艺术收藏品提供一个适当的戏剧性的环境。他还希望将所有的感官结合在一起，形成一种崇高的美学效果。

　　年轻时，贝克福德写过一本东方主义小说《瓦塞克》（Vathek），书中描写了一位为每种感官建造宫殿的哈里发。在方特希尔修道院，贝克福德试图以一种富丽堂皇的方式实现他在小说中所描述的感官满足。令人印象深刻的外部景色与高耸的中心塔相匹配，进入塔内是令人眼花缭乱的内部景色，沿着南北轴线不间断的远景。主要的陈列室铺着深红色的地毯，彩色玻璃窗上点缀着斑驳的色彩。在冬天，燃烧芳香的柴木，在夏天，芳香的花洒满了房间。在修道院的仿礼拜堂里，熏香带来了一种颠覆性的（对英国而言）天主教气息。贝克福德是一位颇有成就的业余管风琴演奏家和作曲家，他也为自己的修道院提供了音乐。（Gemmett 2003；Rutter 1822）

　　景观的很多特点都是模仿了园林修道院。森林的粗犷轮廓复制了建筑

图 8.6 新哥特式建筑：方特希尔修道院西部大厅的内部，约翰·拉特（John Rutter），《方特希尔及其修道院的描绘》(*Delineations of Fonthill and Its Abbey*)，伦敦：查尔斯·奈特公司（Charles Knight and Co），1823 年。

物的不对称轮廓。绿树成荫的人行道与拱形天花板的室内画廊相对应。芳香植物为室外提供了与室内气味相对应的气味。因此，艺术和自然可以在一个综合的环境中互相补充（Marr，2001）。贝克福德热情收藏的所有珍贵物品都被小心翼翼地摆放在修道院宽敞的内部：油画、雕刻、花瓶、浮雕、瓷器、手稿。

202   这部分主要由手工制作而成，其细微的触感与修道院巨大的空间所创造的无边无际的感觉形成了强烈的对比（见图8.6）。然而，贝克福德对工艺品的重视与上面讨论的 19 世纪早期的审美趋势背道而驰。的确，对贝克福德藏品的一种描述指出，"在我们这个时代，只有图片和雕像才被认为是值得拥有的……现代艺术家可能会向顾客扔茶杯（如果让他画的话）"（Macquin 1822：77）。

　　19 世纪后期，随着工艺的复兴，艺术家、建筑师和收藏家们越来越多地关注工艺，并把室内装饰视为与建筑一样值得关注的美学。伦敦的红袖坊（Red House）是英国工艺美术运动启发的例证，在 1859 年由威廉·莫里斯（William Morris）和建筑师设计菲利普·韦伯（Philip Webb）设计的。就像方特希尔一样，红袖坊使人想起中世纪，虽然没有再现哥特式大教堂那种令人敬畏的形式，但莫里斯的房子让人联想起一座中世纪庄园的家的感觉，它的外墙是红砖砌的，屋顶是瓷砖砌的。莫里斯和韦伯在爱德华·伯恩·琼斯（Edward Buene Jones）和其他志同道合的艺术家的帮助下，设计了中世纪风格的家具，彩色玻璃、刺绣、织物和壁纸。这些自称为"艺术工作者"的人强调艺术努力与体力劳动的本质统一，他们一直以莫里斯公司的名义进行商业创作（Marsh，2005）。

　　室外景观被规划为红房子的延伸，带有室外花园的"房间"，包括一个芳香四溢的花朵"房间"。莫里斯为他的花园写了一首诗：

> 我知道附近有个小花园
> 铺满了百合和红玫瑰，
> 如果可能，我会去那里徘徊，
> 和我一起漫步。

　　这些线条依次绣在家里用的床罩上（Jill，1998）。这一系列的美学转变提供了一个很好的例子，说明了艺术和工艺的相互关系，红房子内部和外部的相互关系。

　　虽然贝克福德和莫里斯都希望他们的家具有能唤起中世纪回忆的美感和感官统一性，但他们的做法却存在重大差异。贝克福德对戏剧性和幻想很感兴趣。最大的错觉是方特希尔修道院是一个修道院，即使是住宅的"演讲室"也从未用于真正的宗教仪式。建筑本身就是一种幻觉，因为灰泥和水泥被用来制造中世纪石雕的外观。这似乎并没有使贝克福德困扰，因为他关心的是效果，而不是真实性。（事实上，方特希尔修道院的一部分在建成后不久就倒塌了。）相比之下，莫里斯则坚持在工艺上保持诚信的品质（Barringer，2005）。这座红袖坊不仅仅是一个戏剧场景，可以展示中世纪生活中的收藏品和浪漫的娱乐活动（就像贝克福德很少有访客一样）。正如莫里斯的长篇政治幻想小说《乌有乡消息》（*News from Nowhere*，1890）所描述的那样，这将是一个可以居住现代版中世纪主义的地方。莫里斯并没有像许多浪漫主义者和他们的象征主义继承者那样，希望逃离平凡的生活，进入艺术幻想和崇高的感觉，而是强调让艺术成为日常生活的一部分的重要性。建筑特别有利于这一理想，因为它提供了创造一种艺术作品的可能性，人们可以生活在其中，日常的感觉可以成为审美经验。

　　后来，苏格兰建筑师兼艺术家查尔斯·雷尼·麦金托什（Charles Rennie Mackintosh）（艺术和手工艺理想的倡导者）与他的妻子兼同行艺术家玛格丽特·麦克唐纳（Margaret Macdonald），并没有足够的财力或资助来充分实现自己的想法（他的大部分建筑设计从未建造过）。尽管是在新艺术运动的风格下进行的，他所做的，尤其是在格拉斯哥艺术学院（1897—1909）的工作，展示了对整体建筑艺术作品的室内设计特点的关注。

艺术、感官和社会

　　19世纪的艺术与感官的新思想，其效果远远超过了当时艺术圈的影响。许多人参加了新艺术家的沙龙、戏剧和音乐表演，并受到了影响。事实上，有时这些活动的观众本身就是景观的一部分，他们的"美学"服装模仿象征主义戏剧或拉斐尔前派绘画中的人物（Pasler，1990）。还有更多的人受到新潮流的启发，举行了审美晚会，在晚会中可以朗诵诗歌、焚

203

香，也许还有大麻，或者试图通过购买或创作新艺术风格的家具和工艺品来创造巧妙的家园（Zukowski，2006）。这些社会圈鼓励人们为感官设想新的审美，包括以前的不美观的，或"轻浮"的嗅觉。

204   通过重新思考传统的感官秩序，这些新运动不仅挑战了艺术的秩序，也挑战了社会的秩序——因为，如上所述，不同的感官与特定的社会群体有关。将所谓的低级感官提升到艺术领域，暗示了所谓的下等种族、阶级和性别的联合文化提升。这种关联被强调为对外来文化的艺术的兴趣，在工艺美术运动中手工劳动的提高，以及传统的女性工艺品如刺绣和花饰的审美化（事实上，对许多象征主义者来说，"女性化的男性"或雌雄同体代表了一种艺术和社会理想；Classen 1998：122）。

事实上，新运动跨越了感官、艺术和社会的界限，在一定程度上支持了边缘化的社会与族裔群体的融合和尊重。对亚洲和"原始"艺术的兴趣培养了人们对经常被贬低的非西方文化的欣赏能力。社会主义政治受到当时许多艺术家的青睐，尤其是在工艺美术运动中，支持给予工人更大的权利（Silverman，1992；Waters，1990）。此外，欧洲日益高涨的民族主义鼓励艺术家将民间传统和主题融入他们的"美术"作品中，从而有助于创造一种共同的身份。在这方面，艺术与感官结合的理想为促进国家统一提供了有益的模式。对实用艺术的重视又使妇女作为传统装饰工艺品的生产者具有了新的文化重要性。的确，这一时期的许多女性都受到了新的美学价值观的鼓舞，并在一定程度上受到了这种价值观的推动，使她们从手工艺的创造者变成了职业艺术家（Silverman 1992：186—206；Zipf 2007）。

然而，美学运动也在很大程度上助长了对非西方人、工人和妇女的刻板印象。这三类人通常被描绘成受感官冲动而不是理性的引导。这一点在女性身上表现得尤为明显，在当代艺术中，她们一次又一次地被塑造成感性的诱惑女性。甚至当女性与精神结合时，它也是一种神秘的、非理性的灵性形式（在象征主义者中，女性的象征通常和对气味的描述起着同样的作用，象征着罪恶、神圣或神秘的自然力量）。至于女性艺术家，她们被公认为领导者的一个领域是舞蹈，强调女性与她们的身体有着密切的联系。

然而，许多批评家对感官与艺术的融合所隐含的对社会秩序之颠覆表示不满。例如，将"女性"工艺和感官融入现代艺术中，被嘲笑为艺术的庸俗化。这种情况甚至发生在其他艺术家同行中间。最有心眼的奥迪隆·雷登（Odilon Redon）将莫罗错综复杂的画作描述为一位"老太太"制作的"绝妙刺绣"（Jullian 1971：89）。尽管德加在艺术上有所创新，但他仍有强烈的保守倾向。他谴责美学家对品味（因此也就是女性气质）的重视，宣称"艺术是被品味扼杀的"（Jullian 1965：90）。

将"较低"的感官与非理性联系起来，反过来则会让人担心，他们从事艺术工作可能会导致认知能力的丧失。一位象征主义批评家在《费加罗报》（Le Figaro）上写道，"有些人嘲笑艺术剧院里的汽化器，但谁能肯定他们呼出的香水不会令人神魂颠倒吗？我倾向于这样认为，我开始怀疑我们是否正在失去我们种族赋予的天赋：我们的理性"（Whitton 1987：31）。文学评论家欧文·白璧德（Irving Babbitt）在《新拉奥孔》（The New Laokoon）上直言不讳地说"在 19 世纪法国的浪漫主义中，我们可以很清楚地看到这种趋势，即感观过于丰富和思想萎缩，感观的不断扩大和智力的不断下降"（1910：145）。

同样，许多现代音乐作品和绘画作品的不确定性似乎暗示着模糊的判断和特征的缺陷。一篇对印象派音乐和绘画的评论指出，它们就像"穿过迷雾、烟雾"。有人认为，这些作品的放荡不羁甚至可能导致身体疾病。听德彪西的音乐让一位评论家感到恶心：他宣称，音乐正在传播"细菌……堕落和死亡"（Pasler 1990：144）。

尽管"颓废"一词最初被用作批评，但许多象征主义作家和艺术家使用"颓废"一词来指代他们对传统社会和"自然"秩序的排斥。他们受到诗人亚瑟·兰波（Arthur Rimbaud）的启发，呼吁通过扰乱感官获得审美超越性，他们创作了旨在震惊和刺激且"反常"的感官幻想。在这种情况下，艺术不再是简单地把所有的感官结合在一起，而是培养一种奇异的、扰乱资产阶级思想的感觉。

对现代艺术家感官实验的抨击最强烈的攻击之一来自一本名为《退化》（Degeneration）的书，它是 1893 年由德国医生兼记者马克思·诺尔道（Max Nordau）撰写的。在书中他认为，当时的艺术不仅是社会衰败的标志，而且实际上是身体和精神疾病的产物。例如，印象派所描绘的振动色彩，被诺尔道说是由于"娘娘腔"歇斯底里引起的"颤抖的眼睛"（1910：27，501—503）。某些艺术家对气味的兴趣反过来被认为是身体退化的明显迹象。

206　　　　"为了激励一个人……仅仅通过气味的抽象概念；为了让他想象这个世界的现象，它的变化和运动的原因，通过一系列的香水，他的额叶必须被抑制，而狗的嗅叶必然会代替它。"（Nordau 1910：503）幸运的是，根据诺尔道的说法，19世纪晚期的"感官退化"很快就会过时，因为需要意志坚强且感官差异明显的人来迎接20世纪新技术的挑战（1910：142，541）。

现代感觉：前卫派与未来主义

　　正如诺尔道和其他批评家所指出的，浪漫主义及其分支有一种倾向，从现代工业世界的现实中撤退到理想化的幻想世界，无论是自然的、过去的、神秘主义的，还是审美的人造世界。"远离这个世界的任何地方"是《反对自然》中主人公的座右铭。然而，在20世纪初，越来越多的"前卫"艺术家选择在他们的作品中面对和融入现代生活的事实。前卫作品，如马塞尔·杜尚（Marcel Duchamp）的《下楼梯的裸体》（*Nude Descending a Staircase*, *No. 2*，1912）和费尔南多·莱格（Fernand Leger）的优雅而荒凉的《城市》（*The City*，1919），都清楚地表明，"机器时代"的影响是无法回避的。

　　外在的世界越是显得陌生，内心的情感世界就越被释放出来。爱德华·蒙克的《尖叫》（*The Scream*，1893），展示了这位艺术家在对抗着一个可怕的、旋转着的傍晚时的呼喊声，双手紧握在耳朵上，似乎在一个充满敌意的世界中表达了现代人的痛苦，同时它将听觉和情感体验转换到了视觉层面上。表现主义运动以蒙克等人为代表，在强调主观情感而非外在表现的作品中，呈现出异化与焦虑的主题。在表现主义绘画中，世界看起来就像"现代人"可能感受到的那样：势不可挡、相互对立。视觉既不是理性的感觉，也不是远见卓识的媒介，而是通过不和谐的色彩和扭曲的形式表达出来的情感强度。

　　现代生活支离破碎的经历，反过来又通过罗伯特、索尼娅·德劳内（Sonia Delaunay）和奥尔菲斯特（Orphists）的万花筒般的色彩来表达，通过立体派的多视角主义去表现——最著名的代表人物是毕加索的《亚威农少女》（*Les Demoiselles d'Avignon*，1907），通过毕加索、乔治·布拉克（Georges Braques）以及其他拼贴画家的实验，非客观的艺术形式完全抛

弃了将世界描绘成一幅可辨认的图画的艺术传统。相反，线条和颜色构成 207
的几何图形提供了新的、"无意义的"或"没有意义"的可能性，来重新
审视世界。

然而，这种对视觉世界的审美分裂并没有削弱视觉的文化力量，而是
强调了它在现代感知和解释模式中的重要性。他的艺术实践很前卫，例
如，德劳内对视觉的首要地位持传统观点："**眼睛**是我们最高的感官，是
与我们的大脑、我们的意识沟通最密切的感官……我们的理解与我们的**感
知**是相关的。让我们试着去看看。"（Buckberrough 1982：245—246）

尽管如此，某些艺术家和作曲家还是与表现主义相联系，尤其是瓦西
里·康定斯基和阿诺尔德·勋伯格，继续探索感官结合的美学之发展潜
力。前卫派运动在推动 19 世纪的艺术项目，使所有的感官都融入艺术方
面走得最远，这就是 1909 年在意大利创立的未来主义。

虽然未来主义者和象征主义者一样对感官感兴趣，但他们把自己呈现
为意识形态的对立面。象征主义者蔑视科学和技术，而未来主义者却颂扬
它们："我们的祖先从滋养他们灵魂的宗教氛围中汲取灵感；同样，我们
也必须接受当代生活中切实可见的奇迹——覆盖地球的铁路网——跨大西
洋的航线……"（Boccioni et al. 1973：25）可以说，象征主义者是在月光下
作画的；未来学家则希望他们的作品能被电照亮。

正如卡洛·卡拉（Carlo Carrà）在充满声音、噪音和气味的绘画中大
胆地宣称，总体艺术的未来主义版本"是混乱的，是所有艺术的无美感和
漫不经心的混合"（1973：114）。因此，感观既要协调，又要冲突。"今天，
一种新的美诞生了，"马里内蒂宣布，"这是在新矛盾之情感混乱中诞生，
也是未来主义者推动发展的"（1973：154）。这种混合在一起的感觉，正是
那些被浪漫主义情感所轻视的感觉——'机车上的一缕蒸汽和现代生活中
狂热、拥挤的脉动'。"（Corra and Settimelli 1973：147）而 1914 年第一次
世界大战的来临对许多艺术家揭示出，当代生活具有非人性化的特征，未
来主义的创始人选择将现代战争视为他们在作品中所颂扬的技术力量和混
乱感觉的例证。

正如浪漫主义和象征主义一样，许多女性也参与到未来主义中，但通
过对男子气概的持续强调，她们在很大程度上被边缘化了。的确，为了对 208
抗象征主义倾向的"女性化"，未来主义者强调力量和侵略性的"男性美
德"。未来主义者所重视的触摸和气味，并不是传统上女性化的爱抚和香

水，而是机械振动和工人阶级的汗水之类的"阳刚之气"。未来主义者对
工人阶级感官的美化，实际上是与一些工人阶级运动的参与者试图利用他
们的艺术来推进无产阶级革命的事业相联系的（Poggi 2009：93—94）。他
们想要建立一个充满活力的意大利民族认同感，这也会导致他们在意大利
与法西斯主义者之间的不稳定且有争议的联盟。

　　新运动的特色作品，其影响远至俄罗斯和日本，包括卡罗·卡拉《驾
驶室颠簸》（Jolts of a Cab，1911）、贾科莫·巴拉（Giacomo Balla）的
《一辆汽车的速度》（The Speed of an Automobile，1913）、翁贝托·博乔
尼（Umberto Boccion）的《街上的噪音侵入了房子》（Street Noises Invade
the House，1911），还有博乔尼的雕塑作品《空间中独特形式的连续性》
（Unique Forms of Continuity in Space，1913），用青铜描绘了一个行走的人
感受到风和运动的感觉（图 8.7）。该运动的文学领袖马里内蒂，他擅长
发表挑衅性的宣言。然而，他也对新的感官表达形式表现出了兴趣，如
《战斗，重量和气味》（1912）以及《藏弹鼓》（1914）。画家兼作曲家路易
吉·鲁索罗（Luigi Russolo）探索如何从噪音中创造音乐，他使用了一种
特别设计的噪音发生器。

　　1914 年，安东尼奥·圣伊利亚（Antonio Sant'Elia）发表了《未来主
义建筑宣言》（Manifesto of Futurist Architecture），该宣言发展了现代城市
作为一种机器的概念，其中每一个部分都对整个城市的效率和活力作出了
贡献。（按照同样的思路，法国建筑师勒·柯布西耶［Le Corbuser］后来
将房子称为"居住的机器"；Timmerman，2007）。未来派艺术家也会尝试
摄影、电影、室内设计和时尚。在戏剧创作中，他们提倡"在舞台和观众
之间撒下情感网"，以鼓励观众参与（Marinetti 1973：196）。对所有感官
参与的关注也将导致在 1921 年创造一种触觉艺术形式，然后，产生一种
未来主义的"美食"（Marinetti，1989）。

　　虽然未来主义的视觉风格对 20 世纪的艺术和流行文化产生重大影响，
但它们的多感官性被证明不那么具有感染力。事实上，尽管它受到了各
种挑战，艺术和感官的分离和等级化的范式在新世纪继续发挥着作用。这
在一定程度上可以归因于第一次世界大战造成创伤的混乱之后对秩序的
渴望。

图 8.7　翁贝托·博乔尼的《空间中独特形式的连续性》(*Unique Forms of Continuity in Space*)，1913。布里奇曼艺术图书馆。

210　　　　工业化的蔓延，其重点是功能的分离，也发挥了作用。尽管如此，在19世纪和20世纪初进行的感官美学的开拓性实验被证明是现代艺术家的重要灵感来源，他们愿意分解自己的感官，想象出通过艺术感知世界的其他方式。

第九章　感官媒体：外在世界和内在世界

艾莉森·格里菲斯

19 世纪为欧洲、亚洲以及美国的城市创造了前所未有的机会，因为它们可以通过一系列新的景象、声音、气味和触觉体验来提升感官体验。大都市的中心是一个大熔炉，来自内陆地区的人们聚集在一起，他们异样的外貌和陌生的语言带来了视觉和听觉的新体验。同时，随着建筑、科技、社会及文化的变革将传统与更新、本土与外来的因素结合起来，使城市也开始喧闹起来。除了公共设施和公共交通等基础设施的改善，摄影、电报、电话、留声机和电影等新媒体技术的发明也改变了城市。这些技术开创了一种新模式可以使观念、感知以及身体融入世界中：在现代社会中，他们是公民对物质和感知进行重新调整的一个部分；正如媒体史学家丽莎·吉特尔曼（Lisa Gitelman）在《与时俱进：媒体、历史和文化数据》（*Always Already New*）一书中所说，"媒体搅乱了地图"，并影响着商业、文化、艺术、社会以及人际关系（Gitelman 2008：4—5）。无论是作为社会的科学工具，还是引发新时代人类行为的因素，新媒体确实很重要，而且在感官这个主题上，尤其重要。

19 世纪见证了理查德·蒙克（Richard Menke）所说的"信息文化" 的涌现，"反映并启发了新媒体的创作"（Menke 2008：5）。随着技术、社会和文化的形成，新媒体利用了电的神奇力量（摄影除外），总是与超自然现象或精神现象联系在一起，是一种乌托邦式技术的重要组成部分，这引发了 19 世纪对电子媒体的大讨论（Sconce 2000：22）。19 世纪晚期，人们遇到新式媒体的一些领域同样在权力关系、对无限力量的幻想以及人类能动性的问题上至关重要。摄影、留声机和电影在诸如世界博览会、科学会议和其他公共论坛这样的公共空间中找到了归宿，同时，家庭生活的节奏在客厅这样的私人空间中也使这种体验变得个性化。电报使这种穿越空间的交流在瞬间实现，而且它的社会效益超越了传统知识的传播范围，包括"共同的友好关系，甚至是预防犯罪"（Menke 2008：92）。根据 1873 年出版的《电报手册》（*Handbook of the Electric Telegraph*）："因为犯罪不可能不被发现，因此在很大程度上得到预防"（《电报手册》1873：5，Menke 2008：92）。电报对时间和空间障碍的消除有助于执法部门侦破犯罪，因为有关犯罪嫌疑人的信息可以更快地传播，从而帮助抓捕罪犯。

　　本章探讨了新媒体是如何影响感官平衡的，它们是如何在两个截然不同但又相似的公共领域中，即人类的表现和悔改，赋予情感结构和感官愉悦的特权。在这些空间中，感官都以截然不同却又自相矛盾的方式进行活动，试图去控制、改变身体，并取得了不同程度的成功。博物馆和监狱都是由家长式理想所管理的改良空间，正如他们展现当地居民活动场所（人体模型在玻璃后面摆出虚幻的姿势），在世界盛会和博览会上展示他们生活的村庄，或是关押在监狱里的囚犯，将观众和他们所关注的对象都纳入纪律制度中，这些制度在促进关于种族、性别和国家的规范价值方面惊人相似。

新媒体，人种学和感官

　　19 世纪中后期生活不断变化的特征就是新事物。正如德国社会学家

213 格奥尔格·齐美尔所说，大城市的社会生活直接提供了一个"大多数情况下人们是去**看**而非**听**的场合"，因为在有轨电车、公共汽车和铁路上，人们花越来越多的时间盯着坐在他们对面或者旁边的人看（Otter 2008：23），并且城市生活的照片（包括贫民窟、监狱和疯人院的旅游照片）被用于记录下层阶级的痛苦和当权者的功绩。摄影促进了到周边和远处的虚拟旅行，甚至能够有助于来世生活，因为唯灵论者通过使用双重曝光等技术，将死者带回来（Chéroux et al. 2004：45—71；Gunning，1995）。摄影的出现是在 19 世纪 30 年代，路易·达盖尔（Louis Daguerre）、尼塞福尔·涅普斯（Nicéphore Niépce）、威廉·福克斯·塔尔博特（William Fox Talbot），他们实验的结果为业余探险家和科学家们带来了巨大的希望，他们迫切希望将最新的设备加入技术库中，以记录世界上其他国家的信息（Gernsheim 1986，1995）。正如我在别处所展示的那样，到 19 世纪中叶，本地人的照片以同样广泛的形式在各种各样的场所流传，包括

摄影画册、书籍、幻灯片、明信片、**菜单**、立体图、橱柜卡片、报纸和杂志插图（Griffiths 2002：86—124）。由于大规模复制和便捷性，摄影的普遍存在对科学家来说是一把双刃剑，尤其是在19世纪末人类学趋于专业化的时候。摄影看似客观，与非索引性的文化人类学记录方法有所**不同**，比如雕刻、素描、图表和书面记录等，可能可以归为一类，但是当人类学家质疑索引的准确性时，他们又回到了他们熟悉的笔和纸上，其现实效果最终受到了挑战（或至少是受到批评）。并且，训练有素的科学家们为专业用途拍摄的照片，以及业余爱好者和游客拍摄的照片都在专业期刊和流行杂志上传播（甚至是出版），那么审核鉴定的问题、人类学知识的阐述以及图像材料附加部分的交叉重叠问题都带来了不可避免的麻烦。

如果人类学家热衷于记录当地人的视觉数据——人体测量摄影师让拍摄对象在网格状背景前，旁边是木制的测量设备——尽管如此，他们还是充分意识到不同人种所固有的感性本质，摄影能通过在虚幻的背景下拍摄当地人来暗示一些东西。例如，摄影棚里的肖像画家约翰·威廉·林特在自己的工作室里拍摄了澳大利亚土著克拉伦斯·里弗（Clarence River），他赤身裸体地坐在一张动物皮上，背后是彩绘的背景，周围是植物和素材文化，包括回旋镖和捕鱼网。里弗尴尬而又略显滑稽的姿势强化了丹尼尔·诺瓦克（Daniel Novak）的观点："这种易受影响的、不合逻辑的且可以随意互换的摄影主题，总是与时间和地点格格不入，而不是被时间和地点所束缚。"（Novak 2011：70）在一个不确定的地方（照相馆）、不确定的时间拍摄，里弗的眼睛凝视着画框外，远离镜头，给这张照片注入了一种情感的力量，唤起了罗兰·巴特（Roland Barthes）的**点睛之笔**，照片中独一无二的细节承载着它的情感，我认为，也承载着它的感官（Barthes 1981：27）。但里弗是一名专业演员，是澳大利亚土著巡回剧团的一员，所以这只是一天工作的一部分，拍摄结束后，他又穿上衣服，为下一次的演出做准备。

19世纪70年代早期克拉伦斯河的照片从许多方面改变了人们对世界的理解和看法；他们推崇文化差异的理念，纪念特殊场合，推广新的体验和产品，支持（在某些情况下取代）对人物、地点和事件的书面记录。随着照相机变得更容易使用，摄影成为更多人的一种消遣，几乎任何地方和任何东西的照片都可以买到，拿在手里，装裱起来，出售、交换、租借，

214

并作为纪念品收藏起来。正如照片在各种制度、社会和文化实践中被奉为神圣一样，从使用阿方斯·贝迪永（Alphonse Bertillon）的系统来识别罪犯到在葬礼摄影中纪念一个孩子的死亡，作为一种物质的人工制品照片不仅涉及视觉记录，还涉及触觉和嗅觉；照片的皱褶边缘、光滑或哑光的表面以及气味（通常取决于照片的存放位置）引发了一种强烈而令人兴奋的感官接触。

有时，人们会无意识地评估照片的物质属性（在气味方面则是非物质），并利用可能引发各种联想的微妙细节。颜色增加了其他的感觉；彩色摄影的实验始于 19 世纪中期，1907 年，法国电影先驱奥古斯特·卢米埃（Auguste Lumière）和路易·卢米埃（Louis Lumière）引进了自动彩色系统，这是第一个在商业上取得成功的彩色电影制作方法。拍照是感官媒体和装裱流程的实例，包括"仪式、讲故事，或者最明显的，把有价值的物质或物体放进一个装底片的容器里"，加强了这种效果。例如，把一绺头发和爱人的照片放在一个挂坠盒里，就形成了一个圣物盒，中古史学家辛西娅·哈恩（Cynthia Hahn）认为"延续记忆是其使命"（Hahn 2011：9）。照片和头发都与它们的象征有着不可思议的对应关系，它们都是感性的，因为它们留下了是什么或者看到什么的痕迹，并在没有完全重构的情况下勾起了肌体的回忆。

然而，正是由于电报才产生了"存在"的理念，杰弗里·斯康斯（Jeffrey Sconce）称之为——"一种有活力的且有时候是'身临其境'的神秘感"，这对于理解电子媒体的出现至关重要，因为它不仅是一种技术，而且是关于生、死、浪漫的投射幻想的场所，以及一种与现代世界互动的新方式（Sconce 2000：6）。1809 年，由德国医生、解剖学家和发明家萨缪尔·托马斯·冯·索默林（Samuel Thomas von suom）进行的电报实验只能在几公里远的地方传递信息，而且需要多根电线。1833 年，卡尔·弗里德里希·高斯（Carl Friedrich Gauss）和威廉·韦伯（Wilhelm Weber）在哥廷根建造了一条电磁电报，连接哥廷根天文台和物理研究所。三年后，大卫·奥尔特博士（Dr. David Alter）的美国第一份电报问世。由威廉·福瑟吉尔·库克爵士（Sir William Fothergill Cooke）和查尔斯·惠特斯（Charles Wheatstone）共同开发了电报的商业用途，于 1837 年开始应用于英国的大西部铁路上，是从帕丁顿（Paddington）到西德雷顿站（West Drayton）13 英里的路程（Beauchamp 1999；Blondheim 1994；

Hubbard 1965）。正如科学历史学家伊万·里斯·莫鲁斯（Iwan Rhys Morus）所说，电报打破时空屏障的能力吸引了维多利亚时代的评论家，他们的评论为电报打破国界、促进商业发展和建立纪律制度的能力涂上了赞赏的色彩（Morus 2000：455—475；1996：339—378）。电报信息要求标准化、简洁的通信，消除习惯用语，并强制遵守其传输代码；把信息从通信模式中解放出来，电报几乎可以送达任何地方的人们手中。

在这方面，电报与人类学有共同的论述功能。在世界赛会和博览会上可以发现"鲜活的乡村"，一个重建的本土乡村表演者重新表演他们生活的各个方面——物质文化生产，如编篮、文化仪式、舞蹈，以及在博览会期间更为平淡无奇的活动，如育儿，有时就地生活长达 18 个月之久（Rony 1996：21—44）。在电报和人类学"鲜活的乡村"之间时间和空间都被连接了起来（高斯和韦伯的电磁电报复制品在 1873 年维也纳世界博览会上展出）。正如把电报比喻成一种神经系统，又将其看作是一种约束和控制国家的手段，在活生生的乡村中也是如此。无论是通过低矮的砖墙、用绳子围起来的篱笆，又或是其他划分方式，从某种意义上说，活生生的乡村就是一种电报式的，它浓缩成一个三维的立体空间，来呈现整个土著民族的特点。蒙克提醒我们，如果电报和乡村都被誉为奇迹，那么它们在一个重要的方面是不同的：电报，"是没有肉体的电子信息，而且似乎不需要特定的人就可以识别"，而这个乡村则是关于实体的，这是一个种族化的身体，它激起了博览会上官员们和观众们复杂的反应。

在世界博览会上展示的土著人与其他帝国战利品没有什么不同，但与照片不同的是，生活在村庄里的表演者非常活跃，他们能看到、听到、触摸和闻到物体的气味，他们也会回眸凝视，当他们成为中途的一部分时，他们的身体有时会与其他游客的身体擦身而过。然而，与欧美游客的身体接触并非没有风险，由于种族敌意的爆发，就像 1876 年在费城百年庆典活动上爆发的事件，这并非罕见（Howells 1876：97，Rydell 1997：14，63）。在整个世界博览会期间，人类的感官始终处于高度戒备状态。此外，视觉垄断成为民族交往的主要手段。而其他人则会受到挑战，因为听觉、触觉和嗅觉将这个鲜活的村庄转化为一种多感官的体验。这种与本土人接触的能力，展示土著人风貌的表演者以及演出管理者都被融入表演中，尽管在世界博览会和博览会上人类学认可的展览中没有被批准，但却容易使

216

人产生对其他人越界的幻想。正如康斯坦斯·克拉森在《深层感知：触摸的文化史》（*The Deepest Sense*）中说，触觉被认为是"最不受控制的感觉，（和）经常被用来探索可能真实的世界和人类的直接经验"，这让人们陷入了各种各样的麻烦，因为犯罪行为往往就是关于非法触摸财产和人身的（Classen 2012；Colligan and Linley 2011：4）。

1876 年费城百年庆典的一年之后，托马斯·阿尔瓦·爱迪生（Thomas Alva Edison）宣布发明留声机，这是一种记录和复制声音的设备，并于 1878 年 2 月 19 日获得专利。正如里克·阿尔特曼（Rick Altman）在《默片声音》（*Silent Film Sound*）中所言，尽管在最初的几年里，这项发明也被认为是奇迹，并被表演者利用，但它的新奇感很快就消失了，直到爱迪生的竞争对手亚历山大·格雷厄姆·贝尔（Alexander Graham Bell）、奇切斯特·贝尔（Chichester A. Bell）和查尔斯·萨姆纳·泰恩特（Charles Sumner Tainter）完善了留声机之后，它才返回录音这个领域中。从 1887 年爱迪生就对声音和运动图像的合成产生了兴趣（他在 1894 年的一份声明中是这么说的）。从 1884 年到 1895 年，W. K. 劳瑞·迪克森（W. K. Laurie Dixon）领导爱迪生的团队完善了一套"运动和声音可以同时被记录和再现"的系统（Altman 2004：78；Spehr 2004：82—92）。[1] 留声机的出现是爱迪生想要完善一种抄写电报信息的设备之愿望的偶然产物。它再现口语单词或声音的能力确实令人不可思议，这使它在观众中获得了真正的成功，因为巡回留声机演出通常是围绕着声源的视觉暗示的前后模式来组织的（说话、音乐、狗叫），然后用唱片来重复；正如阿尔特曼所说，"任何特定声音的质量或兴趣都不如它与原始声音的匹配重要"（Altman 2004：79；Gitelman 2008：25—57）。

科学家和具有更多商业利益的个人都努力使声音与运动图像同步。1898 年，英国人类学家哈登（Alfred Cort Haddon）在前往默尔岛（位于澳大利亚东北海岸托雷斯海峡的一部分）的探险中，将留声机作为一种数据收集设备。实验心理学专业学生，探险队员查尔斯·迈尔斯（Charles Myers）负责录音，除了本土歌曲和语言，还包括默尔岛一名妇女在婴儿

---

① 尽管爱迪生为商业团体设计出了留声机，但他很精明，看到其在流行文化中的应用，为歌手和公共人物录音，甚至 1888 年开始制作会说话的娃娃，到 1890 年玩具版的留声机已经在制作中。斯佩尔（Spehr, P.），《制作电影的人》（*The Man Who Made Movies*），约翰·利比出版社（John Libbey），2008：197，82—92。

死亡后哭泣的声音（Myers 1898—1899，Griffifiths 2002：134，n. 18）。有趣的是，我们可以推测迈尔斯为什么选择在文化和语言上更为具体的录音中加入一位妇女的悲恸哀号的声音；哭泣怎么会暴露出文化的痕迹呢？这个女人的声音会告诉迈尔斯关于梅尔岛上居民的悲伤实践的任何具体情况吗？或者它是如此原始，如此跨文化，如此超然，甚至它预定了一些关于

图 9.1　捕捉本地声音：一个黑脚族酋长的录音记录。国会图书馆。

人类状况的基本东西吗？（迈尔斯在里弗斯的引导下被培训成为一名实验心理学家。）用声音再现悲伤对研究声音的历史学家约翰·皮克尔（John M. Picker）来说，这是维多利亚时代对留声机的反应。他声称"与现代主义者对留声机的反应相比，留声机在本质上更个人化，更具互动性"（Picker 2003：112，117）。留声机在其他方面也与死亡有关；它记录垂死个体"临终遗言"的能力与死亡面具有着不可思议的相似之处。因为两者都提供了曾经存在过东西的索引痕迹。事实上，爱迪生的英国海外代理人乔治·E. 古尔戈（George E. Gouraud）上校是英国留声机的主要支持者，他表现出一种记录死亡和垂死的奇怪倾向，在大规模生产放音机且磁盘取代留声机之前，这是一种合乎逻辑的应用（Picker 2003：117）。爱迪生也预见到了留声机在人种学研究上的巨大潜力，他在 1878 年接受采访时表示，他的设备可以用来阻止奥内加达人（Onondagas）和图斯卡罗拉人（Tuscaroras）的印第安语的灭绝（爱迪生称之为"口音"）。这二者被认为处于语言灭绝的边缘（Gitelman 2008：32）。

声音和声音的机械复制出现在"听诊时代"，听诊不仅通过听诊器等发明得以加强，而且还与痛苦有关；正如皮克尔所言："维多利亚时代的人在很多方面都听到了一些东西……以新的放大形式出现，如声音、噪音、振动、音乐和电回声。"（Picker 2003：4，13）声音既可以被体验为魔术的产物，也可以奇怪地从身体中分离出来，比如在留声机或其实体对立物中，喧闹的街头音乐家、建筑工人，或吠叫。在 19 世纪早期，手摇风琴师不仅使一些伦敦居民发疯，而且还象征着国界的放松。与在埃及展厅或博览会上表演的当地人不同，这里的外国人可以自由地在城市中漫步，并侵犯中上层阶级的私人生活。表演者的音乐因此成为"另一种'无法无天'的东西，对于高雅音乐会或客厅独奏会是双重威胁"（Picker 2003：63）①。在帝国时代，声音被文化编码，以价值为导向，并具有相当的符号学意义。街头音乐家喧闹的身体（他们把自己的乐器绑在身上，形成了一个整体）可以与留声机产生的无形噪音形成对比。尽管留声机被认为是一项不可思议的科学发现，在训练有素的操作人员的指导下，留声机在课堂

---

① 城市居民对待这个"问题"的方式越来越严厉；然而一些抱怨者花钱请一些街头音乐家到别的地方演奏，而 1864 年 7 月英国议会一致通过了反对街头音乐法案皮克尔（Picker，J. M.），《维多利亚时代的声音景观》（*Victorian Soundscapes*），纽约：牛津大学出版社（New York：Oxford University Press），2003：63。

上循环播放，但街头风琴奏出的音乐最终还是与怀旧联系在一起，也就是皮克尔所说的"怀旧"，"古色古香的古玩，让人想起曾经活跃在大都市街道上的生活"（皮克尔 2003：77）。

　　然而，随着 1894 年电影的出现，留声机似乎能让死人复活（至少是他们的声音）的神奇力量被超越了。俄罗斯作家马克西姆·高尔基（Maxim Gorky）经常回忆第一次看电影是在卢米埃尔兄弟（Lumiere Brothers）的展览上，俄罗斯放映的电影以高尔基描述的观看电影时感官上的混乱而闻名：

> 昨晚我在阴影的王国里。这是一个没有声音、没有色彩的世界……微笑是没有生命的，即使他们的动作充满了活力……他们的笑声是无声的，尽管你可以看到他们灰色的脸上肌肉在收缩……看到它很可怕，但它是影子的运动，只是影子的运动。诅咒和鬼魂，那些让整个城市陷入永恒沉睡的邪恶幽灵，浮现在你的脑海中，你觉得梅林（Merlin）的邪恶诡计正在你面前上演。
>
> 高尔基［1896］1996

对高尔基来说，电影与其说是超现实的，不如说是贫乏、离奇、矛盾和不安的；它的局限性，它的地位深深地影响了高尔基，因为他把电影等同于巫术。这里让人想起 19 世纪的幻象展，这是一场壮观的错视画，画中灯笼师使用镜子和灯光效果，创造了幽灵般的幻觉，从空中向观众扑来。电影影响感官的因素有很多，但影响最大的是法国电影理论家安德烈·巴赞（Andre Bazin）关于木乃伊情结的观点，电影能够保存死者的遗体，就像埃及人会保存他们领袖的遗体一样（Bazin 1960：4—9）。

　　像照片和其他虚拟传输技术，如 19 世纪全景图，由于其报纸功能可以被认为是最早的大众视觉媒体，电影回顾了早期的视觉技术，并展望了 20 世纪的电子媒体。尽管电影与全景照片在现象学上有某些相似之处——它们都享有时空错位的特权，在扶手椅上旅行的话语，以及通过独特的方式，一种沉浸感——沉浸式全景绝不是电影的踏脚石，在整个 19 世纪，电影的衰落和繁荣与电影同时存在，并经历着正式的实验（Griffiths 2008：37—78）。正如凡妮莎·施瓦兹（Vanessa Schwartz）在《世纪终点》（*fin-de-siècle*）的大众文化作品中所展示的那样，全景照片与

220

其他壮观的现实场景一样，也出现在流行文化舞台上，比如停尸间的尸体展示、格雷文博物馆的蜡像以及早期的电影（Schwartz 1998）。通过提高感官的参与来体现观看是商业娱乐的先决条件，而商业娱乐在19世纪构成了整个"奥拉马"热潮；逼真度和观众融入场景是构建这种错觉的基础，而且正如施瓦兹所说，电影并没有威胁全景，而是融入了展示之中。例如，1898年，路易·雷尼奥特（Louis Régnault）在巴黎开设了"航海

图 9.2　一次虚拟的航行：航海全景号。《美国科学》（*Scientific American*）（1900 年 9 月 29 日）。

全景"号（Mareorama），一次长达 30 分钟的模拟乘船旅行，载着 700 名乘客到达地中海各港口（见图 9.2）。当灯光变暗时，"游客们看的不是画过油画的帆布，而是从船上拍摄的海岸景色的电影"。通过一个移动平台和压缩空气来模拟风浪，航海全景来回摇摆，这或多或少取决于外部景象；多感官体验在程序中被明确引用，声称它将"同时对所有感官产生影响……并取得最全面的现实效果"（Schwartz 1998：171）。

正如沃尔夫冈·施菲尔布施（Wolfgang schivelbusch）在《铁路旅行日记》（The Railway Journey）中所说的那样，全景感知象征着一种新的世界观；当火车消灭距离时，空间、时间和运动都要重新校准。这幅世界从窗前飞驰而过的画面，或许让人想起一幅加速运动的全景图，与它的圆形全景图不同，它由一幅巨大的帆布组成，慢慢地从坐着的观众身边滚动过去，这是对电影的有力隐喻（Schivelbusch 1987）。

从侧窗或更令人毛骨悚然的火车或其他移动车辆前面看到的这张照片，被称为电影中的幻影，在阿尔伯特·史密斯（G. Albert Smith）的三个镜头的电影《隧道里的吻》（A Kiss in the Tunnel，1899）中，它提供了最早的多镜头电影之一的开拍和闭幕镜头（在黑暗的隧道中，一个男人亲吻一个女人就是中间镜头）。与主题公园中同时代的"黑暗之旅"的组织原则相同，幻影骑行成为巨幕影院的标志性镜头，穿透空间的感觉是许多早期交通电影的标志性特征。

在一个帝国时代，电影和世界博览会上的"鲜活的乡村"一样，都是些散乱无章的作品，支持殖民主义，强化种族等级制度的神话，将本土文化商品化，使之成为易于消费的视觉奇观。在这方面，电影是游乐场中充满视觉文化且合乎逻辑的产物；"小埃及"是至少三名受欢迎的肚皮舞演员的艺名，其中法蒂玛·贾米勒（Fatima Djamile）的肚皮舞演员曾是爱迪生（Edison）的两个作品的主角：《库奇库奇》（Coochee Coochee）制作于 1896 年，《法蒂玛》（Fatima）制作于 1897 年。① 小埃及成了肚皮舞的代名词，这些舞者中有几个在 1893 年芝加哥世界博览会上表演。爱迪生担心，爱迪生非常担心法蒂玛暴露的腹部和情欲的波动可能带来几乎与

① 另外两名舞者在维基百科上被认为是出生于叙利亚的法里达·马扎尔·斯皮洛普洛斯（Farida Mazar Spyropoulos，1871—1937），和加拿大的阿什·瓦伯 Ashea Wabe（原名为凯特琳·迪瓦恩 Caterhine Devine，1871—1908）法蒂玛·贾米勒的出生日期没有列出来，尽管她死于 1921 年 3 月（http://en.wikipedia.org/wiki/Little_Egypt_［dancer］）。

现场表演一样的感官刺激，因此他创造了一个审查版本的电影，在其中法蒂玛的身体被一个看起来像是白色尖柱篱笆的东西遮盖住，然后跨过电影画面的中心。作为狭隘主义和美国小镇价值观的象征，白色尖柱篱笆具有讽刺的意味，因为它变成了淫秽和不健康价值观的字面表达，然而，因为我们仍然可以从篱笆后面辨认出法蒂玛的身体，所以白色篱笆最终失败了。爱迪生的《库奇库奇》使埃及小肚皮舞的地方体验变成了一种不断赚钱的流通商品，甚至在演出结束后也是如此。虽然这部电影不符合观看法蒂玛舞蹈的现场体验，但它把法蒂玛带给了更多的观众且持续了更长的时间。

1895 年，在法国，奥古斯特·卢米埃和路易斯·卢米埃兄弟在巴黎的"印度大咖啡厅"（Salon Indien du Grand Café）首次亮相；与爱迪生的相机不同，他们的摄像机从一开始就在世界各地拍摄，通过一系列影片，如《阿拉伯军团》（Arab Cortege，1897）等，来支持了法国的民族主义，拉近了异国人与家乡的距离（Musser 2004：15—30）。除了重新表达世界博览会上鲜活乡村的话语和美学逻辑外，人类学也要感谢博物馆生活小组，这是我们两个小型案例研究中的第一次研究的主题，关于在博物馆神圣的大厅和监狱潮湿的牢房中感官媒体的运作。

外面的世界：博物馆里的媒体与感官

博物馆是 19 世纪都市和地方观众的奇幻空间。人们或沉迷于在伦敦南肯辛顿博物馆（South Kensington Museum，今天的科学博物馆），观看一台运转中的机器所带来的技术崇高，或在纽约的美国自然历史博物馆（AMNH），透过玻璃凝视着标本。或在一座规模不大的小镇博物馆安静的走廊里，看着排列在墙上的一排排鸟类标本。19 世纪的博物馆是通往"外部世界"的门户，帝国的战利品和令人眼花缭乱的科技发现以及工业革命的产品都自豪地展示在那里（Griffiths 2002：3—45，2008：159—194）。自然历史博物馆可以被认为是剩余的空间，是世界博览会上掠夺来之物品的永久住所；例如，芝加哥的菲尔德博物馆和科学博物馆吸纳了 1893 年芝加哥世博会的大量展品，科学博物馆也吸收了 1851 年伦敦世博会的展品。正如我曾在其他地方说过，博物馆，和世界贸易会和博览会一样，占据了一个有限的区域，既不完全是世界的一部分，也不完全在世界之外，通过展示变成收藏品的物品。博物馆由身穿制服的警卫看守，是帝国的前哨，展示西方帝国主义力量的大型百货商店，殖民主义扩张的物质遗产，以及人造的且超现实主义的展示方式。博物馆设计师们从在世界博览会上尝试且测试过的展览技术中学到了很多东西；与此同时，馆长们努力在被制裁之间保持谨慎的平衡，一方面是所谓的科学框架机制，另一方面是百货公司、简易博物馆和中途岛博物馆在视觉上惊人的丰富多彩。①

　　那么，无论是在 19 世纪末还是今天，自然历史博物馆里的小动物们是最受欢迎的展品之一——是一个生活环境的群组——放置在一个玻璃封闭的陈列柜里，里面有标本，并与自然的植物群相联系。一个谜一样的符号被魔法、奇迹、死亡、冒险、失落和神秘的话语所决定，那便是标本的处理方式，它的地位是一个茫然的存在，让人想起电影；电影和标本的制作方法都是一种符号化的手段，通过不同形式的木乃伊化将死者复活（一方面是动物标本，另一方面是超现实主义和运动错觉）。这个生活环境群体是一种自然的、有着绘画背景的立体模型，是再创造和保存的标本的混合物，通过弹出式故事书的美学，将标本与标本结合在一起，增强了它的真实效果。走近展览的感觉就像从一扇很大的画窗往外看，进入一个凝固的瞬间。最早出现在美国自然历史博物馆的生命群体之一是朱尔·韦罗（Jules Verreaux）的"被狮子袭击的阿拉伯信使"，1869 年在博物馆最初的第五大道展出。在 1869 年的巴黎博览会上，这只轰动一时的狮子被展示出来，赢得了一枚金牌。用后腿直立起来，试图打倒一头骆驼和它的车夫（另一只狮子躺在骆驼旁边的地上）。该集团利用流行的东方主义肖像学，将人体标本和人体形态整合在一起，从而实现了展示；由于在现实生活中捕捉到这种感觉几乎是不可能的，所以运动停顿的感觉也是整体效果的一部分。美国自然历史博物馆几乎没有委婉的话语，就有理由加入这样一个戏剧性的团体；美国自然历史博物馆的领导者弗雷德里克·A. 卢卡斯（Frederic A. Lucas）说，这群人试图"展示生命和行动，努力**吸引观众的注意力，引起观众的兴趣**"（Lucas 1814：10）。该集团的意识形态

224

① 当然，可持续性问题，尤其是濒危物种问题，以及标本剥制术含义的转变，在当代博物馆展示政治学中发挥了作用。例如，大英博物馆的一些陈列柜上有标识说明一些标本看起来应该被替换的原因是人为故意的，因为大英博物馆现在有不替换或者修复旧物的政策。

功能类似于尚未建立的现代广告业。它的预期效果是激起观众的兴趣，一旦他们陶醉在"阿拉伯"群体的视觉盛宴中，他们可能会对周围的陈列柜产生更大的兴趣。鉴于生活环境和博物馆生活群体（土著人民的石膏模型）之间在现象上有着一定的联系，不难想象，当观众站在一个生活群体面前，而不是坐在观众席上观看一部人类学电影时，他们也会做出类似的联想飞跃。生活环境和生命群体的组织原则在电影中被重新定义；观众坐在一个巨大的屏幕前，屏幕上放映着来自另一个时间和地点的图像。在电影放映中，与栖息地和生活群体相伴的字幕被现场演讲者所取代，尽管早在 1901 年就出现在一部改编自《斯克罗吉》（*Scrooge*）或《马利的鬼魂》（*Marley's Ghost*）的电影中，在 1903 年以后的电影中，插叙也更加普遍。

但生活群体和电影在其他方面也有着现象学上的联系。在这二者之间，观众被带入到幻觉中，这无疑增加了它们对博物馆参观者的吸引力，但也引起了一些人类学家和策展人的恐慌，他们担心展览中强烈的幻觉主义会破坏人种学实物课程。当同时使用这两种展示工具时，感官会受到刺激；在逼真性的问题上，每个人都有长处和短处（他们如何神奇地变出他们缺席的参照物）。在这两种情况下，其他人类学研究对象的身体都是投射幻想和感官愉悦的场所；要真实将生活群体中的头发以及皮肤与电影中更大规模的脸及运动作出对比。文化人类学家弗朗茨·博阿斯（Franz Boas）在 1896 年提出的关于生命群体最佳观看条件的建议，很可能是对早期电影剧场的一种描述；根据法兰兹·鲍亚士："为了使这样一群人处于有利地位，必须从一个方面来看待，视角必须通过一种框架，这个框架将屏幕的线条封闭起来，参观者必须在一个相对黑暗的地方，物体和背景必须有光。"（Putnam［1896］1985, Jacknis 1985：102）

225　　从 1908 年开始，美国自然历史博物馆的电影放映显然是多媒体事务，包括材料制品、魔术灯幻灯片和现场音乐，或者以钢琴伴奏的形式，或者在放映期间展示本土乐器。自然历史和科学博物馆在电影出现后不久就开始放映胶片电影，原因有几个：为了跟上时代潮流，给枯燥无味的讲座增添趣味；记录最近的一次探险；吸引广泛的受众。独立放映只是博物馆使用保真胶片的方式之一；电影也在讲座中使用，同样的镜头有时会在不同的讲座中重复使用，甚至会被用于完全不同的演讲。直到 1920 年代末，一种独立的、可循环使用的观察装置，即戏剧图表（Dramagraph）的发明，可以放在展览旁边的画廊里，在美术馆中很少放映电影。由于设置放映机和屏幕的后勤工作、雇用放映员的费用以及禁止在没有放映机的情况下放映电影等规定，都起到了威慑作用（Griffiths 2008：243—246）。这就是说，早在画廊使用荧屏变得普遍以前，参观者就习惯于看到各种形式的媒体，如显示背光的摄影透明片，使图像吸引游客，并提供动物、部落或现象的索引证据。画廊里也使用了录音。例如，留声机对1908年国际结核病展览的一些展厅中展出的照片和物品进行了评论，虽然目前还没有对使用它们的理由进行相关讨论，但人们不禁会想，这项技术的新奇之处就在于它本身（直到20世纪30年代，留声机才在博物馆的展览中得到常规使用）。他们除了向相当多的文盲参观者传授重要信息方面所起的作用外，在这次临时展览的巨大成功中肯定也发挥了不小的作用（Griffiths 2008：236）。①

　　即使他们在展示新媒体方面几乎没有什么创新——永久性画廊的装修费用非常昂贵，造成这种分离感的原因之一是，人们有时会在博物馆的画廊里漫步，那里陈列着新旧展品、技术和设施——然而，博物馆是一个令人着迷的检测感官媒体的空间，因为他们把熟悉的和不熟悉的处理世界和理解文化差异的方式放在一个屋檐下。在博物馆里发现的许多视觉展示技术都是衍生的，馆长从科学、商业和流行文化的世界中自由地汲取灵感。展馆、百货商店橱窗、艺术博物馆的历史展厅、简易博物馆的陈列柜和自然历史博物馆的画廊之间都是可以免费借用的，如果没有更广泛的解释背景，参观者可能会感到困惑，不知道自己身在何处。毕竟，博物馆是帝国主义和统治者努力下的巨大广告，也就是说文化在进行展示行为的同时也是在将文化陈列出来。由于博物馆被嵌入了当时的地缘政治格局，它们一直在寻找富有的捐赠者、新成员，并渴望在一座城市的文化遗产中名列前茅。

226

　　这一时期展览实践最大的转变之一，由德裔美国人类学家弗朗茨·博阿斯开创，是从物质文化的类型展示转向以地域为基础受文化相对主义理论影响的语境展示。博物馆内新旧媒体并存；照片、录音和电影与更传统的表现形式，如嵌板画、陈列柜和标签一起占据了一席之地。博物馆是视

---

① 在展览开幕当天就有一万名游客前来参观，在七周的展览期间，共有753954名游客前来参观，这是1908—1909年美国自然历史博物馆参观人数的72%。为了容纳游客，博物馆在工作日每天开放13个小时，周末开放到晚上8点格里菲斯（Griffiths, A.），《让你不寒而栗：电影、博物馆和沉浸式观影体验》(*Shivers Down Your Spine*: *cinema*, *museums*, *and the immersive view*)，纽约：哥伦比亚大学出版社（New York：Columbia University Press），2008：236。

觉文化的中心，因为它们代表了一个被遗忘的时代，在那里人们不感到那么烦恼。它带领游客进行一场模拟旅行，穿越与他们生活环境截然不同的文化地理区域，体验不可思议的放松（并通过展示核心家庭在许多生活和生活环境的案例，让人感到熟悉）。尽管立体模型中有限的世界里无法与电影的广博展开竞争，但是其神秘和模仿性对人类感觉器官的影响巨大；它们延续了"眼见为实"的古老格言，照亮了遥远的世界和人们。迈尔斯·奥威尔认为这是美国文化的重要组成部分，两者都说明了模仿和真实之间的紧张关系。虽然只有一个（电影）涉及图像的机械复制，但从根本上来说，我们关心的是如何从外部和内部来重构世界（Orvell 1989：xvi）。立体模型和电影作为一种物化技术，被设计成集体消费的形式，与其他形式的大众消费没有区别。这是米里亚姆·汉森（Miriam Hansen）所说"现代主义方言"（vernacular modernism）的例子，"组织视觉和感官感知的新模式，与'事物'的新关系，模仿体验和表达的不同形式，情感、时间性和反射性，日常生活、社交和休闲结构的变化"（Hansen 1999：60）。无论是人类学电影和透视画派的产生，都与游记的文本形式和思想观念密切相关。这创造了詹妮弗·彼得森（Jennifer Peterson）称之为"诗意的遐想"的形式，那是非常感性的，甚至是情欲，带有怀旧色彩。一个广阔的世界可以被缩小放入玻璃外壳或屏幕的框架中。在这两种情况下，一个精确化和微型化的世界出现了。那么，让我们把目光转向一个文化上遥远的世界，尽管在地理上常常离博物馆很近，在那里，人类的感官经历了一种人们所能想象到的最彻底的体验，新旧媒体在微妙的平衡中共存。

内心的世界：媒体与监狱中的感官

监狱有各种各样的名称，如"监狱""监牢""感化所""庇护所""看守所""禁闭所"或"惩教所"，它远没有名字所暗示的那么不确定。监狱中的生活是一种强烈的肉体体验，剥夺和麻木了感官，矛盾的是，却提升了感官（Classen 2012：171—181）。因犯表现出许多与关在笼子里的动物相同的神经质行为，对监禁效果的研究表明，如果因犯被单独关押的话他们比一般人群更容易患精神疾病。监狱是对身体起作用的空间之一。因犯是攻击、传染病、抑郁、不良饮食、缺乏运动和无聊的受害者。监狱与世隔绝，是一个灰暗、嘈杂、无情的世界。很明显，监狱是博物馆的对立面，然而，这既有收敛之处，也有分歧之处，这两个机构在人类的感官和价值体系的空间组织中，对居住者进行管理，并灌输提升、改革和国家认同的理念。

图 9.3　在纽盖特监狱的感官剥夺，古斯塔夫·多尔所绘插图，布兰查德·杰罗德《伦敦：朝圣》，伦敦：格兰特公司，1872。

228

监狱的案例要求我们重新审视 19 世纪末 20 世纪初传统的媒体消费的历史记录模式，特别是付费观众自愿观看剧场放映的传统模式。考虑到监狱里独特的接待条件（类似于学校等非剧场的某些方面，长期以来，监狱里的在公共讲座和牢房区一直沿用着混合幻灯投影、电影、留声机投影的做法），这意味着"去电影院"——电影在狱中的社会经历——抵制对早期的电影出现的标准解释，需要相当大的细微差别（Griffiths 2012：420—440）。在监狱里，感官媒体被严重地封闭起来，包括书籍、杂志订阅和插图教育讲座等视觉文化的配给和高度追捧；留声机的声音对死囚有极大的治疗作用。播放维它公司唱片能够打破死寂，安抚死刑犯的神经。单独牢房里的无线电耳机，只能从监狱的中央接收器接收经过批准的电台；1905年左右，开始放映电影。

229　　　早在这些媒体形式进入监狱之前，因犯们就通过其他方式活跃了他们的感官，比如音乐、阅读和想象力。1899 年，在纽约州北部锡拉丘兹附近的奥本监狱（Auburn Prison），25551 号因犯在兴格互助联盟出版社（Sing Sing's Mutual Welfare League）出版的双周刊杂志上发表的一篇文章《希望之星》（Star of Hope）中创造了"空中城堡"一词。作者在感官层次上挑战视觉霸权，如果我们考虑因犯视觉多样性的匮乏，这是一个合乎逻辑的举动。"你有没有停下来意识到，眼睛的视觉是抽象思维中心灵视觉的障碍？只有当我们闭上眼睛建造'空中楼阁'时，我们的精神视野才是最清晰的。"（Auburn 1899：2）

来自邻近细胞的音乐是触发空中楼阁的另一种方式，因为音乐可以以各种刺激的方式唤起记忆和感官。允许演奏一种乐器被认为是男性的一个里程碑。"他们厌倦了阅读和从牢房的一端走到另一端，茫然地盯着刷成白色的墙壁，他们希望淹没那些掠过他们不幸心灵的黑暗思想，他们希望远离疯狂和更糟的事情。"与音乐会的表演不同，来自牢房的音乐有一种空灵的特质，因为通常很难确切地知道它来自哪里，而且演奏其他乐器的人也常常会加入进来。对于他听到的声音，26336 号奥本的因犯是这样说的："当我写下这几行字的时候，从下面的走廊里传来一阵轻柔的音乐低语，在吉他上轻轻弹奏着。旋律由小提琴演奏，和声由班卓琴演奏，班卓琴由上方画廊的一位男士演奏。音乐声震耳欲聋——除了这些似乎来自天堂的声音，什么也听不见。"（Auburn 1901：57）① 著名的因犯改革家、互助福利联盟创始人托马斯·莫特·奥斯本（Thomas Mott Osborne）被安排以汤姆·布朗（Tom Brown）的名义在奥本接受为期一周的委托，以便亲身体验监狱生活；他描述了完全相同的感觉（这一次不和谐），声音缓慢地从最初的门德尔松《春之歌》中建立起来（他称之为"音乐的混乱"）："不幸的是，在更多的乐器加入之前，他并没有演奏过很多小节——犹太人的竖琴、口琴和其他乐器。这是一种不同寻常的混杂的声音——在几分钟前致命的寂静之后，是一种狂野的混乱，一列火车在排放蒸汽……也贡献了它的噪音配额。"（Osborne 1937：47）即使是构成听觉景观的更平常的声音，"偶尔的咳嗽声、偷偷踢足球的声音、铁门的罐子声、远处螺栓或铁条的撞击声"，也会随着大脑在视觉上的推论而放大（Osborne 1937：62）。声音还能提供关于一天中时间的重要线索，而禁止在牢房里看手表的禁令则削弱了这一点。虽然说我非常擅长猜测时间，但在这个地方，我无法进行一个精确的计算。奥斯本感知时间的能力经历了一个奇怪的转变，因为普通的感官刺激被一个空洞所取代，而这却让人的感官对环境的微妙变化变得异常敏锐（Osborne 1937：62）。

230

　　奥斯本充满激情地写到了监狱生活对感官的剥夺，这让他对音乐的体验如此难忘。据历史学家皮克尔说，奥斯本生活在一个"空前扩张"的时期，"那里充满了火车的呼啸声、工业的铿锵声、城市街道的嘈杂声、熙熙攘攘和音乐，以及电线和蜡的振动声"（Picker 2003：4）。毫不奇怪，兴格监狱（Sing Sing prison）的囚犯的听觉能力尤其增强，因为他们大多来自纽约，他们的耳朵能够在城市生活的声音活力中练习。1816 年听诊器的发明加速了听觉的发展，这是一个"密切倾听……"的听诊时代（Picker 2003：4）。监狱牢房里的声音很可能是"空中楼阁"的刺激，钥匙、污水桶、金属门、火车汽笛、夜间用管道敲击作为电报通讯媒介的声音以及人的声音都被放大了，形成了一个万花筒般的声音世界，几乎不会改变（McGowen 1995：106）。牢房外，有组织的音乐会和社区演唱旨在提振精神，缓解无聊情绪。在恶劣的天气里，囚犯们经常"被转到礼堂，

---

① 根据作者的说法，狱中的音乐家是模范因犯，他们有思想、有悔意，对光明的未来充满希望。音乐驱走了生活的单调，使"生活中的束缚不再那么令人厌烦"。奥伯恩（Auburn），"音乐"，《希望之星》（"Music"，Star of Hope），1901：57。

在那里他们可以参加一段时间的社区演唱。这些歌曲鼓舞了整个群体，鼓励他们忘记自己的烦恼，并将他们融入一种有利于重新社会化的活泼精神中"（Christian n.d.：9）。

写诗是囚犯建造"空中楼阁"的另一种方式，在监狱里是一项严肃的工作，"写作不仅是为了打发无聊的闲暇时光，当思想试图以某种方式表达时，也不仅仅是为了使头脑平静，而是因为作曲家知道这是他的道德责任"。正如 1900 年《希望之星》(*the Star of Hope*) 的一位匿名撰稿人所解释的那样，诗歌被视为精神食粮，是一种精神锻炼，可以加强道德准则，对整个身体产生影响：诗歌能够"刺激和加强读者的思想，从而使他的身体作出反应，弱化长期且封闭的监狱生活，使他变得更强壮、更聪明、更好"（"Undercurrents" 1900：17）。与阅读或听讲座相比，写诗更能激发精神上的释放，不仅能让大脑再生，还能让整个身体再生。诗歌定期递交至"希望之星"；例如，在杂志创刊的第一年就提交了由 388 首不同类型和风格诗歌组成的 11958 行诗。这些诗歌都是在监狱中最小的空间——牢房里创作的，那里的思维可以说是最活跃的，反映了被监禁自我的方方面面（Classen 1901：1）。

除了写诗，在牢房里读书和在其他地方读书有点相似，从 19 世纪 40 年代开始，越来越多的人在这里读书：19 世纪的火车车厢，即在这样一个过渡的空间中，出现了维多利亚时代读者和社会习俗的一个新模式（基于《隧道里的吻》，这是一种挑战）。虽然火车车厢和监狱之间有明显的差异，但其主题均是在到达目的地之前或获得假释前通过阅读来消磨时间，避免与人交谈，或创建一些原本是一个非时间的时间段。当然，这并不包括新奇的旅行体验，在一个新的地方达到高潮的旅程，或者高速运动带来的纯粹的刺激。虽然铁路和电影这一主题已经产生了相当多的学术成果，但 1909 年，一位意大利工程师计划在火车车厢里安装移动画面屏幕，电影实际上与火车结合在了一起。被吹捧为"强有力的广告计划"的旅行者将"在汽车的屏幕上看到不同的景色、建筑物、纪念碑、艺术珍品，以及他们所经过的不同国家……以及当地不同的行业"（参见"火车车厢上的电影摄影"［Cinematography on railroad cars］1909：363；Furstenau 2011；Kirby 1997；Schivelbusch 1987）。两年后，贸易出版社发布了一份关于美国版本的通告，尽管这个版本提供了今天的电子列车指示器的原型，在这个模型中，带有最新列车信息的幻灯片将显示在站台上。火车上的仓库也被认为是潜在的娱乐，与火车上的电影的娱乐空间一样（"另一个好的建议"1910：1525）。

　　因此，"空中楼阁"的概念意义重大，不仅可以代表囚犯们起到缓和的作用，也是为了更好地理解他们如何试图利用克尔凯郭尔（Kierkegaard）之心理规避理论相似的技巧来保持理智。存在主义思想甚至可以用来解释电影的离散性快感，"娱乐……将提升那些从他们自身及环境跳出来看待它的人，因为这样或者那样的原因，这可能是令人厌烦或沮丧的，**至少暂时把它们放在一个想象的世界里，在那里事情似乎进展顺利，挫折和失望也显然都是未知的**"，就像1908年的电影《移动的画面世界》（*Moving Picture World*）（《电影的未来》1909：234）。事实上，许多囚犯所写的关于虚拟旅行的幻想都是陈词滥调，也不可能是真的。（谁不会在失恋的时候幻想着去另一个地方呢？）就像牢房里的书、杂志、报纸、诗歌和杂志一样，电影通过引入一种新的方法来打破常规：在监狱里看电影。因此，当电影第一次出现在监狱里时，记者们对电影呈现给那些被监禁的观众的新奇感就毫不奇怪了。这给电影在监狱中的应用带来了一种伪

232

图 9.4　路易·波耶特（Louis Poyet）光线的新奇观：雷诺的光学剧场，（New spectacles of light：*Reynaud's Théâtre Optique*），公共版权。

社会科学的感觉，就好像记者在报道一个社会实验，在这个实验中，监狱充当了一个实验室，而电影则是实验变量。我不认为电影是监狱里新媒体发展的典范，而认为是一种电影体验的唤起——盯着牢房窗户的长方形灯光的感觉——奠定了电影进入监狱的基础。有人说，早在电影在美国监狱（相对较晚）出现之前，1905 年和 1914 年期间，囚犯们就已经为电影做好了感官准备。当电影把外面的世界带进来的时候，它也把监狱彻底翻过来了，因为外景拍摄使得外面的世界可以在电影上看到它。

结　论

监狱和博物馆是 19 世纪标志性的机构，它们都弱化了感官。博物馆传递了感官超载，身体和精神的疲劳，因为穿过大厅几乎没有什么机会可以坐下。而在监狱，相反把身体插入到一个灰色的、不友好的世界中，这个世界里缺乏尊严和感官乐趣。像书、杂志、照片、幻灯片、留声机、电影（以及后来的广播和电视）这些媒体都被并入或者脱离这些机构（兴格监狱和国家自然历史博物馆出版的杂志，分别是《希望之星》和《博物馆期刊》），还有无数的电影以监狱和博物馆为题材。并且，相较于博物馆里那些更为壮观、更奇妙、视觉上更吸引人的模拟展品相比，媒体的使用起到了次要的作用。而在监狱中，媒体则成了一剂良药，在许多情况下，它可以防止因犯变成"臭虫"——兴格监狱典狱官路易斯·劳斯（Lewis E. Lawes）用来形容监禁引起的精神病人的术语（Lawes 2）。通过这些机构，个体带来了他们曾将之前在某个地方遇到这些媒体的感官记忆，监狱和博物馆呼吁对违反制度和礼仪的行为要进行调整和修改。监狱里的娱乐室免费，人们怀着极大的感激之情享受着它，它是通往外面世界的门户。劳斯写得最多的就是"在阴森的监狱，灰色的围墙内，可以找到欣赏电影的影迷"（Lawes 1）。

在这两个空间中，我们看到了媒体残留的证据，与商业场景中电影取代灯展相比，旧的形式会持续更长时间，甚至是电报，正如我们在典狱官托马斯·莫特·奥斯本（Thomas Mott Osborne）对自己被关在奥本监狱的回忆中看到的那样，也在囚犯们的管道窃听中被重新塑造了。在博物馆和监狱，外面的世界不仅仅是微型化的——人们通过国家自然历史博物馆的大厅可以步行穿越广阔的大陆，并且监狱是一个虚拟的城市，有着自己的医院、药房、停尸房和礼堂——但是世界上的物品和表现形式的输入都是在这两个机构中严格安排的。在博物馆的世界里，过剩与稀有的关系是紧张的，相对于那些稀有的文物，有多余的本土文物可以送进博物馆，这一罕见的发现引发了本杰明光环的过度闪耀。

在两个机构中了解自己的地位至关重要。欧美人穿过国家自然历史博物馆的走廊仅仅指导自己在进化阶梯上的位置，就像囚犯一样，在1901年废除监狱文身之前，他们在胳膊上纹上文身来确定他们是第一个、第二个还是第三个服刑人员。在此之前，囚犯比一架机器人好不了多少，"他的眼睛从不微笑，却一直盯着守卫和墙壁。他的神经紧张得难以想象。他甚至笑不出来。他被剥夺了表达自己情感的权利，就没有了表达的权利……简而言之，他忘记了自己是一个人，"劳斯说。（Lawes 5）

因此，在19世纪末到20世纪初许多机构中，新媒体帮助培养公民的感官和道德：其效果由政府定义（Acland and Wasson），公民授权，还有一些特别的政策，比如当兴格监狱在十几岁青少年中引入夜间放映，从而来减少因犯暴露在牢房里严重潮湿的环境中，以及减轻同性的性行为（Griffiths 2012）。尽管正如我们在本章所展示的那样，活跃性、即时性、存在性、具体化的感官以及时间和空间组织等问题刺激了人们的感官，但是新媒体的使用方式与前电影时代娱乐形式大致相似。在这个以视觉为中心的现代城市里，城市居民和游客都受到了各种感官的吸引，受到新奇娱乐和视觉在新兴商品文化中垄断的影响。就像人种学领域的土著民族一样，摄影和电影揭露且重现了现代社会的地下世界和罪犯，且被测量并记录，用手指印刷，这一方法使用了阿方斯·贝迪永（Alphonse Bertillon）臭名昭著的人类制图工程。城市被视为与人种学的野蛮是对立的，它是来自外部世界，而非内部世界（大都会肮脏的阴暗面），罪犯和穷人受到监视的方式与其他人民相似。摄影和电影极大地帮助了维多利亚时代的实证知识计划，比如托马斯·理查兹（Thomas Richards）认为在《帝国档案》（*The Imperial Archive*）一样，它把世界分成了"事实的小片段"（Richards 1993：6）。博物馆和监狱都见证了媒体的使用处于社会的边缘，也帮助了我们更清楚地看到它如何塑造主流文化，且感官如何回应这个世界，并通过中介被无情改变，这也是当代媒体的特色。

参考书目

Abell, Mrs. L. G., 1855, *Woman in Her Various Relations*, New York: J. M. Fairchild.

Abelson, E., 1989, *When Ladies Go a-Thieving: middle class shoplifters in the Victorian department store*, Oxford: Oxford University Press.

"Account of the Hindoo goddess Doorgá," 1820, *Missionary Sketches*, 12, April.

Ackerknecht, E. H., 1967, *Medicine at the Paris Hospital, 1794—1848*, Baltimore, MD: Johns Hopkins University Press.

Acland, C. and Wasson, H. (eds), 2011, *Useful Cinema*, Durham, NC: Duke University Press.

Adburgham, A., 1989, *Shops and Shopping: where and in what manner the well-dressed Englishwoman bought her clothes*, 2nd edn, London: Barry and Jenkins.

Addison, J., 1828, *Essays on the Pleasures of the Imagination*, Vol. 1, Antwerp: Duverger & Co.

Agulhon, M., 1977, *Le Cercle dans la France bourgeoise, 1810—1848, Etude d'une mutation de sociabilité*, Paris: A. Colin.

Alexander, D., 1970, *Retailing in England during the Industrial Revolution*, London: University of London, Athlone Press.

Alexander, N. and Akehurst, G., 1999, "Introduction: the emergence of modern retailing, 1750—1950," in N. Alexander and G. Akehurst (eds), *The Emergence of Modern Retailing, 1750—1950*, London: Frank Cass.

Altick, R. D., 1978, *The Shows of London*, Cambridge, MA and London: The Belknap Press of Harvard University Press.

Altman, R., 2004, *Silent Film Sound*, New York: Columbia University Press.

Anderson, B., 1983, *Imagined Communities: reflections on the origin and spread of nationalism*, London: Verso.

"Another good suggestion: moving pictures in railway depots," 1910, *MPW*, 7 (27), 1525.

Appadurai, A. (ed.), 1986, *The Social Life of Things: commodities in cultural perspective*, Cambridge: Cambridge University Press.

Arches, P., 1979, "La Médicalisation des Deux-Sèvres au milieu du XIXe siècle," *Bulletin de la Société Historique et Scientifique des Deux-Sèvres*, 12 (2).

Armstrong, T., 1998, *Modernism*, *Technology and the Body*: *a cultural study*, Cambridge: Cambridge University Press.

Arnout, A., forthcoming, "Something old, something borrowed, something new: the Brussels shopping townscape during the nineteenth century," in J. H. Furnéé and C. Lesger (eds), *The Landscape of Consumption. Shopping streets and shopping cultures in western Europe*, *c. 1600—1900*, Basingstoke: Palgrave.

Aron, J-P., 1976, *Le Mangeur au XIXe siècle*, Paris: Denoël Gonthier.

Aron, J-P. and Kempf, R., 1978, *Le Pénis et la démoralisation de l'Occident*, Paris: Grasset.

Atkins, P. J. and Oddy, D. J., 2007, "Food and the city," in P. J. Atkins, P. Lummel and D. J. Oddy (eds), *Food and the City in Europe Since 1800*, Aldershot: Ashgate.

Auburn 25, 551, 1899, "Mental visions," *Star of Hope*, 1 (17), 2.

Auburn 26, 336, 1901, "Music," *Star of Hope*, 3 (3), 57.

Austen, J., [1814] 2003, *Mansfield Park*, London: Penguin.

Austin, P. B., 2000, *1812*: *Napoleon's invasion of Russia*, London: Greenhill.

Babbit, I., 1910, *The New Laokoon*: *an essay on the confusion of the arts*, Boston, MA: Houghton Mifflin.

Balmes, J. L., 1856, *Fundamental philosophy*, Vol. 1, trans. from the Spanish by H. F. Brownson, New York: D. & J. Sadlier.

Baratay, E., 2008, *La société des animaux*: *de la Révolution à la Libération*, Paris: Éditions de la Martinière.

Barker-Benfield, C., 1992, *The Culture of Sensibility*: *sex and society in eighteenth-century Britain*, Chicago: University of Chicago Press.

Barnes, D. S., 2005, "Confronting sensory crisis in the Great Stinks of London and Paris," in W. A. Cohen and R. Johnson (eds), *Filth*: *Dirt*, *Disgust*, *and Modern Life*, Minneapolis, MN: University of Minnesota Press.

Barnes, D. S., 2006, *The Great Stink of Paris and the Nineteenth-century Struggle Against Filth and Germs*, Baltimore, MD: Johns Hopkins University Press.

Barret-Kriegel, B., 1977, "Les Demeures de la misère: Le Cholera-morbus et l'émergence de l'habitat," in M. Foucault (ed.), *Politiques de l'habitat*, *1800—1850*, Paris: CORDA.

Barringer, T., 2005, *Men at Work*: *art and labour in Victorian Britain*, New Haven, CT: Yale University Press.

Barringer, T., 2006, "Sonic spectacles of empire: the audio-visual nexus, Delhi-London, 1911—12," in E. Edwards et al. (eds), *Sensible Objects*: *colonialism*, *museums and material culture*, Oxford: Berg.

Barthes, R., 1981, *Camera Lucida*, New York: Hill & Wang.

Bass, M. T., 1864, *Street Music in the Metropolis*, London: John Murray.

Baudelaire, C., 1968, "A une passante," in *Les Fleurs de Mal*, *Texte de la Dernière Edition*, Vol. 1, ed. J. Crépit and G. Blin, Paris: José Corti.

Baudelaire, C., 1981, *Selected Writings on Art and Artists*, trans. P. E. Charvet, Cambridge: Cambridge University Press.

Bayard, H., 1842, *Mémoire sur la topographie médicale du IVe arrondissement de Paris*, Paris.

Bazin, A., 1960, "The ontology of the photographic image," *Film Quarterly*, 13 (4), 4—9.

Beauchamp, K., 1999, *History of Telegraphy*, London: Institute of Electrical Engineers.

Becker, P., 1998, "Die Rezeption der Physiologie in der Kriminalistik und Kriminologie: Variationen über Norm und Ausgrenzung," in J. Tanner and P. Sarasin (eds), *Physiologie und industrielle Gesellschaft. Studien zur Verwissenschaftlichung des Körpers im 19. und 20. Jahrhundert*, Frankfurt am Main: Suhrkamp.

Beetham, M., 1996, *A Magazine of Her Own?: domesticity and desire in the woman's magazine, 1800—1914*, London: Routledge.

Beeton, I., [1861] 2000, *Mrs. Beeton's Book of Household Management*, New York: Oxford University Press.

Belisle, D., 2011, *Retail Nation: department stores and the making of modern Canada*, Toronto: UBC Press.

Benjamin, W., [1931] 1999, "Little history of photography," in *Selected Writings*, Vol. 2., ed. M. W. Jennings, H. Eiland, and G. Smith, trans. E. Jephott and K. Shorter, Cambridge, MA and London: The Belknap Press of Harvard University Press.

Benjamin, W., 1935, "Paris, the capital of the nineteenth century," in *The Arcades Project*, trans. H. Eiland and K. McLaughlin, Cambridge: Belknap.

Benjamin, W., 1968, "On some motifs in Baudelaire," in *Illuminations*, ed. H. Arendt, trans. H. Zohn, New York: Schocken.

Benjamin, W., 1989, *Paris. Capitale du XIXe siècle*, Paris: Le Cerf.

Bennett, T., 1988, "The exhibitionary complex," *New Formations*, 4 (Spring), 73—102.

Benson, J. and Shaw, G., 1992, "The study of retail development," in J. Benson and G. Shaw (eds), *The Evolution of Retail Systems, 1800—1914*, Leicester: Leicester University Press.

Benson, J. and Ugolini, L., 2003, "Introduction: historians and the nation of shopkeepers," in J. Benson and L. Ugolini (eds), *A Nation of Shopkeepers: five centuries of British retailing*, London: I. B. Tauris.

Benson, J. and Ugolini, L., 2006, "Introduction," in J. Benson and L. Ugolini (eds), *Cultures of Selling: perspectives on consumption and society since 1700*, Aldershot: Ashgate.

Benson, S. P., 1986, *Counter Cultures: saleswomen, managers and customers in American department stores*, Urbana, IL: University of Illinois Press.

Bergson, H., [1908] 1988, *Matter and Memory*, New York: Zone Books.

Bertramsen, H. B., 2003, "Remoulding commercial space: municipal improvements and the department store in late-Victorian Manchester," in J. Benson and L. Ugolini (eds), *A Nation of Shopkeepers: five centuries of British retailing*, London: I. B. Tauris.

Bichat, X., 1801, *Anatomie générale, appliquée à la physiologie et à la médecine*, Paris: Brosson, Gabon et Cie.

Bigelow, J., 1822, *A treatise on the materia medica, intended as a sequel to the Pharmacopoeia of the United States: being an account of the origin, qualities and medical uses of the articles and compounds, which constitute that work, with their modes of prescription and administration*, Boston, MA: C. Ewer.

Blanqui, A., 1849, *Des classes ouvrières en France pendant l'année 1848*, Paris.

Blondé, B., Stabel, P., Stobart, J., and Van Damme, I., 2006, "Retail circuits and practices in medieval and early modern Europe: an introduction," in B. Blondé, P. Stabel, J. Stobart, and I. Van Damme (eds), *Buyers and Sellers: retail circuits and practices in medieval and early modern Europe*, Turnout: Brepols.

Blondheim, M., 1994, *News Over the Wires: the telegraph and the flow of public information in America, 1844—1897*, Cambridge, MA: Harvard University Press.

Boccioni, U. et al., 1973, "Manifesto of the futurist painters," in U. Apollonio (ed.), *Futurist Manifestoes*, London: Thames & Hudson.

Bogue, D., 1799, *An Address to Christians, On the Distribution of Religious Tracts*, No. 1, London: printed for the Religious Tract Society.

Boring, E. G., 1977, *Sensation and Perception in the History of Experimental Psychology*, New York: Irvington Publishers.

Bowers, F., 1969, *Scriabin: a biography of the Russian composer*, Vol. 2, Tokyo: Houghton Mifflin.

Bowlby, R., 1985, *Just Looking: consumer culture in Dreiser, Gissing and Zola*, New York: Methuen.

Bradstreet, C., 2010, "*A trip to Japan in sixteen minutes*: Sadakichi Hartmann's perfume concert and the aesthetics of scent," in P. di Bello and G. Koureas (eds), *Art, History and the Senses*, Farnham: Ashgate.

Breen, T. H., 2004, *The Marketplace of Revolution: how consumer politics shaped American independence*, Oxford: Oxford University Press.

Breward, C., 1999, *The Hidden Consumer: masculinities, fashion and city life, 1860—1914*, Manchester: Manchester University Press.

Briggs, A., 1956, *Friends of the People: the centenary history of Lewis's*, London: B. T. Batsford.

Bright, M., 1984, *Cities Built to Music: aesthetic theories of the Victorian gothic revival*, Columbus, OH: Ohio State University Press.

Bright, R., 1827, *Reports of medical cases: selected with a view of illustrating the symptoms and cure of diseases by a reference to morbid anatomy*, London: Longman, Rees, Orme, and Green.

Brooke, R., 1942, *Rupert Brooke: the collected poems*, ed. E. Marsh, London: Sidgwick & Jackson.

Browning, R., [1855] 1997, "Childe Roland to the Dark Tower Came," in *A Critical Edition of the Major Works*, Oxford: Oxford University Press.

Bruegel, M., 2002, "How the French learned to eat canned food, 1809—1930s," in W. Belasco and P. Scranton (eds), *Food Nations: selling taste in consumer societies*, New York and London: Routledge.

Buck-Morss, S., 1989, *The Dialectics of Seeing: Walter Benjamin and the Arcades Project*, Cambridge, MA: MIT Press.

Buckberrough, S. A., 1982, *Robert Delaunay: the discovery of simultanaeity*, Ann Arbor, MI: UMI Research Press.

Bueck-Rich, U., 1970, *Ernst Heinrich Weber (1795—1878) und der Anfang einer Physiologie der Hautsinne*, Zurich: Juris Druck.

Burette, T., 1840, *La Physiologie du fumeur*, Paris.

Burke, T., 1996, *Lifebuoy Men, Lux Women: commodification, consumption & cleanliness in modern Zimbabwe*, Durham, NC: Duke University Press.

Candlin, F., 2010, *Art, Museums and Touch*, Manchester: Manchester University Press.

Carey, W., [1792] 1942, *An Enquiry into the Obligations of Christians, to use Means for the Conversion of the Heathens*, London: Baptist Mission Society.

Carlier, F., 1887, *Études de pathologie social. Les deux prostitutions*, Paris.

Carlisle, J., 2004, *Common Scents: comparative encounters in high-Victorian fiction*, New York: Oxford University Press.

Carrà, C., 1973, "The painting of sounds, noises and smells," in U. Apollonio (ed.), *Futurist Manifestoes*, London: Thames & Hudson.

Carus, P., 2004, *The Gospel of Buddha According to Old Records*, Chicago: Open Court.

Chadwick, E., 1843, *Report on the sanitary condition of the labouring population of Great Britain. A supplementary report on the results of a special inquiry into the practice of interment in towns*, London: W. Clowes & Sons.

Chadwick, E., 1846, "Minutes of Evidence taken before Select Committee on Metropolitan Sewage Manure," *House of Commons*, *Parliamentary Papers*, vol. x.

Charney, L. and Schwartz, V. R. (eds), 1995, *Cinema and the Invention of Modern Life*, Berkeley, CA: University of California Press.

Chatriot, A., Chessel, M-E. and Hilton, M. (eds), 2006, *The Expert Consumer: associations and professionals in consumer society*, Aldershot: Ashgate.

Chatterjee, P., 2001, *A Time for Tea: women, labor and post/colonial politics on an Indian plantation*, Durham, NC: Duke University Press.

Chauvet, P., 1797, *Essai sur la propreté de Paris*, Paris.

Chéroux, C., 2004, "Ghost dialectics: spirit photography in entertainment and belief," in C. Chéroux et al., *The Perfect Medium: photography and the occult*, New Haven, CT: Yale University Press.

Chevalier, L., 1973, *Laboring classes and dangerous classes in Paris during the first half of the nineteenth century*, New York: H. Fertig.

Chew, H., 1981, "Loin du débat pénitentiaire: La prison de Chartres durant la première moitié du XIXe siècle," *Bulletin de l'Institut d'Histoire de la Presse et de l'Opinion* (Tours), 6, 43—67.

Chipp, H. B. (ed.), 1968, *Theories of Modern Art*, Berkeley, CA: University of California Press.

Christian, n.d., "*Recreation at the Elmira Reformatory.*"

"Cinematography on railroad cars," 1909, *MPW*, 4 (13), 363.

Clarence-Smith, W. G. (ed.), 1989, *The Economics of the Indian Ocean Slave Trade in the Nineteenth Century*, London: Frank Cass & Company.

Clark, J., 1834, *A Treatise on Tubercular Phthisis, or Pulmonary Consumption*, London: Marchant.

Clark, T. J., 1984, *The Painting of Modern Life: Paris in the art of Manet and his followers*, New York: Alfred Knopf.

Classen, C., 1998, *The Color of Angels: cosmology, gender and the aesthetic imagination*, London: Routledge.

Classen, C., 2005a, "Feminine tactics: crafting an alternative aesthetics in the eighteenth and nineteenth centuries," in C. Classen (ed.), *The Book of Touch*, Oxford: Berg.

Classen, C., 2005b, "Touch in the museum," in C. Classen (ed.), *The Book of Touch*, Oxford: Berg.

Classen, C., 2005c, "The deodorized city: battling urban stench in the nineteenth century," in M. Zardini (ed.), *Sense of the City: an alternate approach to urbanism*, Montreal QC: Canadian Centre for Architecture and Lars Müller Publishers.

Classen, C., 2012, *The Deepest Sense: a cultural history of touch*, Urbana, IL: University of Illinois Press.

Classen, C., Howes, D., and Synnott, A., 1994, *Aroma: the cultural history of smell*, London and New York: Routledge.

Cloquet, H., 1820, *Osphrésiologie: ou, traité des odeurs, du sens et des organs de l'olfaction; avec l'histoire détaillée des maladies du nez et des fosses nasals, et des operations qui leur conviennent*, Paris: Me'quignon-Marvis.

Cohen, D., 2006, *Household Gods: the British and their possessions*, New Haven, CT: Yale

Univeristy Press.

Colligan, C. and Linley, M., 2011, "Introduction: the nineteenth-century invention of media," in C. Colligan and M. Linley (eds), *Media, Technology, and Literature in the Nineteenth Century*, Farnham: Ashgate.

Collingham, E. M., 2001, *Imperial Bodies: the physical experience of the Raj, c. 1800—1947*, Cambridge: Polity.

Collingham, L., 2006, *Curry: a tale of cooks and conquerors*, Oxford: Oxford University Press.

Commission de l'assainissement de Paris, 1881, *Rapports et avis de la Commission*, Paris: Imprimerie nationale.

Conseil municipal de Paris, 1880, *Procès-verbaux*, Paris.

Corbin, A., 1981, "Introduction," in A. Parent-Duchâtelet, *La Prostitution à Paris au XIXe siècle*, ed. A. Corbin, Paris: Seuil.

Corbin, A., 1986, *The Foul and the Fragrant: odor and the French social imagination*, trans. M. L. Kochan, R. Porter, and C. Prendergast, Oxford and Cambridge, MA: Berg and Harvard University Press.

Corbin, A., 1991, "Le sang de Paris," in *Le Temps, le désir et l'horreur*, Paris: Aubier.

Corbin, A., 1998, *Village Bells: sound and meaning in the nineteenth-century French countryside*, trans. M. Thom, New York: Colombia University Press.

Corra, B. and Settimelli, E., 1973, "Weights, measures, and prices of artistic genius," in U. Apollonio (ed.), *Futurist Manifestoes*, London: Thames & Hudson.

Cowan, A. and Steward, J., 2007, "Introduction," in A. Cowan and J. Steward (eds), *The City and the Senses: urban culture since 1500*, Aldershot: Ashgate.

Cowper, W., 1824, *The Poems of William Cowper*, London: J. Limbird.

Cowper, W., 1831, *The Task, and Other Poems*, Baltimore, MD: George McDowell.

Crawford, S. C., 1987, *Ram Mohan Roy: social, political, and religious reform in nineteenth-century India*, New York: Paragon House.

Crichton, A., 1817, *An account of some experiments made with the vapour of boiling tar*, Edinburgh: Manners & Miller.

Cronin, D. A., Gilligan, J., and Holton, K. (eds), 2001, *Irish Fairs and Markets: studies in local history*, Dublin: Four Courts Press.

Cronin, R., 2004, "Bulwer, Carlyle, and the fashionable novel," in A. Conrad Christensen (ed.), *The Subverting Vision of Bulwer Lytton: bicentenary reflections*, Cranbury, NJ: Associated University Presses.

Crossick, G. and Jaumain, S., 1999, "The world of the department store: distribution, culture and social change," in G. Crossick and S. Jaumain (eds), *Cathedrals of Consumption: the European department store, 1850—1939*, Aldershot: Ashgate.

Curth, L. H. (ed.), 2006, *From Physick to Pharmacology: five hundred years of British drug retailing*, Aldershot: Ashgate.

Daly, N., 2004, *Literature*, *Technology*, *and Modernity*, *1860—2000*, Cambridge: Cambridge University Press.

Danius, S., 2002, *The Senses of Modernism: technology*, *perception*, *and aesthetics*, Ithaca, NY: Cornell University Press.

Darmon, J-J., 1979, "Sous la Restauration, des juges sondent la plaie si vive des prisons," in M. Perrot (ed.), *L'Impossible Prison*, Paris: Seuil.

Darwin, C., 1871, *The Descent of Man*, *and Selection in Relation to Sex*, Vol. I, London: John Murray.

Darwin, C., 1958, *The Autobiography of Charles Darwin and Selected Letters*, New York: Dover Publications.

Darwin, C., 2009, *On the Origin of Species: by means of natural selection or the preservation of the favoured races in the struggle for life*, London: Penguin Classics.

Das, S., 2005, *Touch and Intimacy in First World War Literature*, Cambridge: Cambridge University Press.

Davis, D., 1966, *Fairs*, *Shops*, *and Supermarkets: a history of English shopping*, Toronto: University of Toronto Press.

Davreu, R., 1994, "Londres, Blake et Wordsworth: genèse poétique d'une vision moderne de la ville," *Romantisme*, 83.

de Grazia, V., 2005, *Irresistible Empire: America's advance through 20th Century Europe*, Cambridge, MA: Harvard University Press.

de Grazia, V. and Furlough, E. (eds), 1996, *The Sex of Things: gender and consumption in historical perspective*, Berkeley, CA: University of California Press.

De Qincey, T., [1853] 1862, *Autobiographic Sketches 1790—1803*, Edinburgh: Adam and Charles Black.

de Schloezer, B., 1987, *Scriabin: artist and mystic*, trans. N. Slonimsky, Berkeley, CA: University of California Press.

Delattre, S., 2000, *Les douze heures noires. La nuit à Paris au XIXe siècle*, Paris: Albin Michel.

Denecke, D. and Shaw, G., 1992, "Traditional retail systems in Germany," in J. Benson and G. Shaw (eds), *The Evolution of Retail Systems*, *1800—1914*, Leicester: Leicester University Press.

Deutsch, T., 2010, *Building a Housewife's Paradise: gender*, *politics*, *and American grocery stores in the twentieth century*, Chapel Hill, NC: University of North Carolina Press.

Dickens, C., [1836] 1995, "The streets—morning," in *Sketches by Boz*, London: Penguin.

Dickens, C., [1846—8] 1997, *Dombey and Son*, London: Everyman.

Dickens, C., [1848] 2002, *Dombey and Son*, London: Penguin.

Dickens, C., 1993, *Oliver Twist*, Norton Critical edn, New York: W. W. Norton.

Dickens, C., 1994, *Sketches by Boz and Other Early Papers*, *1833—39*, Columbus, OH: Ohio

State University Press.

Doolittle, H., [1914] 2010, "Oread," http：//modernism.research.yale.edu/wiki/index.php/
Oread.

Dowson, E., 1962, *The Poems of Ernest Dowson*, ed. M. Longaker, Philadelphia, PA：
University of Pennsylvania Press.

Druee, H., 1962, *Eduard Husserls System der phänomenologischen Psychologie*, Berlin：de
Gruyter.

Du Camp, M., 1869—75, *Paris, ses organes, ses fonctions et sa vie dans la seconde moitié du
XIX siècle*, 6 vols, Paris：Hachette.

Duff, Rev. A., 1840, *India and India Missions, including Sketches of the Gigantic System of
Hinduism, both in Theory and Practice*, 2nd edn, Edinburgh：John Johnstone.

Duffin, J., 1998, *To see with a better eye：a life of R.T.H. Laënnec*, Princeton, NJ：Princeton
University Press.

Dunglison, R., 1836, *General therapeutics, or, Principles of medical practice*, Philadelphia,
PA：Carey, Lea & Blanchard.

Duranty, L-E., [1876] 2002, *La Nouvelle Peinture*, Paris：Editions de Boucher.

Edgeworth, M., 1893, *Patronage*, London：Dent.

Editor in Chief, 1901, "Retrospective and comparative," *SOH III*, 1, 1.

Edwards, C., 2005, *Turning Houses into Homes：a history of the retailing and consumption of
domestic furnishings*, Aldershot：Ashgate.

Eliot, G., [1866] 1995, *Felix Holt：the radical*, London：Penguin.

Eliot, G., [1874] 2000, *Middlemarch*, New York：W. W. Norton.

Elliott, E., 1840, "Steam, at Sheffield," in *The Poetical Works of Ebenezer Elliott, the Corn-
Law Rhymer*, Edinburgh：William Tait.

Ellman, R., 1983, *James Joyce*, New York：Oxford University Press.

Engels, F., [1845] 1987, *The Condition of the Working Class in England*, ed. V. Kiernan,
Harmondsworth：Penguin.

Engels, F., [1845] 2009, *The Condition of the Working Class in England*, trans. F. Kelley-
Wischnewetsky, Oxford：Oxford University Press.

Etherington, N. (ed.), 2005, *Missions and Empire*, Oxford：Oxford University Press.

Evans, H., 1993, "Losing touch：the controversy over the introduction of blood pressure
instruments into medicine," *Technology and Culture*, 34, 784—807.

Farr, W., 1847, *Tenth Annual Report of the Registrar-General*, London.

Faure, O., 1994, *Histoire sociale de la médecine*, Paris：Anthropos Diffusion Economica.
Ferguson, C. J., 2008, "Inventing the modern city：urban culture and ideas in Britain, 1780—
1980," PhD Dissertation, Indiana University.

Fichte, J. G., 1800, *Die Bestimmung des Menschen*, Berlin：Vossische Buchhandlung.

Fichte, J. G., 1846, *Sämmtliche Werke*, ed. J. H. Fichte, Vol. 2, Berlin: Veit und Comp.

Flaubert, G., 1959, *Selected Letters*, trans. and ed. F. Steegmuller, London: Hamish Hamilton.

Fleisher, M., 2007a, *Embodied Texts: symbolist playwright-dancer collaborations*, Amsterdam: Editions Rodopi B.V.

Fleisher, M., 2007b, "Incense and decadents: symbolist theatre's use of scent," in S. Banes and A. Lepecki (eds), *The Senses in Performance*, London: Routledge.

Flint, A., 1866—7, "Remarks on the use of the thermometer in diagnosis and prognosis," *New York Medical Journal*, 4, 82.

Flint, K., 2000, *The Victorians and the Visual Imagination*, Cambridge: Cambridge University Press.

Florey, E., 1995, "Sinnesenergie, spezifische," in *Historisches Wörterbuch der Philosophie*, Vol. 9, Darmstadt: Wissenschaftliche Buchgesellschaft.

Fontaine, L., 1996, *History of Pedlars in Europe*, trans. V. Whittiker, Durham, NC: Duke University Press.

Ford, F. M., [1925] 2001, *No More Parades, in Parade's End* [1950], London: Penguin.

Forget, C-P., 1832, *Médecine navale ou nouveaux éléments d'hygiène, de pathologie et de thérapeutique médico-chirurgicales*, 2 vols, Paris.

Form of Service for the Two First Nights of the Feast of Passover, 1886, New York: Lewine & Rosenbaum.

Forster, E. M., [1910] 2000, *Howards End*, London: Penguin.

Foucault, M., 1963, *Naissance de la clinique*, Paris: Presses Universitaires de France.

Friedberg, A., 1993, *Window Shopping: cinema and the postmodern*, Berkeley, CA: University of California Press.

Freidberg, S., 2004, *French Beans and Food Scares: culture and commerce in an anxious age*, Oxford: Oxford University Press.

Freidberg, S., 2009, *Fresh: a perishable history*, Cambridge, MA: Harvard University Press.

Frisby, D., 1985, *Fragments of Modernity: theories of modernity in the work of Simmel, Kracauer and Benjamin*, Cambridge: Cambridge University Press.

Frisby, D., 2001, *Cityscapes of Modernity*, Cambridge: Cambridge University Press.

Furstenau, M., 2011, *Hitchcock in Europe: railways, magic, and political crisis in* The Lady Vanishes, Paper presented at "Europe on Display" conference, Montreal: McGill University. "Future of the motion picture," 1909, *MPW*, 4 (9), 234.

Gaskell, E., [1848] 1998, *Mary Barton*, Oxford: Oxford University Press.

Gaskell, E., [1855] 2008, *North and South*, Oxford: Oxford University Press.

Gemmett, R. J., 2003, *Beckford's Fonthill: the rise of a romantic icon*, Wilby: Michael Russell Publishing.

Gerbod, P., 1965, *La Condition universitaire en France au XIXe siècle*, Paris: Presses

Universitaires de France.

Gernsheim, H., 1986, *A Concise History of Photography*, New York: Courier Dover Publications.

Gernsheim, H. and Gernsheim, A., 1955, *The History of Photography From the Earliest Use of the Camera Obscura in the Eleventh Century up to 1914*, New York: Oxford University Press.

Gerth, K., 2003, *China Made: consumer culture and the creation of the nation*, Cambridge, MA: Harvard University Asia Center.

Gibson, J. J., 1968, *The Senses Considered as Perceptual Systems*, London: George Allen & Unwin.

Gigante, D., 2005, *Taste: a literary history*, New Haven, CT and London: Yale University Press.

Gitelman, L., 2008, *Always Already New: media, history, and the data of culture*, Cambridge, MA: MIT Press.

Goldwater, R., 1979, *Symbolism*, New York: Harper & Row.

Gorky, M., [1896] 1996, "Review of the Lumière Program at the Nizhni-Novgorod Fair," in K. Macdonald and M. Cousins (eds), I*magining Reality: the Faber book of documentary*, London: Faber & Faber.

Griffiths, A., 2002, *Wondrous Difference: cinema, anthropology, and turn-of-the-century visual culture*, New York: Columbia University Press.

Griffiths, A., 2008, *Shivers Down Your Spine: cinema, museums, and the immersive view*, New York: Columbia University Press.

Griffiths, A., 2012, "Bound by cinematic chains: film and prisons during the early era," in A. Gaudreault, N. Dulac, and S. Hidalgo (eds), *A Companion to Early Cinema*, Chichester: Wiley-Blackwell.

Grüsser, O-J., 1987, *Justus Kerner 1786—1862. Arzt—Poet—Geisterseher*, Berlin: Springer.

Grüsser, O-J., 1996, "Hermann von Helmholtz und die Physiologie des Sehvorganges," in W. U. Eckart and K. Volkert (eds), *Hermann Helmholtz*, Pfaffenweiler: Centaurus.

Guerrand, R., 1983, *La Bataille du tout-à-l'égout*, Paris.

Gunn, S., 2008, *The Public Culture of the Victorian Middle Class: ritual and authority in the English industrial city, 1840—1914*, Manchester: Manchester University Press.

Gunning, T., 1995, "Phantom images and modern manifestations: spirit photography, magic theater, trick films, and photography's uncanny," in P. Petro (ed.), *Fugitive Images: from photography to video*, Bloomington, IN: Indiana University Press.

Habits of Good Society: A Handbook for Ladies and Gentlemen ([1860] 1863), New York: Carleton.

Hahn, C., 2011, "Objects of devotion and desire: relics, reliquaries, relation, and response," in C. Hahn (ed.), *Objects of Devotion and Desire: medieval relic to contemporary art*, New

York: Bertha and Karl Leubsdorf Art Gallery, Hunter College.

Hahn, H. H., 2009, *Scenes of Parisian Modernity: culture and consumption in the nineteenth century*, New York: Palgrave Macmillan.

Hallé, J.-N., 1787, "Air des hôpitaux de terre et de mer," in *Encyclopédie méthodique Médicine*, Paris.

Halliday, S., 1999, *The Great Stink of London: Sir Joseph Bazalgette and the cleansing of the Victorian capital*, Thrupp, Stroud: Sutton Publishing.

Halttunen, K., 1998, *Murder Most Foul: the killer and the American gothic imagination*, Cambridge, MA: Harvard University Press.

Hansen, M. B., 1999, "The mass production of the senses: classical cinema as vernacular modernism," *Modernism/Modernity*, 6 (2), 60.

Hardy, T., [1891] 2008, *Tess of the d'Urbervilles*, Oxford: Oxford University Press.

Hay, S. N., 1965, "Western and indigenous elements in modern Indian thought: the case of Rammohun Roy," in M. B. Jansen (ed.), *Changing Japanese Attitudes Toward Modernization*, Princeton, NJ: Princeton University Press.

Hazlitt, W., 1826, *Notes of a Journey through France and Italy*, London: Hunt & Clarke.

Hegel, G. W. F., 1970, *Philosophy of Nature (Part Two of the Encyclopaedia of Philosophical Sciences)*, trans. M. John Petry, 3 vols, London: George Allen & Unwin.

Hegel, G. W. F., 1971, *Philosophy of Mind (Part Three of the Encyclopaedia of Philosophical Sciences)*, trans. W. Wallace together with the Zusätze in Boumann's text (1845), trans. A. V. Miller, Oxford: Clarendon Press.

Hegel, G. W. F., 1977, *Philosophy of the Subjective Spirit. A German-English parallel text edition*, Vol. 2, ed. M. J. Petry, Berlin: Springer.

Hegel, G. W. F., 2011, *Natural Law*, Philadephia, PA: University of Pennsylvania Press.

Helmholtz, H. von, 2000, *Treatise on Physiological Optics*, Vol. 2, ed. J. P. C. Southall, Bristol: Thoemmes.

Helmholtz, H. von, 2005, *On the Sensations of Tone as a Physiological Basis for the Theory of Music*, Whitefish, MT: Kessinger Publishing.

Henkin, D. M., 1998, *City Reading: written words and public spaces in Antebellum New York*, New York: Columbia University Press.

Herz, D. M., 1987, *The Tuning of the Word: the musico-literary poetics of the Symbolist movement*, Carbondale and Edwardsville, IL: Southern Illinois University Press.

Hilton, M. L., 2012, *Selling to the Masses: retailing in Russia, 1880—1930*, Pittsburgh, PA: University of Pittsburgh Press.

Hoffmann-Axthelm, D., 1984, *Sinnesarbeit. Nachdenken über Wahrnehmung*, Frankfurt am Main and New York: Campus.

Holmes, O. W., 1861, "Sun-painting and sun-sculpture," *The Atlantic Monthly*, 3（45）, July.

Hopp, W., 2008, "Husserl on sensation, perception, and interpretation," *Canadian Journal of Philosophy*, 38（2）, 219—46.

Horn, W., 1825, *Über den Geschmacksinn des Menschen. Ein Beitrag zur Physiologie desselben*, Heidelberg: Neue Akademische Buchhandlung.

Howard, J., 1784, *The State of Prisons*, 3rd edn, London.

Howard, J., 1789, *An Account of the Principal Lazarettos in Europe*, London.

Howard, M., 1997, *Impressionism*, London: Carlton.

Howell, J. D., 1995, *Technology in the hospital: transforming patient care in the early twentieth century*, Baltimore, MD: Johns Hopkins University Press.

Howells, W. D., 1876, "A sennight of the centennial," *Atlantic Monthly*, 38, 97.

Howes, D., 2003, *Sensual Relations: Engaging the Senses in Culture and Social Theory*, Ann Arbor, MI: University of Michigan Press.

Howes, D. and Classen, C., 2013, *Ways of Sensing: Understanding the Senses in Society*, London and New York: Routledge.

Hubbard, G., 1965, *Cooke and Wheatstone and the Invention of the Electric Telegraph*, London: Routledge.

Hufeland, C.-F., 1838, *La Macrobiotique ou l'art de prolonger la vie de l'homme*, trans. A.-J.-L. Jourdan, Paris.

Hugo, V., 1963, *Les Misérables*, 2 vols, Paris.

Hussey, D. and Ponsonby, M.（eds）, 2008, *Buying for the Home: shopping for the domestic from the seventeenth century to the present*, Aldershot: Ashgate.

Huysmans, J.-K., 1883, *L'art moderne*, Paris: G. Charpentier.

Huysmans, J.-K., [1884] 1987, *Against Nature*, trans. R. Baldick, Harmondsworth: Penguin.

Huysmans, J.-K., [1884] 2009, *Against Nature: A Rebours*, trans. M. Mauldon, Oxford: Oxford University Press.

Huysmans, J.-K., 2011, *The Cathedral*, trans. C. Bell and B. King, London: Dedalus.

Inglis, H. D., 1831, *Spain in 1830*, Vol. I, London: Whittaker, Treacher, & Co.

Inwood, S., 1998, *A History of London*, London: Macmillan.

Itard, J.-M.-G., 1807, *Rapport fait à son excellence le Ministre de l'Intérieur sur les nouveaux développements et l'état actuel du sauvage de l'Aveyron*, Paris.

Jacknis, I., 1985, "Franz Boas and exhibits: on the limitations of the museum method of anthropology," in G. Stocking（ed.）, *Objects and Others: essays on museums and material culture*, Madison, WI: University of Wisconsin Press.

Jacquemet, G., 1979, "Urbanisme parisien: la bataille du tout-à-l'égout à la fin du XIXe siècle," *Revue d'Histoire Moderne et Contemporaine*, 26, 505—48.

Jacyna, S., 2006, "Medicine in transformation, 1800—1849," in W. F. Bynum et al.（eds）,

The Western Medical Tradition: *1800—2000*, Cambridge: Cambridge University Press.

James, K., 1999, "From Messel to Mendelsohn: German department store architecture in defence of urban and economic change," in G. Crossick and S. Jaumain（eds）, *Cathedrals of Consumption: the European department store*, *1850—1939*, Aldershot: Ashgate.

Jansson-Boyd, C. V., 2011, "Touch matters: exploring the relationship between consumption and tactile interaction," *Social Semiotics*, 21（4）, 531—46.

Jean, Y., 2011, "The sonic mindedness of the Great War: viewing history through auditory lenses," in F. Feiereisen and A. Merley Hill（eds）, *Germany in the Loud Twentieth Century: an introduction*, Oxford: Oxford University Press.

Jefferies, R., ［1885］1886, *After London*, London: Cassell & Co.

Jefferys, J. B., 1954, *Retail Trading in Britain*, *1850—1950*, Cambridge: Cambridge University Press.

Jill（Duchess of Hamilton）, Hart, P., and Simmons, J., 1998, *The Gardens of William Morris*, London: Frances Lincoln.

Joiré, A., 1851, "Des logements du pauvre et de l'ouvrier considérés sous le rapport de l'hygiène publique et privée dans les villes industrielles," *Annales de l'Hygiène Publique et de Médecine Légale*, 45.

Jullian, P., 1965, *Prince of Aesthetes: Count Robert de Montesquiou*, *1855—1921*, trans. J. Haylock and F. King, New York: The Viking Press.

Jullian, P., 1971, *Dreamers of Decadence: Symbolist painters of the 1880s*, New York: Praeger.

Kachur, M., 2006, *The Slave Trade*, New York: Chelsea House.

Kaiser, M., 2011, "Pater's mouth," *Victorian Literature and Culture*, 39（March）, 47—64.

Kandinsky, W., 1994, *Kandinsky: complete writings on art*, ed. K. C. Lindsay and P. Vergo, Cambridge, MA: Da Capo Press.

Kastner, G., 1857, *Les Voix de Paris. Essai d'une histoire littéraire et musicale des cris populaires de la capitale depuis le moyen-âge jusqu'à nos jours*, Paris: Brandus, Dufour et Renouard.

Kaufmann, E., 1984, *Gustav Jäger 1832—1917. Arzt, Zoologe und Hygieniker*, Zurich: Juris.

Keats, J., ［1820］2009, *The Major Works: including Endymion, the Odes and selected letters*, Oxford: Oxford University Press.

Kennedy, D. M. and Cohen, L., 2012, *The American Pageant*, Vol. 1, Boston MA: Wadsworth.

Kirby, L., 1997, *Parallel Tracks: the railroad and silent cinema*, Durham, NC: Duke University Press.

Kirwan, D. J., 1870, *Palace and Hovel: or, phases of London life*, Hartford, CT: Belknap & Bliss.

Kivy, P., 1997, *Authenticities: philosophical reflections on musical performance*, Ithaca, NY:

Cornell University Press.

Knight, S., 2012, *The Mysteries of the Cities: urban crime fiction in the nineteenth century*, Jefferson, NC: McFarland.

LaBerge, A. F., 1994, "Medical microscopy in Paris, 1830—1855 ?" in A. F. LaBerge and M. Feingold (eds), *French Medical Culture in the Nineteenth Century*, Amsterdam: Rodopi.

Lachaise, C., 1822, *Topgraphie médicale de Paris*, Paris: J. B. Baillière.

Lachmund, J., 1998, "Between scrutiny and treatment: physical diagnosis and the restructuring of 19th-century medical practice," *Sociology of Health & Illness*, 20, 779—801.

Laënnec, R. T. H. and Forbes, J., 1821, *A treatise on the diseases of the chest, in which they are described according to their anatomical characters, and their diagnosis established on a new principle by means of acoustick instruments*, London: T. & G. Underwood.

Laënnec, R. T. H., 1819, *De l'auscultation médiate, ou, Traité du diagnostic des maladies des poumons et du coeur fondé principalement sur ce nouveau moyen d'exploration*, Paris: J.-A. Brosson, et J.-S. Chaudé.

Lane, H., 1976, *The Wild Boy of Aveyron*, Cambridge, MA: Harvard University Press.

Lanzoni, S. (2009), "Practicing psychology in the art gallery: Vernon Lee's aesthetics of empathy," *Journal of the History of Behavioral Science*, 45 (4), 330—54.

Lapouge, G., 1980, "Utopie et hygiene," *Cadmos*, 9.

Lawes, L. E., n.d., "The Great Unseen Audience," unpublished manuscript in Lewis E. Lawes Papers.

Leach, W., 1993, *Land of Desire: merchants, power and the rise of a new American culture*, New York: Pantheon.

Lee, P. Y. (ed.), 2008, *Meat, Modernity and the Rise of the Slaughterhouse*, Durham, NH: University of New Hampshire Press.

Lee, V. and Anstruther-Thomson, C., 1912, *Beauty and Ugliness and Other Studies in Psychological Aesthetics*, London: John Lane.

Leed, E. J., 1979. *No Man's Land: combat and identity in World War I*, Cambridge: Cambridge University Press.

Leleu, T., 1981, "Scènes de la vie quotidienne: Les femmes de la vallée de la Lys: 1870—1920," *Histoire des Femmes du Nord*, *Revue du Nord*, 63.

Lemoine, B., 1980, *Les Halles de Paris. L'histoire d'un lieu, les péripéties d'une reconstruction, la succession des projets, l'architecture d'un monument, l'enjeu d'une Cité*, Paris: Enquerre.

Lenin, V. I., 1972, "Materialism and empirio-criticism," in *Collected Works*, Vol. 14, Moscow: Progress Publishers.

Lenoir, T., 1998, "Das Auge des Physiologen. Zur Entstehungsgeschichte von Helmholtz' Theorie des Sehens," in P. Sarasin and J. Tanner (eds), *Physiologie und industrielle Gesellschaft. Studien zur Verwissenschaftlichung des Körpers im 19. und 20. Jahrhundert*,

Frankfurt am Main: Suhrkamp.

Léonard, J., 1978, *Les Médicins de l'Ouest au XIX siècle*, Paris: Librairie Honoré Champion.

Léonard, J., 1981, *La médecine entre les savoirs et les pouvoirs: histoire intellectuelle et politique de la médecine française au XIXe siècle*, Paris: Aubier-Montaigne.

Levin, H. (ed.), 1976, *The Portable James Joyce*, New York: Penguin.

Levy, A., 1889, *A London Plane Tree and Other Verse*, London: T. Fisher Unwin.

Levy, E. Mrs., [1871] n.d., *Mrs. Esther Levy's Jewish Cookery Book on Principles of Economy Adapted for Jewish Housekeepers*, Bedford: Applewood Books.

Lewes, G. H., [1859] 1860, *The Physiology of Common Life*, 2 vols., Leipzig: Bernhard Tauchnitz.

"Lisbon in the years 1821, 1822, and 1823," 1825, *Quarterly Review* XXXI.

Lucas, F. A., 1814, "The story of museum groups: part II," *American Museum Journal*, 14 (2), 10.

Lynch, K., 1960, *The Image of the City*, Cambridge, MA: MIT Press.

Macquin, D., 1822, "Fonthill Abbey," *Literary Gazette* (September).

Maitland, T., 1871, "The fleshly school of poetry: Mr D.G. Rossetti," *Contemporary Review*, 18, 334—50.

Malouin, P-J., 1755, *Chimie médicinale*, Paris.

Marinetti, F.T., 1973, "Geometric and mechanical splendour and the numerical sensibility," in U. Apollonio (ed.), *Futurist Manifestoes*, London: Thames & Hudson.

Marinetti, F.T., 1989, *The Futurist Cookbook*, ed. L. Chamberlain, trans. S. Brill, London: Trefoil.

Marinetti, F.T., Corri, Br., and Settimelli, E., 1973, "The variety theatre," in U. Apollonio (ed.), *Futurist Manifestoes*, London: Thames & Hudson.

Marr, A., 2001, "William Beckford, landscape gardener," in D. Ostergard (ed.), *William Beckford: an eye for the magnificent*, New Haven, CT: Yale University Press.

Marsh, J., 2005, *William Morris and Red House*, London: Anova Books.

Marx, K., 1959, *Economic & Philosophic Manuscripts of 1844*, trans. M. Milligran, Moscow: Progess Publishers, www.marxists.org/archive/marx/works/download/pdf/Economic-Philosophic-Manuscripts—1844.pdf.

Maulitz, R. C. 1987, *Morbid Appearances: the anatomy of pathology in the early nineteenth century*, Cambridge: Cambridge University Press.

Maulitz, R. C., 1993, "The pathological tradition," in *Companion Encyclopedia of the History of Medicine*, London: Routledge.

Mayhew, H., [1851] 1851—61, *London Labour and the London Poor: a cyclopædia of the condition and earnings of those that will work, those that cannot work, and those that will not work*, 4 vols., London: Griffin, Bohn & Co.

McGowen, R., 1995, "The well-ordered prison, England, 1780—1865," in N. Morris and D. J. Rothman (eds), *The Oxford History of the Prison: the practice of punishment in western society*, New York: Oxford University Press.

McLuhan, M., 1962, *The Gutenberg Galaxy: the making of typographic man*, Toronto: University of Toronto Press.

McSweeney, K., 1998, *The Language of the Senses: sensory-perceptual dynamics in Wordsworth, Coleridge, Thoreau, Whitman, and Dickinson*, Liverpool: Liverpool University Press.

Menke, S., 2008, *Telegraphic Realism: Victorian fiction and other information systems*, Stanford, CA: Stanford University Press.

Michelet, J., 1833—67, *Histoire de France*, 17 vols, Paris.

Midgley, C., 1992, *Women Against Slavery: the British campaigns, 1780—1870*, London: Routledge.

Miller, M. B., 1981, *The Bon Marché: bourgeois culture and the department store, 1869—1920*, Princeton, NJ: Princeton University Press.

Miller, S., 2002, *Visible Deeds of Music: art and music from Wagner to John Cage*, Hartford, CT: Yale University Press.

Mintz, S. W., 1985, *Sweetness and Power: the place of sugar in modern history*, New York: Penguin.

Moléon, V., 1818, *Rapports généraux sur les travaux du Conseil de Salubrité*, 2 vols, Paris.

Monfalcon, J. B. and Polinière, A. P. I. de, 1846, *Traite de la salubrité dans les grandes villes, suivi de l'hygiène de Lyons*, Paris.

Morgagni, G. B., 1769, *The Seats and Causes of Disease Investigated by Anatomy*, London: Millar & Cadell.

Morgan, D., 2007, *The Lure of Images: a history of religious visual media in America*, London: Routledge.

Morus, I. R., 1996, "The electric Ariel: telegraphy and commercial culture in early Victorian England," *Victorian Studies*, 39 (3), 339—78.

Morus, I. R., 2000, "The nervous system of Britain: space, time, and the electric telegraph in the Victorian age," *The British Journal for the History of Science*, 33 (4), 455—75.

"Motor traffic in London," 1908, *Motor-Car Journal X*, July 18, 435.

Müller, G. E., 1878, *Zur Grundlegung der Psychophysik*, Berlin: Grieben.

Müller, M., 1926, "Über philosophische Anschauungen des Naturforschers Johannes Müller," *Archiv für Geschichte der Medizin*, 28, 130—50, 209—34, 328—50.

Murard, L. and Zylberman, P., 1996, *L'hygiène dans la République: la santé publique en France, ou, l'utopie contrariée: 1870—1918*, Paris: Fayard.

Murillo, B., 2010, "'The devil we know': Gold Coast consumers, local employees, and the

United Africa Company, 1940—1960," *Enterprise and Society*, 12（2）, 317—55.

Musser, C., 2004, "At the beginning: motion picture production, representation, and ideology," in L. Grieveson and P. Kramer（eds）, *The Silent Cinema Reader*, London: Routledge.

Myers, C., 1903, "Hearing, smell, taste, reaction times," in A. C. Haddon（ed.）, *Reports of the Cambridge Anthropological Expedition to Torres Straits*, Vol. II, Pt. II, Cambridge: Cambridge University Press.

Nava, M., 2007, *Visceral Cosmopolitanism: gender, culture and the normalisation of difference*, Oxford: Berg.

Nead, L., 2005, *Victorian Babylon: people, streets and images in nineteenth-century London*, London: Yale University Press.

Newman, J. H., 1909, *Parochial and Plain Sermons*, Vol. 4, London: Longmans, Green & Co.

Nicolson, M., 1993a, "The art of diagnosis: medicine and the five senses," in W. F. Bynum and R. Porter（eds）, *Companion Encyclopedia of the History of Medicine*, London: Routledge.

Nicolson, M., 1993b, "The introduction of percussion and stethoscopy to early nineteenth-century Edinburgh," in W. F. Bynum and R. Porter（eds）, *Medicine and the Five Senses*, Cambridge: Cambridge University Press.

Nietzsche, F., 1967, *The Will to Power*, trans. W. Kaufmann and R. J. Hollingdale, New York: Knopf Doubleday.

Norcia, M. A., 2012, "'Come buy': Christina Rossetti's 'Goblin Market' and the cries of London," *Journal of Victorian Culture*, 17（1）, 24—45.

Nord, P. G., 1986, *Paris Shopkeepers and the Politics of Resentment*, Princeton, NJ: Princeton University Press.

Nordau, M., 1910, *Degeneration*, New York: D. Appleton & Company.

Norton, M., 2008, *Scared Gifts, Profane Pleasures: a history of tobacco and chocolate in the Atlantic world*, Ithaca, NY: Cornell University Press.

Novak, D., 2011, "A literature of its own: time, space, and narrative mediations in Victorian photography," in C. Colligan and M. Linley（eds）, *Media, Technology, and Literature in the Nineteenth Century*, Surrey: Ashgate.

Nunokawa, J., 2003, *Tame Passions of Wilde: the styles of manageable desire*, Princeton, NJ: Princeton University Press.

Nützenadel, A. and Trentmann, F., 2008, "Introduction: mapping food and globalization," in A. Nützenadel and F. Trentmann（eds）, *Food and Globalization: consumption, markets and politics in the modern world*, Oxford: Berg.

O'Brien, P., 1983, "The kleptomania diagnosis: bourgeois women and theft in late-nineteenth century France," *Journal of Social History*, 17, 65—77.

Ohnuki-Tierney, E., 2002, *Kamikaze, Cherry Blossoms, and Nationalisms: the militarization of aesthetics in Japanese history*, Chicago: University of Chicago Press.

Oken, L., 1831, *Lehrbuch der Naturphilosophie*, 2nd rev. edn, Jena: Friedrich Frommann.

Oken, L., 1847, *Elements of Physiophilology*, trans. from the German by A. Talk, London: Ray Society.

Orvell, M., 1989, *The Real Thing: imitation and authenticity in American culture, 1880—1940*, Chapel Hill, NC: University of North Carolina Press.

Osborne, T. M., 1937, *Within Prison Walls*, New York: D. Appleton-Century Company.

Otter, C., 2008, *The Victorian Eye: a political history of light and vision in Britain, 1800—1910*, Chicago: University of Chicago Press.

Parish, E., 1897, *Hallucinations and Illusions: a study of the fallacies of perception*, London: W. Scott.

Parker, R., 1986, *The Subversive Stitch: embroidery and the making of the feminine*, London: The Women's Press.

Parkes, A., 2011, *A Sense of Shock: the impact of Impressionism on modern British and Irish writing*, Oxford: Oxford University Press.

Parkins, W., 2009, "Trust your senses? An introduction to the Victorian sensorium," *Australian Journal of Victorian Studies*, 14 (2).

Pasdermadjian, H., 1954, *The Department Store: its origins, evolution and economics*, London: Newman Books.

Pasler, J., 1990, "*Pelléas* and power: the reception of Débussy's opera," in J. Kerman (ed.), *Music at the Turn of the Century: a 19th-century music reader*, Berkeley, CA: University of California Press.

Passot, P., 1851, *Des logements insalubres, de leur influence et de leur assainissement*, Paris.

Pater, W., [1873] 1986, *Studies in the History of the Renaissance*, Oxford: Oxford University Press.

Pater, W., 1888, *The Renaissance: studies in art and poetry*, London: Macmillan.

Paterson, M., 2007, *The Senses of Touch: haptics, affects and technologies*, Oxford and New York: Berg.

Pavlik, J. V., 2008, *Media in the Digital Age*, New York: Columbia University Press.

Peck, L. L., 2005, *Consuming Splendor: society and culture in seventeenth century England*, Cambridge: Cambridge University Press.

Pennington, B. K., 2005, *Was Hinduism Invented? Britons, Indians, and the colonial construction of religion*, New York: Oxford University Press.

Pfeiffer, C-L., 1949, *Taste and Smell in Balzac's Novels*, Tucson, AZ: University of Arizona Press.

Phillips, M., 1992, "The evolution of markets and shops in Britain," in J. Benson and G. Shaw (eds), *The Evolution of Retail Systems, 1800—1914*, Leicester: Leicester University Press.

Pick, D., 1993, *Faces of Degeneration: a European disorder, c. 1848—1918*, Cambridge:

Cambridge University Press.

Picker, J. M., 2003, *Victorian Soundscape*s, New York: Oxford University Press.

Pierrard, P., 1965, *La Vie ouvrière à Lille sous le Second Empire*, Paris: Bloud et Gay.

Pilcher, J. M., 2006, *The Sausage Rebellion: public health, private enterprise and meat in Mexico City, 1890—1917*, Albuquerque, NM: University of New Mexico Press.

Piorry, P.-A., 1837, "Extrait du rapport sur les épidemies qui ont régné en France de 1830 à 1836, lu le 9 août 1836," *Mémoires de l'Académie Royale de Médecine*, 6.

Poggi, C., 2009, *Inventing Futurism: the art and politics of artificial optimism*, Princeton, NJ: Princeton University Press.

Politzer, A., 1967, *Geschichte der Ohrenheilkunde*, 2 vols, with an introduction by K. E. Rothschuh, Hildesheim: Olms.

Porter, A., 2004, *Religion versus Empire? British protestant missionaries and overseas expansion, 1700—1914*, Manchester: Manchester University Press.

Porter, R., 1993, "The rise of physical examination," in W. F. Bynum and R. Porter (eds), *Medicine and the Five Senses*, Cambridge: Cambridge University Press.

Porter, R., 1995, *London, a Social History*, Cambridge, MA: Harvard University Press.

Post, D. H., 1879, "Chautauqua," *Harper's New Monthly Magazine*, 59 (351), August, 350—60.

Potter, S. O. L., 1896, "Inhalations in phthisis," *Milwaukee Medical Journal*, 4, 243—6.

Prothero, S., 1995, *The White Buddhist: the Asian odyssey of Henry Steel Olcott*, Bloomington, IN: Indiana University Press.

Proust, M., 1934, *Remembrance of Things Past*, Vol. 1, trans. C. K. Scott Moncrieff, New York: Random House.

Putnam, F. W., [1896] 1985, "Franz Boas to Frederick Ward Putnam," in G. Stocking (ed.), *Objects and Others: essays on museums and material culture*, Madison, WI: University of Wisconsin Press.

Ramamurthy, A., 2003, *Imperial Persuaders: images of Africa and Asia in British advertising*, Manchester: Manchester University Press.

Ramazzini, B., 1777, *De morbis artificum diatriba*, trans. A. de Fourcroy, Paris.

Ramel, M. F.-B., 1784, *De l'influence de marais et des étangs sur la santé de l'homme*, Marseilles.

Rancière, J., 1981, *La Nuit des prolétaire*s, Paris: Fayard.

Rancière, J., 2004, *The Politics of Aesthetics: the distribution of the sensible*, trans. G. Rockhill, London: Continuum.

Rappaport, E., 2000, *Shopping for Pleasure: women in the making of London's West End*, Princeton, NJ: Princeton University Press.

Rappaport, E., 2002, "Art, commerce or empire? the rebuilding of Regent Street, 1880—1927," *History Workshop Journal*, 53 (4), 94—117.

Rappaport, E., 2006, "Packaging China: foreign articles and dangerous tastes in the mid-Victorian tea party," in F. Trentmann (ed.), *The Making of the Modern Consumer: knowledge, power and identity in the modern world*, Oxford: Berg.

Rappaport, E., 2012, "Consumption," in P. Levine and J. Marriott (eds), *The Ashgate Research Companion to Modern Imperial Histories*, Farnham: Ashgate.

Rée, J., 1999, *I See a Voice: a philosophical history of language, deafness and the senses*, London: Harper Collins.

Reekie, G., 1993, *Temptations: sex, selling and the department store*, St. Leonards, Australia: Allen & Unwin.

Reid, D., 1991, *Paris Sewers and Sewermen: realities and representations*, Cambridge, MA: Harvard University Press.

Reinders, E., 2004, *Borrowed Gods and Foreign Bodies: Christian missionaries imagine Chinese religion*, Berkeley, CA: University of California Press.

Reiser, S. J., 1978, *Medicine and the Reign of Technology*, Cambridge: Cambridge University Press.

Reiser, S. J., 1993a, "The science of diagnosis: diagnostic technology," in W. F. Bynum and R. Porter (eds), *Companion Encyclopedia of the History of Medicine*, London: Routledge.

Reiser, S. J., 1993b, "Technology and the use of the senses in twentieth-century medicine," in W. F. Bynum and R. Porter (eds), *Medicine and the Five Senses*, Cambridge: Cambridge University Press.

Richards, G., 1997, *Race, Racism and Psychology: towards a reflexive history*, London: Routledge.

Richards, T., 1990, *The Commodity Culture of Victorian England: advertising and spectacle, 1851—1914*, Stanford, CA: Stanford University Press.

Richards, T., 1993, *The Imperial Archive: knowledge and the fantasy of empire*, London: Verso.

Riehl, A., 1887, *Der philosophische Kritizismus und seine Bedeutung für die positive Wissenschaft*, Vol. 2, Leipzig: Kröner.

Risse, G. B., 1997, "The anatomical-clinical synthesis: from Morgagni to Laënnec," in M. D. Grmek (ed.), *Histoire de la pensée médicale occidentale*, Paris: Seuil.

Rival, N., 1981, *Tabac, miroir du temps. Histoire des moeurs et des fumeurs*, Paris: Librairie Académique Perrin.

Roberts, D., 2011, *The Total Work of Art in European Modernism*, Ithaca, NY: Cornell University Press.

Roche, D., 1981, *Le Peuple de Paris*, Paris: Aubier Montaigne.

Rollet, A., 1898, "Muskel (physiologisch)," in *Real-Encyclopädie der gesamten Heilkunde*, Vol. 16, Vienna and Leipzig: Urban and Schwarzenberg.

Romains, J., 1933, *Verdun: Book 15. The Prelude Book 16: the battle*, New York: A. A. Knopf.

Rony, F. T., 1996, *The Third Eye: race, cinema, and ethnographic spectacle*, Durham, NC: Duke University Press.

Rosenberg, C. E., 1977, "The therapeutic revolution: medicine, meaning, and social change in nineteenth-century America," *Perspectives in Biology and Medicine*, 20, 485—506.

Ross, E., 1993, *Love and Toil: motherhood in outcast London, 1870—1918*, Oxford: Oxford University Press.

Rossetti, C., 1993, "Goblin Market," in *Poems*, London: Everyman.

Rostan, L., 1822, *Cours élementaire d'hygiène*, 2nd edn, 2 vols. Paris, Béchet jeune.

Rothschuh, K. E., 1968, *Physiologie. Der Wandel ihrer Konzepte, Probleme, Methoden vom 16. bis 19. Jahrhundert*, Freiburg and Munich: Alber.

Roy, R., 1978, *The English Works of Raja Rammohun Roy*, New York: AMS Press.

Ruskay, E. J., 1902, *Hearth and Home Essays*, Philadelphia, PA: The Jewish Publication Society of America.

Ruskin, J., [1872] 1903—12, Letter XXIV, in *Fors Clavigera*, *The Complete Works of John Ruskin*, 39 vols., ed. E. T. Cook and A. Wedderburn, Vol. XXVII, London: George Allen.

Russell, M. L., 2004, *Creating the New Egyptian Woman: consumerism, education, and national identity, 1863—1922*, New York: Palgrave Macmillan.

Rutter, J., 1822, *A Description of Fonthill Abbey and Demesne*, London: J. Rutter.

Rydell, R., 1997, *All the World's a Fair: visions of empire at American international expositions, 1876—1916*, Chicago: University of Chicago Press.

Sandelowski, M., 2000, "The physician's eyes: American nursing and the diagnostic revolution in medicine," *Nursing History Review*, 8, 3—38.

Scheerer, E., 1995, "Sinne, die," in *Historisches Wörterbuch der Philosophie*, Vol. 9, Darmstadt: Wissenschaftliche Buchgesellschaft.

Schelling, F. W. J. von, [1804] 1860, *Sämmtliche Werke*, Stuttgart: Cottascher Verlag.

Schikore, J., 1999, "Worauf die Strahlen der sichtbaren Gegenstände wirken: Mikroskopische Anatomie der Retina 1834—1841," *Medizinhistorisches Journal*, 34, 139—57.

Schiller, F., 1982, *On the Aesthetic Education of Man*, ed. and trans. E. M. Wilkinson and L. A. Willoughby, Oxford: Clarendon.

Schivelbusch, W., 1987, *The Railway Journey: the industrialization and perception of time and space*, Berkeley, CA: University of California Press.

Schlör, J., 1991, *Nachts in der grossen Stadt. Paris, Berlin, London, 1840—1930*, Munich: Artemis/Winkler.

Schmiechen, J. and Carls, K., 1999, *The British Market Hall: a social and architectural history*, New Haven, CT: Yale University Press.

Schopenhauer, A., 1887, *The World as Will and Idea*, trans. from the German by R. B. Haldane and J. Kemp, Boston, MA: Ticknor and Company.

Schopenhauer, A., 1974, *Parerga and Paralipomena. Short philosophical essays*, trans. from the German by E. J. F. Payne, Oxford: Oxford University Press.

Schopenhauer, A., 1987, *The Vocation of Man*, trans. Peter Preuss, Indianapolis, IN: Hackett Publishing.

Schwartz, V., 1998, *Spectacular Realities: early mass culture in fin-de-siécle Paris*, Berkeley, CA: University of California Press.

Scobey, D. M. 2002, *Empire City: the making and meaning of the New York City landscape*, Philadelphia, PA: Temple University Press.

Sconce, J., 2000, *Haunted Media: electronic presence from telegraphy to television*, Durham, NC: Duke University Press.

Scott, J. S. and Griffiths, G. (eds), 2005, *Mixed Messages: materiality, textuality, missions*, New York: Palgrave Macmillan.

Seifert, K., 1969, "Geschichte und Bibliographie der Erforschung des peripheren Geruchsorgans," *Clio Medica*, 4, 303—37.

Sen, S., 1998, *Empire of Free Trade: the East India Company and the making of the colonial marketplace*, Philadelphia, PA: University of Pennslyvania Press.

Sennett, R., 1974, *The Fall of Public Man*, New York: Alfred Knopf.

Sennett, R., 1994, *Flesh and Stone: the body and the city in western civilization*, New York: W. W. Norton.

Shattuck, R., 1984, *The Banquet Years: the origins of the Avant-Garde in France, 1885 to World War I*, Salem, NH: Ayer Company.

Shelley, M., [1826] 1994, *The Last Man*, Oxford: Oxford University Press.

Sheppard, F. H. W., 1998, *London: a history*, Oxford: Oxford University Press.

Shiner, L., 2001, *The Invention of Art: a cultural history*, Chicago, IL: University of Chicago Press.

Silverman, D., 1992, *Art Nouveau in Fin-de-siècle France: politics, psychology and style*, Berkeley, CA: University of California Press.

Simcoe, E., 2007, *Mrs Simcoe's Diary*, ed. M. Quayle Innis, Toronto: Dundurn Press.

Simmel, G., [1907] 1997, "Sociology of the senses" ["Soziologie der Sinne"], trans. M. Ritter and D. Frisby, in D. Frisby and M. Featherstone (eds), *Simmel on Culture*, London: Sage.

Simmel, G., 1989, "Les grandes villes et la vie de l'esprit," in *Philosophie de la modernité*, Paris: Payot.

Simmons, J. R. Jr. (ed.), 2007, *Factory Lives: four nineteenth-century working class autobiographies*, Peterborough, ON: Broadview Press.

Sims, J. M., 1869, "On the microscope as an aid in the diagnosis and treatment of sterility," *New York Medical Journal*, 8, 397.

Smith, B. H., 1905, "The Gospel of Simplicity as applied to tenement homes," *The Craftsman*, 9, October, 83—90.

Smith, M. M., 2001, *Listening to Nineteenth-Century America*, Chapel Hill, NC: University of North Carolina Press.

Smith, M. M., 2007, "Producing sense, consuming sense, making sense: perils and prospects for sensory history," *Journal of Social History*, 40, 841—58.

Smith, M. M., 2007, *How Race is Made: slavery, segregation, and the senses*, Chapel Hill, NC: University of North Carolina Press.

Spehr, P., 2008, *The Man Who Made Movies: W.K.L. Dickson*, New Barnet: John Libbey.

Spiekermann, U., 1999, "Theft and thieves in German department stores, 1895—1930," in G. Crossick and S. Jaumain (eds), *Cathedrals of Consumption: the European department store, 1850—1939*, Aldershot: Ashgate.

Stables, W. G., 1883, *Tea: the drink of pleasure and health*, London: Field & Tuer.

Stallybrass, P. and White, A., 1986, *The Politics and Poetics of Transgression*, London: Methuen & Co.

Sterne, J., 2003, *The Audible Past: cultural origins of sound reproduction*, Durham, NC and London: Duke University Press.

Stewart, J. L., 1866, *History and Philosophy of Creation and the Human Race*, Cincinnati, OH: Applegate & Company.

Stewart, S., 1999, "Prologue: from the museum of touch," in M. Kwint, C. Breward, and J. Aynsley (eds), *Material Memories: design and evocation*, Oxford and New York: Berg.

Stone, A., 2012, *Petrified Intelligence: nature in Hegel's philosophy*, Albany, NY: Suny Press.

Strasser, S., 1989, *Satisfaction Guaranteed: the making of the American mass market*, Washington, DC: Smithsonian Books.

Sussman, C., 2000, *Consuming Anxieties: consumer protest, gender, and British slavery, 1713—1833*, Stanford, CA: Stanford University Press.

Tangires, H., 2003, *Public Markets and Civic Culture in Nineteenth Century America*, Baltimore, MD: Johns Hopkins University Press.

"The loan of consecrated churches in India," 1900, *Church Quarterly Review*, 49, January, 441—67.

Thompson, E., 2000, *Colonial Citizens: republican rights, paternal privilege, and gender in French Syria and Lebanon*, New York: Columbia University Press.

Thompson, J., 1991, "The Great Stench or the fool's argument," *Yale Journal of Biology and Medicine*, 64, 529—41.

Tiersten, L., 2001, *Marianne in the Market: envisioning consumer society in fin-de-siècle France*, Berkeley, CA: University of California Press.

Timmerman, P., 2007, "Architecture in the mirror of technology: the rhetoric of Le Corbusier and the Futurist movement," in R. Heil et al. (eds), *Tensions and Convergences*: *technological and aesthetic transformations of society*, Wetzlar, Germany: Verlag Bielefeld.

Trivedi, L., 2007, *Clothing Gandhi's Nation*: *homespun and modern India*, Bloomington, IN: Indiana University Press.

Truquin, N., 1977, *Mémoires, vie, aventure d'un prolétaire à travers la révolution*, Paris: Maspéro.

Turner, S. R., 1994, *In the Eye's Mind*: *vision and the Helmholtz-Hering controversy*, Princeton, NJ: Princeton University Press.

Twain, M., 1963, *Mark Twain's San Francisco*, ed. B. Taper, Berkeley, CA: Heyday Books.

Tyndale-Biscoe, C. E., 2005, "The imperial touch: schooling male bodies in colonial India," in C. Classen (ed.), *The Book of Touch*, Oxford: Berg.

"Undercurrents," 1900, *Star of Hope*, 2 (1), 17.

Vallas, L., 1967, *The Theories of Claude Debussy, Musicien français*, trans. M. O'Brien, New York: Dover Publications.

Vallès, J., 1972, *L'Enfant*, Paris: Livre de Poche.

Vandenabeele, B., 2011, "Schopenhauer on sense perception and aesthetic cognition," *Journal of Aesthetic Education*, 45 (1), 37—57.

Verhoeven, M. J., 2004, "The Dharma through Carus's lens," in P. Carus, *The Gospel of Buddha According to Old Records*, Chicago: Open Court.

Villermé, L.-R., 1820, *Des prisons telles qu'elles sont et telles qu'elles devraient être... par rapport à l'hygène, à la morale et à l'économie politique*, Paris.

Villermé, L., 1850, "Sur les cités ouvrières," *Annales d'hygiène publique et de médecine légale*, 43, 241—61.

Virchow, R., 1858, *Johannes Müller. Eine Gedächtnisrede*, Berlin: Hirschwald.

Vivekandanda, S., 1973, *The Complete Works of Swami Vivekananda*, Vol. 3, Calcutta: Advaita Ashrama.

Walkowitz, J. R., 2012, *Nights Out*: *life in cosmopolitan London*, New Haven, CT: Yale University Press.

Walsh, C., 2003, "Social meaning and social space in the shopping galleries of early modern London," in J. Benson and L. Ugolini (eds), *A Nation of Shopkeepers*: *five centuries of British retailing*, London: I.B. Tauris.

Warburg, J., 1958, *The Industrial Muse*: *the Industrial Revolution in English poetry*, Oxford: Oxford University Press.

Warner, J. H., 1986, *The Therapeutic Perspective*: *medical practice, knowledge, and identity in America, 1820—1885*, Cambridge, MA: Harvard University Press.

Warner, J. H., 1987, "Power, conflict, and identity in mid-19th-century American medicine: therapeutic change at the Commercial Hospital in Cincinnati," *Journal of American History*,

73, 934—56.

Warner, J. H., 1998, *Against the Spirit of System: the French impulse in nineteenth-century American medicine*, Princeton, NJ: Princeton University Press.

Waters, C., 1990, *British Socialists and the Politics of Popular Culture 1884—1914*, Manchester: Manchester University Press.

Weber, E. H., 1905, *Tastsinn und Gemeingefühl*, ed. E. Hering, Leipzig: Engelmann.

Weedall, Rev. Dr. H., 1843, "Origin and blessing of bells," *United States Catholic Magazine*, 2 (10), October, 617—20.

Weiner, M. A., 1995, *Richard Wagner and the Anti-Semitic Imagination*, Lincoln, NB: University of Nebraska Press.

Weinreich, H., 1993, *Duftstofftheorie. Gustav Jaeger (1832—1917): Vom Biologen zum "Seelenriecher"*, Stuttgart: Wissenschaftliche Verlagsgesellschaft.

Welch, E., 2006, "The fairs of early modern Italy," in B. Blondé, P. Stabel, J. Stobart, and I. Van Damme (eds), *Buyers and Sellers: retail circuits and practices in medieval and early modern Europe*, Turnout, Belgium: Brepols.

Wells, H. G., 2002, *The Invisible Man*, New York: Signet.

Wenk, A. B., 1976, *Claude Debussy and the Poets*, Berkeley, CA: University of California Press.

Whitaker, J., 2006, *Service and Style: how the American department store fashioned the middle class*, New York: St. Martins.

Whitlock, T. C., 2005, *Crime, Gender and Consumer Culture in Nineteenth Century England*, Aldershot: Ashgate.

Whitton, D., 1987, *Stage Directors in Modern France*, Manchester: Manchester University Press.

Wiesen, S. J., 2011, *Creating the Nazi Marketplace: commerce and consumption in the Third Reich*, Cambridge: Cambridge University Press.

Wilberforce, R., [1850] 2006, *The Doctrine of the Incarnation of Our Lord Jesus Christ in its Relation to Mankind and to the Church*, 3rd edn, excerpted in R. Chapman (ed.), *Firmly I Believe: an Oxford Movement reader*, London: Canterbury Press.

Wilde, O., [1890] 1995, *The Picture of Dorian Gray*, ed. I. Murray, Oxford: Oxford World's Classics.

Williams, R., 1975, *The Country and the City*, Oxford: Oxford University Press.

Williams, R., 1986, "Forms of fiction in 1848," in F. Barker, P. Hulme, M. Iversen, and D. Loxley (eds), *Literature, Politics, Theory: papers from the Essex Conference, 1976—84*, London: Methuen.

Williams, R. H., 1982, *Dream Worlds: mass consumption in late nineteenth century France*, Berkeley, CA: University of California Press.

Wilson, G., 1856, *The Five Gateways of Knowledge*, Cambridge: Macmillan.

Wood, J., 2008, "She's Not Herself," *New Yorker*, June 23, 79—80.

Woolf, V., ［1925］2005, *Mrs Dalloway*, Boston, MA：Mariner Books.

Woolf, V., ［1933］1998, *Flush*, Oxford：Oxford University Press.

Wordsworth, W., ［1850］1995, *The Prelude：The Four Texts (1798, 1799, 1805, 1850)*, London：Penguin.

Wordsworth, W., 1972, *The Poetical Works of William Wordsworth*, Vol. IV, ed. E. De Selincourt and H. Darbishire, Oxford：Clarendon Press.

Yang, A. A., 1998, *Bazaar India：markets, society, and the colonial state in Bihar*, Berkeley, CA：University of California Press.

Zipf, C. W., 2007, *Professional Pursuits：women and the American Arts and Crafts Movement*, Knoxville. TN：University of Tennessee Press.

Zola, É., 1886, *The Ladies' Paradise*, London：Vizetelly & Co.

Zola, É., 1992, *The Ladies' Paradise*, Berkeley, CA：University of California Press.

Zon, B., 2007, *Representing Non-Western Music in Nineteenth-Century Britain*, Rochester, NY：University of Rochester Press.

Zukowski, K., 2006, *Creating the Artful Home：the aesthetic movement*, Layton, UT：Gibbs Smith.

Zylberberg-Hocquard, M-H., 1981, "L'Ouvrière dans les romans populaires du XIXe siècle," *Histoire des Femmes du Nord*, *Revue du Nord*, 63.

参编者简介

大卫·巴尔内斯是宾夕法尼亚大学历史与社会科学副教授。其代表著作有《社会疾病的形成：19 世纪法国的肺结核》(*The Making of a Social Disease*：*Tuberculosis in Nineteenth-Century France*，1995）和《19 世纪巴黎"大恶臭"及对污秽与病菌的斗争》(*The Great Stink of Paris and the Nineteenth-Century Struggle Against Filth and Germs*，2006），他目前正在撰写关于费城检疫站的历史（1799—1895）。其他的研究方向包括公共历史和厌恶的历史。

康斯坦斯·克拉森是一位文化历史学家，也是一个跨学科项目的主管，该项目主要研究艺术、博物馆和感官。她的代表著作有《感官世界：探究历史中的感官和跨文化感官》(*Worlds of Sense*：*Exploring the Senses in History and Across Cultures*，1993），《天使的颜色：宇宙论、性别和审美想象》(*The Color of Angels*：*Cosmology*，*Gender and the Aesthetic Imagination* 1998，）以及《深层感知：触觉的文化史》(*The Deepest Sense*：*A Cultural History of Touch*，2012）以及合著《感知的方法：理解社会中的感官》(*Ways of Sensing*：*Understanding the Senses in Society*，2014）。

阿兰·科尔宾是巴黎大学神学院的名誉教授，他对感官文化史的发展做出了巨大贡献，因此被称之为"感官历史学家"，代表作有：《恶臭与芳香：气味与法国社会》(*The Foul and the Fragrant*：*Odor and the French Social*，1986），《想象》(*Imagination*，1986），《乡村钟声：19 世纪法国乡村的声音与意义》(*Village Bells*：*Sound and Meaning in the Nineteenth-Century French Countryside*，1998），以及《时间、欲望与恐惧：走向感官的历史》(*Time*，*Desire and Horror*：*Towards a History of the Senses*，1995）。

尼古拉斯·戴利是都柏林大学现代英美文学的教授。他的著作包括：《现代主义、浪漫主义和世纪终点》(*Modernism*，*Romance*，*and the Fin de Siècle*，1999）和《19 世纪 60 年代的感官与现代性》(*Sensation and Modernity in the 1860s*，2009），他目前正在研究 19 世纪大西洋城市文化。

凯特·弗林特，南加州大学英语和艺术史院长教授，代表作有《横渡大西洋的印第安人 1776—1930》(*The Transatlantic Indian 1776—1930*，2008)、《维多利亚时代与视觉想象》(*The Victorians and The Visual Imagination*，2000)以及《女性阅读者 1837—1914》(*The Woman Reader*，*1837—1914*，1993)，还有许多关于 19 世纪和 20 世纪文化、历史、文学、绘画和摄影的文章。她正在完成《闪光！摄影、写作和令人惊讶的启示》，并撰写了一部 1850 年到 1950 年关于平凡概念的历史。

艾莉森·格里菲斯是纽约伯鲁克学院电影和媒体专业的教授，纽约大学研究中心戏剧学院的博士生。她撰写了大量关于视觉文化、博物馆和电影的文章和书籍，包括获奖的作品如下：《奇妙的差异：电影、人类学和世纪之交的视觉文化》(*Wondrous Difference*：*Cinema*，*Anthropology*，*and Turn-of-the-Century Visual Culture*，2002)，《让你脊背发颤：电影院、博物馆和身临其境的景色》(*Shivers Down Your Spine*：*Cinema*，*Museums*，*and the Immersive View*，2009)(2002)以及她的新书《铁窗后的屏幕：电影、监狱和现代美国的形成》(*Screens Behind Bars*：*Cinema*，*Prisons*，*and the Making of Modern America*，2009)，将 1930 年前的监狱视为一个独特但被忽视的展览和接待的空间。

罗伯特·朱特是罗伯特·博世基金会医学史研究所所长，以及美国斯图加特大学医学史研究所的兼职教授。他是社会和医学历史学家，著有或者编辑三十多本著作，有些被翻译成英语或其他语言，有《感官史：从古代到网络空间》(*A History of the Senses*：*From Antiquity to Cyberspace*，2005)。他是德国医学协会科学院科学指导委员会的成员。

大卫·摩根是杜克大学的宗教研究教授和宗教研究系主任，代表作《具化的眼睛：宗教视觉文化与社会生活的感觉》(*The Embodied Eye*：*Religious Visual Culture and the Social Life of Feeling*，2012)、《图像的诱惑：美国宗教和视觉媒体的历史》(*The Lure of Images*：*A History of Religion and Visual Media in America*，2007)、《神圣的目光》(*The Sacred Gaze*，2005)和《视觉的虔诚》(*Visual Piety*，1998)。

艾丽卡·拉帕波特是加州大学圣芭芭拉分校历史学副教授，代表作有《购物的乐趣：塑造伦敦西区的女人们》(*Shopping for Pleasure*：*Women in the Making of London's West End*, 2000），还有许多文章是关于性别的历史， 以及维多利亚和爱德华时期的英国和帝国的城市及消费文化。最近，她一直专注于食品和饮料的文化历史，目前正在完成《收获的味道：茶、大英帝国和缔造全球消费者文化》。

索　引

————————

①　主要作品有小说《看得见风景的房间》《霍华德庄园》。

272

273

图书在版编目(CIP)数据

感官文化史.帝国时代/(加)康斯坦斯·克拉森主编;贺鹭译.—上海:上海三联书店,2025.3
ISBN 978 - 7 - 5426 - 7921 - 5

Ⅰ.①感… Ⅱ.①康… ②贺… Ⅲ.①世界史-文化史 Ⅳ.①K103

中国版本图书馆 CIP 数据核字(2022)第 208650 号

太行文化生态研究院重点建设项目资助

感官文化史:帝国时代

主　　编 / [加]康斯坦斯·克拉森

译　　者 / 贺　鹭
责任编辑 / 殷亚平
装帧设计 / 吴　昉　刘妤宸
监　　制 / 姚　军
责任校对 / 王凌霄

出版发行 / 上海三联书店
　　　　　(200041)中国上海市静安区威海路 755 号 30 楼
邮　　箱 / sdxsanlian@sina.com
联系电话 / 编辑部: 021 - 22895517
　　　　　　发行部: 021 - 22895559
印　　刷 / 上海雅昌艺术印刷有限公司

版　　次 / 2025 年 3 月第 1 版
印　　次 / 2025 年 3 月第 1 次印刷
开　　本 / 710mm×1000mm　1/16
字　　数 / 200 千字
印　　张 / 18
书　　号 / ISBN 978 - 7 - 5426 - 7921 - 5/K·689
定　　价 / 88.00 元

敬启读者,如发现本书有印装质量问题,请与印刷厂联系 021 - 68798999